本教材由四川大学研究生教材建设项目资助（2023JCJS011）

社会保障理论与实践

张浩淼　沙治慧　罗亚玲　主编

图书在版编目（CIP）数据

社会保障理论与实践 / 张浩淼，沙治慧，罗亚玲主编． -- 成都：四川大学出版社，2024.9． -- ISBN 978-7-5690-7081-1

Ⅰ．C913.7

中国国家版本馆CIP数据核字第2024TN7866号

| 书　　名：社会保障理论与实践
Shehui Baozhang Lilun yu Shijian
主　　编：张浩淼　沙治慧　罗亚玲
丛 书 名：高等教育文科类"十四五"系列规划教材

选题策划：庞国伟　梁　胜
责任编辑：梁　胜
责任校对：孙滨蓉
装帧设计：墨创文化
责任印制：李金兰

出版发行：四川大学出版社有限责任公司
　　　　　地址：成都市一环路南一段24号（610065）
　　　　　电话：（028）85408311（发行部）、85400276（总编室）
　　　　　电子邮箱：scupress@vip.163.com
　　　　　网址：https://press.scu.edu.cn
印前制作：四川胜翔数码印务设计有限公司
印刷装订：四川省平轩印务有限公司

成品尺寸：185mm×260mm
印　　张：14.75
字　　数：345千字

版　　次：2024年11月 第1版
印　　次：2024年11月 第1次印刷
定　　价：60.00元

扫码获取数字资源

四川大学出版社
微信公众号

本社图书如有印装质量问题，请联系发行部调换

版权所有 ◆ 侵权必究

前　言

　　过去十年是中国社会保障制度逐步走向定型、稳定的关键期，许多社会保障制度经历了重大变化，比如，机关事业单位养老保险和城镇职工基本养老保险的并轨，新农保和城居保的合并，临时救助的建立和完善，护理保险制度的试点扩展等。因此，在教材的编写中，笔者力求与时俱进，注重内容的更新。本教材共分为上篇、下篇，上篇为基本理论篇，阐述社会保障的基本概念、产生发展、理论基石、相关关系、制度安排与模式、社会保障基金与融资、立法与管理，旨在提供较为全面、系统的社会保障基本理论知识；下篇为制度实践篇，介绍包括社会保险、社会救助、社会福利在内的制度安排及实务知识，旨在从宏观和总体角度提供社会保障制度实践的相关知识。

　　本教材有三大特色：一是定位较为明确。系统阐释社会保障的基本理论和制度实践，在引导学生深入理解社会保障知识的同时，又给其他社会保障专业课程和教科书留出了足够空间；二是坚持社会保障专业视角，力求引导学生和读者确立正确的社会保障理念，把握正确的社会保障专业知识，避免片面的效率观、市场观等，体现了将知识性和思辨性相结合、理论性和实践性相结合、阐述性和实践性相结合的原则；三是体例结构有所创新。力求在阐述社会保障理论和实践相关内容的同时重视利用鲜活的材料，每章都有开篇案例和拓展阅读书目可以给人相关启迪并进行课外阅读。

　　本书由笔者拟定大纲并主要撰写，四川大学劳动与社会保障系沙治慧教授、罗亚玲教授和杨帆副教授参与了部分内容的编写。感谢各位参与编写和校正的工作成员，也欢迎高校师生和读者提出批评意见，以期不断修订完善。

张浩淼
2023 年 10 月 5 日于成都

目　录

上篇　基本理论篇

第一章　社会保障制度的产生和发展 (3)
　　开篇案例　在全球性挑战中推动社会保障高质量发展 (3)
　　第一节　社会保障制度简史 (5)
　　第二节　社会保障制度的本质及内部结构 (8)
　　第三节　中国社会保障制度的历史、现状及未来 (15)
　　第四节　有关社会保障学的几个问题 (24)

第二章　社会保障理论基础和流派 (27)
　　开篇案例　建设中国的社会保障理论体系 (27)
　　第一节　社会保障理论渊源 (28)
　　第二节　经济学与社会学理论基础 (30)
　　第三节　社会保障主要理论流派 (35)

第三章　社会保障宏观关系 (41)
　　开篇案例　以法治温度促无障碍环境建设　让美好生活更有爱 (41)
　　第一节　社会保障与社会发展 (43)
　　第二节　社会保障与经济发展 (45)
　　第三节　社会保障与人的发展 (47)
　　第四节　社会保障与政治及其他 (49)

第四章　社会保障制度安排 (53)
　　开篇案例　"社会保障"热度不减：兜牢底线　夯实民生之基 (53)
　　第一节　社会保障的功能与原则 (54)
　　第二节　部分国家的社会保障制度安排 (56)
　　第三节　中国的社会保障制度安排 (66)
　　第四节　来自国际的影响 (67)

第五章　社会保障基金与融资 (71)
　　开篇案例　基本养老金投资困境破题 (71)
　　第一节　社会保障基金概述 (72)
　　第二节　社会保障资金的筹集 (74)

1

  第三节　社会保障基金管理与保障待遇 …………………………………………（80）
  第四节　社会保障基金的储存与运营 ……………………………………………（83）

第六章　社会保障法制与管理 …………………………………………………………（87）
  开篇案例　社保立法，蹒跚16年的民生期盼 ……………………………………（87）
  第一节　社会保障法制概念 ………………………………………………………（88）
  第二节　社会保障法制的一般理论 ………………………………………………（89）
  第三节　社会保障立法实践 ………………………………………………………（92）
  第四节　社会保障管理体制 ………………………………………………………（99）

下篇　制度实践篇

第七章　养老保险制度 …………………………………………………………………（107）
  开篇案例　中国养老金制度面临十项任务 ……………………………………（107）
  第一节　养老保险概述 ……………………………………………………………（108）
  第二节　养老保险模式 ……………………………………………………………（109）
  第三节　养老保险的基本内容 ……………………………………………………（112）
  第四节　全球养老保险制度的改革 ………………………………………………（114）
  第五节　中国养老保险的发展和改革 ……………………………………………（116）

第八章　医疗保险制度 …………………………………………………………………（121）
  开篇案例　促进多层次医疗保障有序衔接 ……………………………………（121）
  第一节　医疗保险概述 ……………………………………………………………（122）
  第二节　医疗保险模式国际比较 …………………………………………………（124）
  第三节　中国医疗保险制度的发展与改革 ………………………………………（127）
  第四节　中国生育保险的发展与改革 ……………………………………………（133）
  第五节　中国长期护理保险的建立与发展 ………………………………………（138）

第九章　工伤保险制度 …………………………………………………………………（146）
  开篇案例　工伤事故无情　工伤保险有爱 ……………………………………（146）
  第一节　工伤保险概述 ……………………………………………………………（147）
  第二节　中国工伤保险制度的建立和发展 ………………………………………（150）

第十章　失业保险制度 …………………………………………………………………（155）
  开篇案例　深化失业保险改革势在必行 ………………………………………（155）
  第一节　失业和失业保险概述 ……………………………………………………（156）
  第二节　中国失业保险制度发展与改革 …………………………………………（162）
  第三节　中国现行的失业保险制度 ………………………………………………（165）

第十一章　社会救助制度 ………………………………………………………………（173）
  开篇案例　五大举措：推进社会救助事业高质量发展 ………………………（173）
  第一节　社会救助概述 ……………………………………………………………（175）

第二节　国外社会救助制度的发展及经验……………………………………(181)
　　第三节　中国社会救助制度的发展和改革……………………………………(190)

第十二章　社会福利制度……………………………………………………………(204)
　　开篇案例　北欧国家福利制度困境、演变趋势及其对我国实现共同富裕的启示
　　　　………………………………………………………………………………(204)
　　第一节　社会福利概述…………………………………………………………(206)
　　第二节　社会福利制度及其历史演进…………………………………………(211)
　　第三节　中国社会福利制度的建立与发展……………………………………(216)

上篇 基本理论篇

第一章　社会保障制度的产生和发展

● 开篇案例

在全球性挑战中推动社会保障高质量发展

(作者：郑功成[①]　来源：光明网　日期：2023—08—27)

社会保障是人类现代化的产物并伴随各国现代化进程而发展，它代表着现代文明进步程度与社会共享度，与社会平等度呈正相关关系。近一百多年来的世界史表明，自从现代社会保障制度在德国产生以来，凡现代化国家都有健全的社会保障制度，走向现代化的国家都在建立、健全自己的社会保障制度。亚洲国家的社会保障虽然不比欧洲国家发达，但日本、韩国的社会保障制度早已定型，中国作为10多亿人口的发展中大国，在近20年间迅速建立起了覆盖全民的社会保障制度，实现了老年人皆享养老金的宏伟目标，医保制度也覆盖了13亿多人口，中国人民正通过日益健全的社会保障制度分享着国家发展成果。然而，在各国现代化进程中的社会保障发展实践中，既有以德国等国为代表实现理性建制、持续发展的成功典范，也有以拉美国家等为代表的超前发展、深陷危机的负面案例。究其原因，根本在于各国社会保障制度的质量。凡遵循客观规律并与所在国家国情及所处发展阶段相适应者，往往能够维系国家长治久安和人民世代福祉；凡违背客观规律或者脱离本国国情的社会保障制度安排，往往事与愿违，既损人民长远利益，也损国家现代化进程。即使是已经实现现代化的国家，也可能因福利政策选择失误而导致福利紧缩或起伏波折，进而衍生社会危机。因此，国家现代化与社会保障高质量发展，事实上构成了当今世界绝大多数国家的共同议题。

全球社会保障面临五大挑战：一是人口老龄化趋势在明显加快。欧洲大多数国家与日本等国已进入深度老龄化阶段，中国近20年间亦快速地从轻度老龄化进入中度老龄化，这是社会发展进步的结果，但对社会保障制度的影响是全面而深刻的，不仅包括财

[①] 郑功成，现任全国人大常委、中国社会保障学会会长、中国人民大学学术委员会副主任，长期从事社会保障及与民生相关的公共政策研究，是我国社会保障领域的重要开拓者。出版有《社会保障学：理念、制度、实践与思辨》《中国社会保障改革与发展战略：理念、目标与行动方案》等40多种著作，发表理论文章500多篇。获得过教育部第六、七、九届优秀科研成果奖（人文社科类）一等奖等20多项省部级以上的学术、图书、教学奖。有50多项重要政策研究成果获得党和国家领导同志批示，为我国社会保障改革与发展提供了重要的理论背景与决策参考。来源网址：https://www.gmw.cn/xueshu/2023-08/27/content_36790788.htm。

政问题，而且还有制度结构调整问题和权利义务关系重构问题。二是灵活就业渐成主流。它一方面反映了就业的不稳定性在提升，另一方面也表明了劳动者选择的机会更多。以中国为例，越来越多的年轻劳动者不愿意受正规就业的束缚，而互联网的广泛应用又为年轻人灵活就业创造了更多的机会，而现行社会保障制度建立在正规就业的劳动关系之上，不做深刻调整便无法适应就业格局的深刻变化。三是第四次工业革命需要与之相匹配的社会保障制度。以信息化、数字化、智能化为表征的第四次工业革命正在全方位的影响甚至改变着当今世界的生产方式、生活方式与社会治理方式，也重构了财富创造格局与收入分配格局（如中国的网红经济），如果社会保障制度还只是简单地延续着传统的再分配路径，其促进公平的效用将日益衰减，因为传统路径的社会保障再分配很难合理调节网络时代的财富分配格局。同时，还需要实现社会保障数字化转型，才能适应网络时代。四是人们的价值观更加多元化。现行社会保障制度的建立，客观上包括了诸多传统元素，如传统家庭、正规就业、社会共享、集体主义等主流价值观，但当代年轻人追求自由、个性化，全球化又加速了多元价值取向的传播与影响，不婚不育以及非传统家庭形态、灵活就业、独善其身等选择日益多见，如果不对社会保障制度进行相应的变革，其受欢迎程度将不可避免地会下降。五是区域失衡与贫富差距依然严重。这是传统的挑战，全球范围内近三年疫情带来的也是贫富差距在扩大。中国在过去10年圆满完成了近亿人口的脱贫攻坚任务，全面建成了小康社会，但低收入群体规模仍然庞大，社会结构仍然是金字塔型，基尼系数居高难下，而不同地区的发展差距更直接影响到社会保障制度的统一性。因此，反贫困、促平等、推动区域协同发展应当成为社会保障制度的重要使命。他指出，这五个方面即是各国已经面临或将要面临并需要妥善应对的重大挑战，因此，面向未来的社会保障，需要有新理念、新思维，进而创新制度安排、采取符合新时代要求的新行动，于后，才能在继续发挥其有效作用的条件下获得健康持续发展。

当今世界动荡不安，需要社会保障注入确定性、稳定性、公平性、正义性，提升人民群众的获得感、安全感、幸福感。而一个高质量的社会保障制度至少要具备四个要素：一是符合公平正义原则，各项制度安排均有助于缩小社会成员的收入与消费差距，提升社会平等度；二是真正做到共建共享、互助共济；三是运行在法治轨道上，能够以依法确立的成熟制度安排为全体社会成员提供清晰、稳定、安全的预期；四是可以不断满足社会成员不断增长的美好生活需要，实现可持续发展。

中国正在全面推进社会主义现代化国家建设，加快建立、健全中国特色的社会保障制度是其中的应有之义。尽管我们在短期内已经创造了老年人普享养老金、全民医保的奇迹，但客观而论，这一制度总体上还存在着社会保障体系还不够健全，养老保险与医疗保险制度参保质量不高，多种制度还存在着一些制度性缺陷或缺失等问题，这种局面离中国式现代化和走向共同富裕的要求还有不小差距。因此，中国正在全面深化社会保障改革，新一轮改革不再是过去单纯的增量发展，而是需要通过优化制度结构特别是责任分担机制和权利义务关系，重塑更加符合公平正义、共建共享原则的利益分配新格局，最终全面建成符合中国式现代化要求并为共同富裕提供关键性制度支撑的高质量社会保障制度。根据国家已经明确的战略部署，中国将在2035年基本实现国家现代化，

21世纪中叶全面建成社会主义现代化强国，与之相适应，中国的社会保障制度也需要在2035年前全面建成。因此，现在是中国社会保障制度从过去长期试验性改革状态步入制度成熟、定型发展的新阶段。在这样的关键阶段，特别需要借鉴国际经验教训，同时结合国情，走出有中国特色的社会保障新路。

第一节　社会保障制度简史

一、社会保障制度的形成时期（1883—1934）

（一）历史背景

一是德国工人运动迅速发展。到19世纪中叶，伴随资本主义市场经济的迅速发展、劳动条件与环境的日益恶劣、工伤事故的频繁发生及工人收入的入不敷出，逐渐激发了工人的不满情绪，从而导致劳资矛盾的逐渐加深，工人运动时有发生。同时，随着马克思主义思想在工人中的广泛传播，工人运动迅速发展，阶级斗争十分尖锐。

二是德国新历史学派的产生。德国社会转型时期各种思潮涌现，对社会问题的诠释普遍渗透着对社会福利的理论思考和实践回应。在各种思潮中，对制定社会政策影响甚大的是"新历史学派"。"新历史学派"宣扬社会改革的思想，认为经济社会生活与国家密切相关，国家必须引导道德规范，反对利益霸权，主张由国家制定社会政策解决工人在劳动保护权、工资待遇、养老就医等方面的问题。该学派既反对亚当·斯密的自由放任主义，也反对马克思主义的革命道路，主张国家积极干预经济和社会生活，主张实施包括社会、工厂在内的社会政策，主张走调和劳资关系的道路以消除德国面临的最大社会问题。

三是为了加快德国的工业化发展和对外扩张。1871年，德国实现全国统一，并得到普法战争中大量战争赔款。在这种条件下，德国努力加快国内经济的发展，谋求欧洲霸主地位。德国首任首相俾斯麦认为，要实现这个目标，首先必须比较圆满地解决本国当时已非常尖锐的劳资矛盾，安抚好国内民众。

（二）社会保障制度形成的标志：德国的社会保险立法

俾斯麦政府为维护社会的稳定和发展，缓解社会矛盾，在1883年颁布了世界上第一部社会保险法律，即《疾病社会保险法》；1884年颁布了《工伤事故保险法》；1889年颁布了《老年和残障社会保险法》。由此德国开创了以社会保险制度为核心的社会保障制度的建立和完善过程。历史表明，俾斯麦社会保险制度的创建不仅有实效，更是世界上许多国家建立社会保障制度的典范。此后，瑞典于1891年开始实行疾病保险，1913年实行工伤保险；法国于1898年开始实行工伤保险；俄国于1903年实行工伤保险；英国于1908年通过了《养老金法》，并于1911年制定了《国民保险法》等。

德国颁布的三部保障法规具有以下特点。第一，社会保障兼具福利性与劳动性的双重性质，而非纯粹福利性；第二，社会保障的对象并不是全体公民，也不是最需要救济的贫民，而是所有的雇佣劳动者；第三，社会保障的职责只是局部性的。与职业相关的单项社会保险项目出台，从保障的对象看尚未实现普遍性，从保障项目看也不具全面性，全国性的整体制度此时尚未形成。但是，三部保障法规的颁布标志着社会救济开始演化为社会保险制度，也标志着世界上第一个完整的社会保险体系正式建立。同时，对俾斯麦时代德国通过社会保险立法，干预社会生活，化解社会问题的功效进行分析，有助于我们理解在城市化进程中加快建立社会保障体系的重要性。社会保障首先在德国产生而不是在英国产生，这说明了除经济因素外，政治、社会等因素均对社会保障有重要影响。

二、社会保障制度的发展时期（1935—1947）

（一）历史背景

一是经济萧条的发生。1929年到1933年，从美国开始，资本主义世界爆发大规模的经济危机，各主要资本主义国家的工业生产剧烈下降，大量工人失业，农产品生产过剩，价格下跌，货币贬值，加剧劳资双方矛盾。

二是工人运动的大规模爆发和罗斯福新政的实施。由于发生严重的经济危机，美国爆发多次大规模的工人运动，罢工、示威游行和农民斗争重新高涨起来，劳资矛盾非常尖锐，严重影响社会稳定。而且，当时世界上已经产生了第一个社会主义国家即苏联，社会主义运动和马克思主义思想在美国得到了广泛传播。这不仅加深了劳资矛盾，而且使当时美国的罗斯福政府意识到该问题的严重性。美国总统罗斯福的新政实验，其中就有劳资关系的社会保障政策，这个政策承认工人阶级的某些基本权利，并且通过公共工程吸收失业者重新就业，还实施有关住宅保障的政策。

三是凯恩斯主义的诞生。为稳定资本主义经济，凯恩斯主张国家干预，实现充分就业。他认为经济危机起源于社会有效需求不足，有效需求不足又是由于未充分就业导致的，他主张国家实行财政赤字政策、增加社会福利开支、举办公共事业等，扩大社会支出，从而提高社会的有效需求。

（二）社会保障制度发展的标志

1933年，罗斯福出任总统后，为摆脱经济萧条，缓和劳资矛盾，重振美国经济，接受并采纳了凯恩斯主义的政策主张，制定并实施了"新政"。"新政"强调国家干预经济生活，其主要手段是刺激社会需求，而实行和完善社会保障制度是提高社会总需求的重要手段之一。1935年8月14日，美国总统罗斯福签署了《社会保障法》，这是美国历史上第一部社会保障法典。根据这一法案，成立了社会保障署。美国颁布的《社会保障法》是美国历史上第一部由联邦政府承担义务的、全国性的、以解决老年和失业问题为中心内容的社会保障方面的立法，它不仅确立了社会保障制度的一般原则，奠定了美国社会保障制度基础，也对现代市场经济体制中社会保障的发展产生了重要的影响。

三、社会保障制度的繁荣时期（1948—1979）

（一）历史背景

第二次世界大战以前，虽然社会保障在资本主义各国发展很快，但仍然是不完善的。这主要表现为社会保障项目少，支付标准相对较低。第二次世界大战以后，在资本主义各国社会保障事业发展迅速，进入了一个崭新阶段。

一是经济发展的黄金时期为社会保障的发展奠定基础。第二次世界大战以后，资本主义各国的经济飞速发展，进入了一个所谓的"黄金时期"。在这个阶段，资本主义各国政府把政策的重点由原来的"一切为了战争"转向恢复本国经济、治愈第二次世界大战所带来的创伤上，而且战争结束后的和平也为各国大力发展国民经济创造了良好的外部环境。在这种形势下，资本主义各国的国民经济保持着持续、高速增长，国家财政收支状况得到很大改善，国力大大增强，为社会保障的繁荣打下坚实的物质基础。

二是受《贝弗里奇报告》的影响。1942 年，英国着眼于重建战后和平，委托贝弗里奇做社会调查，他经过周密的调查研究，提出了《社会保险及有关服务》的长篇报告，即著名的《贝弗里奇报告》。他在报告中提出了一整套对英国全体公民均适用的福利国家的指导原则，设计了一整套"从摇篮到坟墓"的全面而广泛的社会福利计划，他也由此获得了"福利国家之父"的称号。

《贝弗里奇报告》强调：一是社会福利是一种社会责任；二是变济贫（救济）为保障国民的最低生活标准。凡是有收入的英国公民必须按统一标准参加社会保险，这就是以社会保障普遍性代替济贫的选择性。《贝弗里奇报告》确立了第二次世界大战后英国福利体系的基本原则。按照这些原则，贝弗里奇设计的社会保障计划涵盖了养老、疾病、残疾、死亡、工伤、失业和家庭津贴等七大项目。这些很快成为欧洲各国建立福利国家的理论基础。

（二）社会保障制度繁荣的标志

1948 年 7 月，英国第一个宣布建成"福利国家"。之后，瑞典、丹麦等北欧国家纷纷效仿，宣布建成福利国家。在这一重要转变过程中，凯恩斯的经济思想起到重要作用，他提出要加强国家对经济的干预，采取财政金融措施，增加公共支出，降低利率和刺激私人投资和消费，提高有效需求，实现充分就业。

四、社会保障制度的改革时期（1979 年以后）

（一）历史背景

20 世纪 70 年代末以后，社会保障制度进入改革、调整和创新时期。

一是经济萧条的发生。20 世纪 70 年代的两次石油危机直接给主要发达资本主义国家带来经济危机，给社会保障制度供给带来入不敷出的新题。人们开始寻找产生这种经济萧条的根源，并认为当时的社会保障制度是其中一个重要原因。

二是劳动积极性的下降。过于完善的社会保障制度助长了一些人所谓"人人为自己，国家为人人"的思想，因此，直接造成了一部分人的懒惰行为。

三是社会保障管理效率低下。许多资本主义国家参与社会保障管理的人数不断增多，社会保障管理机构的规模也日趋扩大，这些都造成了用于社会保障管理的费用迅速增长。但同时，社会保障管理效率逐步下降，社会保障管理人员的服务质量也日趋恶劣，这导致了整个社会的不满，人们要求改革社会保障管理体制的呼声日益高涨。

在上述背景下，英国率先对福利制度进行了改革。20世纪70年代末，以撒切尔夫人为首的保守党执政时，就开始了私有化改革，其指导思想是：首先，社会保障不应由政府包办，而应公私协作；其次，不能养成单纯依赖国家的懒汉思想，要鼓励个人用劳动争取福利。在这种指导思想下，1979年，英国通过税收优惠鼓励雇员从收入关联的社会养老保险中退出，加入企业年金计划或直接建立个人养老账户，由此开始了社会养老保险的私有化改革，这些改革被看作是对政府失灵的一种修正。

（二）改革理念：开源节流

英国社会保障制度开始私有化改革拉开了世界范围内开源节流改革的序幕。进入20世纪70年代后，高收入国家开始了"做减法"的改革，即开源节流的改革，通过扩大税基提高税率增加制度的收入，同时通过减项目降水平等手段来控制社会保障制度的开支，甚至是通过私有化改革减少政府的责任。两个主要因素促使高收入国家社会保障制度进行增收节支改革，一是经济增长速度的放慢，二是人口老龄化。

第二节 社会保障制度的本质及内部结构

一、社会保障制度的定义及其本质特征

（一）社会保障制度的定义

（1）最广泛的意义上属于一种社会保护制度。作为社会经济制度的重要组成部分，社会保障制度是建立在社会经济基础之上的，各国的社会经济背景不同，社会政策不同，价值观念不同，文化传统不同，因而各国的社会保障制度及其定义也不同；同时，社会保障制度还是一个复杂的组合概念，它涉及经济、政治、社会、伦理、法律等多个领域，从不同的角度研究社会保障制度，就会有不同的定义。

（2）较次广泛的意义上而言，社会保障的主要内容包括社会保险和社会救助及社会福利制度，其中社会救助是基础，社会保险是主体，社会福利是最高层次。

（3）狭义上讲，社会保障制度是国家通过立法并依法采取强制手段对国民收入进行再分配，对暂时或永久失去劳动能力及因各种原因造成生活困难的社会成员提供基本生活保障、分散个人的风险，以保证劳动力再生产、社会安定、经济有序进行的措施、制度和事业的总称。

（二）社会保障制度的本质特征

1. 社会保障制度的目标是保证劳动力再生产、社会安定和经济稳定增长

社会保障免除劳动者后顾之忧，保证劳动力再生产，促进社会安定和经济的稳定增长。

2. 社会保障制度的责任主体是国家和政府

现代社会保障制度的国家主体性表现为两个方面：一方面国家通过立法提供一套社会保障制度的法律制度框架；另一方面是国家行政机构在此法律框架下，依法规划、组织和实施各项社会保障计划。

3. 社会保障通过再分配保证社会公平

市场对分配是盲目的，市场并不保证竞争起点的公平，当然就不能保证分配的公平，这就需要社会保障制度对初次分配的结果进行修正；除此之外，在市场经济条件下，一部分人失业是常态现象，如果没有社会保障制度为失业人口提供必要的经济支持，不仅会影响社会的安定，也会影响劳动力的再生产和正常的消费需求。

4. 具有强制性

社会保障制度是社会发展和进步的产物，它通过国家专门的法律制度来实现，国家作为社会生活的组织者和管理者，有着最为权威的力量，当国家借助于法律、法规，将一定时期的社会保障行为加以规范，并使之对社会成员具有普遍的约束力时，这种社会行为便会上升为一种社会制度。

5. 提供的是基本生活需求的保障

社会保障是通过为社会成员提供基本生活保障来分散风险的。从动态角度看，基本生活需求是一个相对概念，基本生活需求的内容随经济增长和发展水平的变动而变动。从静态角度看，社会保障制度提供的基本生活需求保障包含两个方面的内容：一是社会保障提供的保障项目与社会成员生存相关；二是社会保障提供的保障水平应限于社会成员的基本生活费用需求。

二、社会保障制度的结构

（一）社会保险

社会保险制度起源于 19 世纪 80 年代初期的德国。作为工业化的产物，它一产生便呈现出立法强制实施的面孔，成为解决工业劳动者养老、工伤、疾病医疗等诸多问题的有效措施，并在许多工业国家的社会保障体系中迅速占据了核心地位。社会保险是国家

立法强制征集社会保险税（费），并形成社会保险基金，当被保人发生相关社会风险时，制度给予损失补偿或提供收入的风险分散制度。社会保险包括的风险主要有因年老、疾病、工伤、残疾、生育、死亡、失业等风险引起的经济损失、收入中断或减少等。社会保险是社会保障制度中的核心部分，这是因为它对社会经济生活影响的广度和深度超过其他制度。

（二）社会救助

"社会救助"是从传统的贫民救济和社会救济这一对范畴中演变而来的。西方国家在20世纪以前习惯于使用"贫民救济"一词，英国1601年颁发的《伊丽莎白济贫法》是西方最早以法律形式确定的社会救助保障。中国则把古代至1949年前的一切贫民赈济措施称之为"社会救济"，并一直沿用到今天。无论是"贫民救济"还是"社会救济"，都是对宗教慈善事业、国家政府救济以及民间其他互济行为的概括。

现代意义的社会救助是社会保障制度的有机组成部分和基本手段之一，是指通过立法由国家或者政府对由于失业、疾病、灾害等原因造成收入中断或者收入降低并陷入贫困的人员或者家庭实行补偿的一种社会保障制度。社会救助制度是社会进步和社会文明的重要标志。随着社会、经济、文化及政治等要素的发展，社会救助的内涵和外延也在不断变化。

（三）社会福利

社会福利在西方是一个被广泛使用的概念，它包括社会保险制度、社会救助制度与公共福利制度等多种内容。社会福利在中国的使用则不同，尽管中国学术界有时也会使用广义概念的社会福利一词，但在我国的现实制度中，社会福利是具体的社会保障制度之一，主要是针对老年、妇女、儿童与残疾人所提供的相关福利。

各国关于社会福利概念的不同定义，反映出不同国家在不同社会经济和历史文化背景下对社会福利的需求和理解的差别，同时也反映出随着社会福利的发展，不同国家对社会福利的理解和期望的不断变化。可见，社会福利的概念既包括一定的空间即国别（地区）的差别，也包括一定的时间即历史的差别。

（四）特殊保障

特殊保障是国家专门为某一类人群设立的标准或给付条件不同的社会保障制度。这些特殊制度的资金通常来源于财政。在中国特殊保障是社会优抚制度，指国家和社会依法对为保卫国家安全而做出贡献和牺牲的军属、烈属、残废军人及退伍军人等所给予的优待和抚恤。

三、社会保障制度安排的模式及其比较

基于影响因素的复杂性和具体国情的差异，各国的社会保障制度各不相同。许多学者都在社会保障制度类型的划分方面做过研究，比如从社会政策学角度将其分为剩余模式和机制模式，从保障范围将其分为普遍保障、就业保障和救助保障模式，从实施方式

将其分为现收现付、部分积累和完全积累等。

现代社会保障是通过具体的制度安排来达到其特定功能的，因此基于各国对社会保障制度的具体安排来划分与概括其模式显然具有特殊的意义。从这个角度看，目前已被普遍接受的一种划分方式是将其分为社会保险型、福利国家型、强制储蓄型和国家保险型共四种模式。

（一）社会保险型模式

1. 起源与沿革

保险型社会保障制度以德国、美国、日本为代表。这种模式以社会保险为核心，社会保障费用由雇员、雇主和国家三方负担，主要以雇员和雇主承担为主，社会保障的给付与雇员的收入和社会保险缴费相联系。该模式起源于19世纪80年代的德国，是最早出现的社会保障制度安排的模式，该模式的起源是经济、政治、社会等多种因素共同作用下的产物。

德国1883年颁布《疾病社会保险法》，1884年颁布《工伤事故保险法》，1889年颁布《老年和残障社会保险法》，并于1911年将上述三部法律确定为德意志帝国统一的法律文本，另增《孤儿寡妇保险法》而成为著名的《社会保险法典》。1923年、1927年德国又先后制定《帝国矿工保险法》和《职业介绍和失业保险法》，基本确立了以社会保险为主的现代社会保障制度。其后许多发达国家如法国、美国等纷纷效仿德国颁布社会保险法令并确立了以社会保险制度为主的社会保障制度安排，在这些国家的实践下，社会保险型模式得到长足的发展，成为具有旺盛生命力的一种模式，在20世纪70年代前，极大地推动了众多采取该模式国家的工业化进程及经济社会的发展，并解除了其国民生活的后顾之忧，促进了社会的稳定。然而，20世纪70年代之后，由于人口老龄化，失业人口增多以及经济低速增长甚至停滞等经济社会因素，采取该模式的国家均暴露出一些问题，如社会保障支出增长过快导致财政负担加剧，管理费用开支大，机构众多等。因此，20世纪80、90年代，采取社会保险型模式的各个国家纷纷采取一系列改革措施，主要是在对不断上升的缴费率进行必要的预期与准备，控制管理费用等方面，比较有名的改革包括美国克林顿政府的医疗保险与社会福利制度的改革及德国施罗德政府的医疗保险结构改革等。

2. 特点

一是以劳动者为核心。劳动保险制度面向劳动者且主要是工薪劳动者，围绕劳动者在年老、疾病、工伤、失业等风险设置保险项目，并用以保障劳动者在遭遇这些事件时的基本生活。在某些情形下，劳动保险制度还通过劳动者惠及其家庭成员。

二是责任分担。劳动保险强调雇主与劳动者个人分担劳动保险缴费责任，国家财政给予适当支持，从而是一种风险共担和责任分担的社会保障机制。

三是权利与义务有机结合。劳动保险强调劳动者享受劳动保险的权利与缴纳劳动保险费的义务相联系，劳动者享有的劳动保险待遇水平亦常常与缴纳劳动保险费的多少和个人收入情况相联系，不参加劳动保险或者未缴纳劳动保险费是不能享受劳动保险待遇的。

四是互助共济。雇主与劳动者个人缴纳的劳动保险费形成养老、医疗、失业、工伤、生育等劳动保险基金,当劳动者遭遇保险事件时,享受相应的劳动保险待遇,劳动保险基金在受保成员间调剂使用,充分体现出互助共济、共担风险的原则。

五是在项目构成方面,以包括养老保险、失业保险、工伤保险、医疗保险等在内的各种社会保险项目为主体,辅之以社会救助与社会福利项目,如家庭生活补助、住房补贴等。

六是实行社会公平与市场效率相协调的机制。在处理公平与效率的关系上,并不只是强调社会公平,在某个时候可能更重视市场效率。

总之,社会保险型模式对制度实施环境的要求并不高,只要是经历工业化的国家,无论是发达国家还是发展中国家,都可采取这种模式来缓解劳资矛盾,化解劳动者面临的各种社会风险。因此,这种模式是迄今为止最普及的一种社会保障制度模式。

(二)福利国家型模式

1. 起源与沿革

福利型社会保障制度以瑞典、英国为代表。该模式是以全民性和普遍性的保障原则为核心,全体居民和公民不论其有无收入和是否就业,都可享受国家制定的各项福利保障政策。由于全民均享有受保障的权利,因此,这种模式下的社会保障资金来源于国家的税收。该模式起源于20世纪40年代末的英国,回顾其起源的历史,可以发现该模式的起源是经济、政治、社会等多种因素共同作用并形成综合动力的结果。

英国1945年颁布《家庭津贴法》,1946年颁布《国民保险法》《国民健康服务法》《工业伤害法》,1948年颁布《国民救助法》,在原有基础上颁布的这些新法令使得英国社会保障制度安排得以全面发展,成为世界上第一个福利国家。其后,瑞典、挪威、丹麦等许多北欧国家纷纷效仿英国,采纳了"从摇篮到坟墓"的福利国家模式,使这种模式成为经济社会水平高层次及社会文明进步的象征。该模式在20世纪50、60年代曾经风靡一时,但由于20世纪70年代以来,失业增长、人口老龄化及经济滞胀等社会经济因素的变化,这种模式产生了不少棘手问题,比如福利开支庞大导致政府负担沉重,高额税率影响了生产率,以及滋生依赖与懒惰等。进入20世纪80年代,采取该模式的各个国家纷纷进行改革,包括控制管理费用,削减福利开支等措施,比较著名的是英国撒切尔政府的改革等。瑞典等北欧国家也进行了一系列改革,但力度都没有英国大。

2. 特点

虽然福利国家模式近期进行了改革与调整,但该模式的根本特点没有发生改变,主要包括以下几个方面。

一是实行累进税制与高税收。国家通过确立累进税制对国民收入所得进行再分配,使社会财富不再集中在少数人手里;同时,为维持福利国家高水平的福利支出,也必然需要高税收来支撑。

二是实现普遍覆盖与全民共享。"普遍性"和"全民性"构成福利国家型社会保障的基本原则，其目标在于维持社会成员一定标准的生活质量。各种社会保障制度，不仅限于被保险者一人，而且推及其家属；不只限定于某一社会保险项目，而且推及所有维持合理生活水平有困难的所有事件，以最适当的方法给予保障。

三是政府负责与法制健全。政府是首要的责任主体，不仅承担着直接的财政责任，而且承担着实施、管理与监督社会保障的责任。各种社会保障制度均依法实行，并设有多层次的社会保障法律监督体系。

四是福利开支责任主要由政府和企业负担，个人通常不需要缴纳或低标准缴纳社会保障费用。

五是社会保障项目众多，待遇标准较高，保障项目设置涵盖了社会成员"从摇篮到坟墓"的一切福利保障需求，不仅包括失业、养老、医疗、工伤等各种社会保险，还包括各种儿童补助、住房补助、丧葬补助及低收入家庭补助等，此外还有免费教育、带薪假期等福利措施。

总的来看，福利国家型社会保障法律制度的改革不可逆转，发展趋势是减少国家职责、增加个人责任、提高社会保障效率、减少浪费。

（三）强制储蓄型模式

1. 起源与沿革

储蓄型社会保障制度以新加坡公积金制度和智利的养老保险为代表。该模式起源于20世纪50年代中期的新加坡，1965年新加坡独立后仍然采取这种模式并不断完善，回顾这段历史，可以发现是经济、政治、社会等多种因素共同产生了作用。

新加坡于1955年颁布《中央公积金法》并成立了中央公积金制度，1965年新加坡独立后也十分重视健全与完善该制度，推出公积金购屋、医疗等计划，使强制储蓄模式在新加坡形成并不断发展，这种完全积累的方式较好地避免了社会保险型或福利国家型的某些缺陷，受到世界瞩目。其后，许多东南亚国家如马来西亚、泰国等纷纷效仿，但由于与国情不相适应，某些国家的效仿并不成功。20世纪80年代初，智利借鉴新加坡的经验，对养老保险进行改革并采取了强制储蓄的模式，但比新加坡更进一步，它不是像新加坡那样由雇主和雇员共同缴费并由政府建立的中央公积金局管理，而是仅由个人缴费并采取了私有化管理运营的方式。随后，一些拉丁美洲国家如墨西哥、阿根廷等也在20世纪80年代借鉴了智利经验，在养老保险制度方面进行改革，这使得强制储蓄在社会保障制度安排的模式中占据一席之地。进入20世纪90年代后，强制储蓄型模式开始暴露问题，如收入差距拉大，运营效果下降等，因此采取这种模式的国家也在酝酿改革。

2. 特点

一是强调自我负责，缺乏互济性。强制储蓄模式是在国家立法规范下，采取强制手段扣除劳动者一部分工资，储存起来完全用于劳动者自己养老。它不存在劳动者之间的互助共济功能，从而也无法让风险在群体中分散。这种模式强调自我负责而不是追求互助共济,这一点与其他模式所追求的目标是相悖的。

二是建立个人账户,实行完全积累。在该模式下,每个参与其中的劳动者均拥有一个账户,雇主与劳动者自己缴纳的费用直接计入该账户,并逐年累积,直到劳动者年老退休时才领取。因此,这种模式实现的是劳动者一生中的收入与负担的纵向平衡。

三是与资本市场有机结合。由于强制储蓄型模式是完全积累的财务机制,每个劳动者在劳动期间积累在个人账户上的资金是不断增长的,从参加强制储蓄到领取相应待遇,往往间隔数十年,其间必然遭遇积金贬值的风险。因此,该模式的最大压力在于如何使个人账户上积累的基金实现保值增值,这就必然要求基金积累与资本市场相结合,才可能在参与社会财富创造的过程中避免资金贬值的风险。

四是保障内容与项目上主要为养老保障。这一模式主要适用于具有长期积累性的养老保险,因此除新加坡把其扩展至医疗、住房等并形成综合性的社会保障体系外,其他采纳该模式的国家大多仅用于养老保险方面。

五是政府承担责任的方式特殊。在该模式下,政府通常并非直接分担缴费责任,而是扮演监督者的角色,对个人账户积累基金的投资运营进行监督是重点。同时,不同国家政府承担的责任也有区别,如新加坡是设立中央公积金局来集中运营公积金并由政府确保相应的收益率;智利则采取私营化办法,政府仅承担监管责任。

总体来看,采取强制储蓄模式的国家仍是少数,它没有走出东南亚与拉丁美洲的地域范围,其影响力也远没有社会保险型和福利国家型这两种模式强。究其原因,一方面是因为该模式缺乏互助共济,另一方面是因为这种模式对制度实施环境的要求很高,要求有一定的政治权威、相应的文化传统或特殊的时代背景等。以新加坡为例,正由于它是城市小国,其经济发展水平很高,同时保留有华人家庭保障传统,还拥有一个权威主义政府,这才使强制储蓄模式在新加坡有合适的制度环境且保持至今。

(四)国家保险型模式

1. 起源与沿革

国家型社会保障制度以苏联为代表。该模式起源于20世纪20年代左右的苏联。国家型社会保障制度以"国家统包"为核心,由政府对福利进行直接分配,社会保障事务由国家统一办理,社会保障费由国家和企业负担,职工个人不必缴纳社会保障费用。它主要是根据马克思提出的社会总产品要在个人分配前扣除社会保障费用的相关论述所确立的模式。

1917年俄国十月革命胜利的第六天,以列宁为首的政府发表《关于社会保险的政府通告》,1918年人民委员会批准了《劳动者社会保险条例》,1920年第一次实行抚恤金,1924年逐步实行残疾金办法,1928年人民委员会下属的联盟社会保险委员会通过第一个养老金法,其后覆盖范围不断扩大,1936年苏联宪法以法律形式将公民在年老及患病和丧失劳动能力时的社会保障固定下来,使国家保险模式在苏联形成并不断发展。20世纪40年代开始,许多社会主义国家纷纷效仿苏联,如波兰、捷克斯洛伐克及中国等都曾采取这种模式,并把其视为社会主义国家优越性的一种体现,然而经过半个多世纪的实践，该模式伴随苏联解体、东欧剧变逐渐被摒弃。中国虽然在这种模式下曾经取得巨大成就，但因个人无需承担责任、保障内容全面等，造成了个人激励机制缺失等问题，这与我国经济社会的改革不相适应，因此于1986年后中国也逐步开始了改革。

2. 特点

一是国家通过宪法将社会保障确定为国家制度，公民享有的社会保障权利由生产资料公有制保证，并通过相应社会经济政策的实施取得。

二是社会保障支出由政府和企业承担，其资金由全社会的公共资金无偿提供，由于国家已事先开展了社会保障费的预留和扣除，个人无需缴纳社会保障费。

三是保障的对象是全体公民，宪法规定，每一个有劳动能力的人都必须积极参加社会劳动，对无劳动能力的一切社会成员提供物质保障。

四是工会参与社会保障事业的决策和管理。

国家保险型保障模式的宗旨是最充分地满足无劳动能力者的需要、保护劳动者的健康并维持其工作能力。但是，这种模式过分强调公平，使国家财政负担过重，而且企业办社会，企业竞争力下降，劳动力缺乏合理流动，职工个人也缺乏自我保障意识。

第三节　中国社会保障制度的历史、现状及未来

一、目前中国社会保障制度的结构

我国根据发达国家及国际劳工组织关于社会保障体系框架的设计，结合我国实施社会保障的实践，逐步建立起具有中国特色的社会保障体系。《中共中央关于构建社会主义和谐社会若干重大问题的决定》中提出：到2020年"覆盖城乡居民的社会保障体系基本建立"，这是构建社会主义和谐社会的目标和主要任务之一。

目前，我国已建立起以社会保险、社会救助、社会福利等为基础，以基本养老、基本医疗、最低生活保障制度为重点，以慈善事业、商业保险为补充的社会保障体系。具体如图1-1所示。

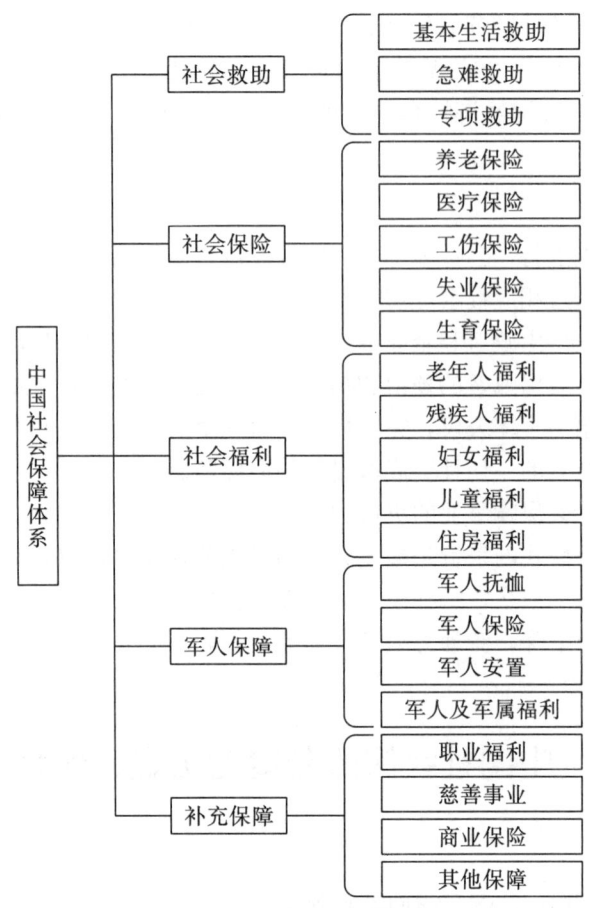

图 1-1 中国社会保障体系

二、中国社会保障制度的历史与现状

（一）新民主主义革命时期：早期探索

中国共产党自成立以来，始终把为中国人民谋幸福、为中华民族谋复兴作为自己的初心使命，团结带领全国各族人民为争取民族独立、人民解放和实现国家富强、人民幸福而不懈奋斗。在救国图强的艰辛历程中，中国共产党始终关注劳苦大众，关注民生改善和社会保障，社会保障的探索与实践一直是其中的一项重要内容。

在新民主主义革命时期，中国共产党对社会保障制度建设进行了早期的探索。中国共产党在成立之初，就明确提出了有关社会保障的政策主张，提出"应实行社会保险制度"。20世纪30年代，革命政权在局部区域建立，中国共产党立即就将原先的社会保障政策主张转变为实践措施。1931年12月，《中华苏维埃共和国劳动法》颁布，专门规定了社会保险的内容，形成了革命政权控制区域社会保障的雏形框架。解放战争后期，东北解放区率先实行劳动保险制度，成为中国共产党领导社会保障体系建设的第一次大规模实践，为新中国成立后建立全国性社会保险制度积累了宝贵的经验。

(二)社会主义革命和建设时期：初步建设

就城镇社会保障发展而言，在社会主义革命和建设时期，党中央提出实行劳动保险制度，保障劳动群众基本权利、增进社会福利的主张，在一穷二白的基础上，逐步建立了与计划经济体制相适应、以城镇职工单位保障为主要特征的社会保障制度。具体而言，新中国成立初期，国营经济、公私合营和私营企业及合作社等多种所有制成分并存，政务院于1951年正式颁布适应多种所有制经济的全国统一的《中华人民共和国劳动保险条例》，规定职工在疾病、伤残、残废、生育及老年后获得必要的物质帮助，职工的直系亲属也可享受一定的保障。作为新中国第一部社会保障领域的法规，该法案奠定了社会保障制度的框架基础。从20世纪50年代初到1966年期间，社会保障制度有基金、有管理、有监督，基金的收集、管理和监督是分立的，在人口年龄结构轻且经济发展较快的情况下，这一制度运行良好。这一保险制度有以下特点，其保障的对象为城镇企业职工（医疗保险还为家属提供保护）；它是一种不分险种的"一揽子"保险计划；与中国高就业政策或者说"零失业"政策一致，没有失业保险的内容；在风险分散的机制上，是以企业保险为主辅之以社会保险的混合制度。然而，后期在"文化大革命"期间，上述企业劳动保险制度有了很大的变化。1969年财政部规定："国营企业一律停止提取劳动保险金，企业的退休职工、长期病号工资和其他劳保开支在国营外开支。"与前期的保险制度比，这一规定意味着劳动保险由企业保险为主辅之以社会保险的混合制度走向彻底的企业保险制度；同时保险基金停止了积累。没有积累的企业劳动保险在计划向市场经济转变的过程中日益暴露其缺陷。在计划经济条件下，国有企业不是责权利的主体，企业支付给职工的保险金最终都是由国家承担的。在这个意义上，中国的劳动保险实质上是苏联模式下的"国家保险"，只不过表现为给付是由企业发放的。

就农村社会保障发展而言，社会主义革命和建设时期，农村社会保障工作的主要内容就是救灾备荒、优抚安置等。以《1956年到1967年全国农业发展纲要》的制定为这一时期的主要标志，其明确提出：农业合作社对社内缺乏劳动力、生活没有依靠的鳏寡孤独的社员，在生活上给予适当照顾，做到保吃、保穿、保教（儿童和少年）、保烧（燃料）、保葬，使他们生老病死都有保障。这一时期农村社会保障的主要特点：建立起了新中国农村社会保障初步体系，在当时的社会情况下，建立了集体供养与家庭养老相结合，以农村合作医疗为基本的医疗保障，着力做好优抚安置、救济救灾工作等，为新中国战后的重建、恢复生产力以及社会稳定提供了重要保证。

(三)改革开放和社会主义现代化建设新时期：奠定框架

在改革开放和社会主义现代化建设新时期，为适应从计划经济体制向社会主义市场经济体制转轨的要求，我国把社会保障作为改善人民生活的基础民生工程，持续推进社会保障的改革发展，稳步推进社会保障体系建设，取得了重大进展。社会保障在党和国家事业发展全局中的地位不断强化，逐步发展成为一项重要的社会经济制度。

就城镇社会保障发展而言，在改革开放过程中，经过不断试点与探索，中国城镇与就业相关的企业保险制度逐步改革为社会保险制度，自1994年至1999年，先后建立了生育保险、工伤保险、城镇职工基本养老保险制度、城镇职工基本医疗保险制度和失业保险制度。与城镇就业关联的五项保险制度我们俗称为"五险"。1999年，城镇居民最低生活保障制度建立；2007年，城镇居民基本医疗保险制度建立；2011年，开始城镇居民基本养老保险试点；2014年，决定将新农保和城居保合并为城乡居民基本养老保险。此外，2007年和2009年，中国还分别建立了以低收入者和中等偏低收入者为对象的廉租房和公租房制度。至此，中国城镇以社会保险为主体，以社会救助和社会福利为辅的社会保障制度体系大体建立起来。

就农村社会保障发展而言，党的十一届三中全会以来，在农村，以家庭联产承包责任制为主要内容的农村经济体制改革得以推广，激发了广大农民生产的积极性。随着农村经济的发展，越来越多的社会问题开始显露出来，其中农村的养老问题最为突出，成为制约农村发展的主要问题。在1986年，第一次明确提出了"社会保障"这一概念，规范了社会保障制度中社会救助、社会保险、社会福利、优抚安置等各项内容。1987年民政部印发的《关于探索建立农村基层社会保障制度的报告》标志着我国农村社会保障制度改革进入了新的探索期。虽然农村社会保障制度进行了不少的改革和完善，但从总体来说仍处在灾害救济、"五保"制度的低水平阶段。同时，由于计划生育政策的实施，改变了中国的人口增长方式，养老服务层面上扮演非常重要的家庭功能也逐渐弱化甚至消失。相比较于同时期我国经济改革所取得的成就，农村社会保障制度的建设进入低谷。直到20世纪90年代以后，农村社会保障才迈入迅速发展的快车道。1992年，民政部制定出台了《县级农村社会养老保险基本方案（试行）》，标志着我国进入了现代农村社会保障制度积极探索的重要时期。1995年，国务院办公厅转发了民政部《关于进一步做好农村社会养老保险工作的意见》指出逐步建立农村社会养老保险制度，是建立健全农村社会保障体系的重要措施之一。1994年，颁布了新的《农村五保供养工作条例》，它是对形成于农业合作化时期的"五保"供养制度的不断发展与完善。2003年，国务院办公厅转发了卫生部、财政部、农业部《关于建立新型农村合作医疗制度的意见》，要求建立新型农村合作医疗制度，该制度的资金来源于政府、集体和个人，以县市为单位统筹管理。2007年，国务院出台了《关于在全国建立最低生活保障制度的通知》，最低生活保障制度由地方政府为家庭人均纯收入低于当地最低生活保障标准的农村贫困群众，按最低生活保障标准，提供维持其基本生活的物质帮助。2009年，国务院正式颁布《关于开展新型农村社会养老保险试点的指导意见》，新农保开始试点，养老金由基础养老金和个人账户养老金组成。

（四）中国特色社会主义新时代：全面深化

党的十八大以来，现代化国家建设在理论上和实践上取得了进一步的创新和突破。党的十八大提出，建设中国特色社会主义，总任务是实现社会主义现代化和中华民族伟大复兴，并提出"两个一百年"奋斗目标。党的十九大提出，即从十九大到二十大这"两个一百年"奋斗目标的历史交汇期，我们既要全面建成小康社会、实现第一个百年奋斗目标，又要乘势而上开启全面建设社会主义现代化国家新征程，向第二个百年奋斗目标进军。党的二十大明确提出，从现在起，中国共产党的中心任务就是团结带领全国各族人民全面建设社会主义现代化强国、实现第二个百年奋斗目标，以中国式现代化全面推进中华民族伟大复兴。

进入中国特色社会主义新时代以来，党中央把社会保障体系建设摆上更加突出的位置，对我国社会保障体系建设作出顶层设计，改革的系统性、整体性、协同性进一步增强，我国社会保障体系建设进入了快车道。中央政治局会议、中央政治局常委会会议、中央全面深化改革委员会会议等会议多次研究审议改革和完善基本养老保险制度总体方案、深化医疗保障制度改革意见等重要文件。2021年2月26日，第十九届中央政治局就完善覆盖全民的社会保障体系进行第二十八次集体学习，习近平总书记在主持学习时强调，"社会保障是保障和改善民生、维护社会公平、增进人民福祉的基本制度保障，是促进经济社会发展、实现广大人民群众共享改革发展成果的重要制度安排，是治国安邦的大问题"。这一论述深刻阐释了社会保障在社会维度、经济维度和政治维度上的重要角色，尤其是"治国安邦的大问题"的论断更是一针见血地点明了社会保障在我国社会主义现代化国家建设中的极端重要性。

在中国特色社会主义新时代，深入贯彻以人民为中心的发展思想，在"民生七有"（幼有所育、学有所教、劳有所得、病有所医、老有所养、住有所居、弱有所扶）上持续用力。在养老保险领域，统一城乡居民基本养老保险制度，实现机关事业单位和企业养老保险制度并轨，建立企业职工基本养老保险基金中央调剂制度，实施企业职工基本养老保险全国统筹。在医疗保险领域，整合城乡居民基本医疗保险制度，全面实施城乡居民大病保险，探索建立长期护理保险制度，组建国家医疗保障局。在社保综合领域，推进全民参保计划，降低社会保险费率，划转部分国有资本充实社保基金。当前，我国以社会保险为主体，包括社会救助、社会福利、社会优抚等制度的社会保障体系基本建成，形成了世界上规模最大的社会保障体系，人民群众获得感、幸福感、安全感更加充实、更有保障、更可持续。在该时期，中国社会保障取得以下三大典型成就。

一是社保覆盖范围持续扩大。十年间，基本养老、失业、工伤三项社会保险参保人数分别从2012年的7.9亿人、1.5亿人、1.9亿人增加到2022年6月的10.4亿人、2.3亿人、2.9亿人。近年来，基本医疗保险参保人数超13.6亿人，参保率稳定在95%以上。2021年，全国4680多万困难群众纳入低保或特困供养，全年实施临时救助1089万人次。同时，34万事实无人抚养儿童被纳入制度保障范围，建立了农村留守老人、妇女、儿童关爱服务制度，构建起未成年人保护体系；建立了困难残疾人生活补贴和重度残疾人护理补贴制度，每年惠及近2000万残疾人。

二是社保保障水平逐步提高。2012年至2021年，企业退休人员月人均养老金从1686元增长到2987元，城乡居民月人均养老金从82元增长到179元，月平均失业保险金由707元提高到1585元，月平均工伤保险伤残津贴由1864元提高到约4000元。近年来，职工医保、居民医保政策范围内住院费用支付比例分别为80%和70%左右。这十年，城市低保全国平均标准从每人每月330元提高到711元，农村低保全国平均标准从每人每月172元提高到530元，分别增长了1.2倍和2.1倍；特困人员救助供养基本生活标准达到或超过当地低保标准的1.3倍；集中和分散养育的孤儿平均保障标准分别达到每人每月1728元和每人每月1288元，比2012年分别增长了77.9%和83.1%。

三是社保保障能力稳中有进。当前,基本养老、失业、工伤三项社会保险基金累计结存6.9万亿元,其中企业职工基本养老保险基金累计结余5.1万亿元。基本养老保险基金投资运营规模不断扩大,基金运行总体平稳。基本医保基金年收支均超2万亿元、惠及群众就医超40亿人次。全国社会保障基金战略储备超过2.6万亿元,中央层面划转国有资本充实社保基金总额超过1.68万亿元。这十年,各级财政累计支出基本生活救助资金2.04万亿元,有力地保障了困难群众基本生活。

三、中国社会保障制度的问题及未来

(一) 中国社会保障制度现存问题

经过几十年的发展,全民意义上的社会保障制度构架得以确立,并发挥了重要作用。第一,社会保障制度的建立和发展体现了我国宪法的要求,也体现了社会主义追求社会公平的理念。第二,为广大居民提供了风险分散机制。第三,推动了社会主义市场经济的发展。第四,对我国经济体制改革起到良好的保驾护航作用。因此,社会保障制度发挥了巨大的作用,它在提供收入保障、减轻绝对贫困、分散风险方面的作用已被广泛认识。

虽然现行社会保障制度取得了一定成就,但是并不等于这一制度已经成熟,事实上,它离中国式现代化要求创造社会保障新制度文明还有差距。

1. 社会保障制度的共同特征还未全面具备

一方面,法治化水平仍然偏低。中国的社会保障制度仍未做到完全依法定制、依法赋权明责、依法实施,社会救助、社会福利、医疗保障等尚有法律空白,社会保险立法明显滞后于发展实践,整个社会保障制度仍处于主要依靠政策性文件加以实施的阶段,城乡居民虽被赋权但仍缺乏稳定、清晰的预期,责任分担更处于模糊状态,这些均表明中国社会保障制度还不完善。另一方面,互助共济性弱。如基本养老保险、职工基本医疗保险设置个人账户,参保人的缴费均记入自己账户并归个人所有,这种私有化现象直接导致参保人之间的互助共济功能丧失;而地区分割的社会保险统筹方式以及以户籍为依据提供相关福利的政策,则直接削减了地区之间、城乡之间的互助共济功能,进而损及制度的公平性。此外,政府主导的责任并不明朗,不仅影响到中央与地方政府社会保障责任的合理配置,而且影响了市场主体与社会力量参与多层次社会保障体系建设。可见,在遵循社会保障制度客观规律方面,还需要加倍努力。

2. 中国特色尚未得到充分体现

一是社会保障与家庭保障、亲友相济、邻里互助等优良传统如何有效结合还未破题,加速了传统保障机制走向式微。二是公有制如何与社会保障有机结合还未探索出新路。如国有单位曾经非常发达的职业福利被当成社会包袱抛弃,农村集体经济衰退导致农村居民得不到集体福利支持,社会福利公建民营的方式值得推广但缺乏成熟的制度安排,等等。三是将国外经验与具体国情相结合还需要突破。如现代慈善事业是多层次社会保障体系的有机组成部分,中国既需要借鉴欧美经验促使组织化、专业化、为非特定受益人服务的现代慈善得到发展,也需要大力弘扬针对特定受益人的传统慈善,中国特色慈善事业的发展只能建立在两者融合的基础之上,但现实却是欧美式慈善"水土不服",而大众化的传统慈善又得不到法律政策的认同,致使慈善事业发展滞后。类似现象在社会福利领域并不罕见。四是实践中存在的部门分割、政令不一,以及社会保障地区分割与地区利益化现象,影响到中国制度优势在社会保障领域的全面发挥。

3. 发展不充分不平衡,再分配作用发挥有限

一方面,在社会保障体系结构中,包括养老服务、儿童福利、残疾人福利等在内的社会福利事业明显滞后,由市场力量与社会力量支撑的补充保障层次发育不良,乡村、落后地区、低端劳动者与低收入群体的社会保障明显不足,这种发展不充分不平衡的格局不仅导致人民群众的福利需求得不到有效满足,也直接影响到整个社会保障制度的统一性、互济性与公平性。比如,面对数以亿计的老年人口,养老服务的有效供给明显不足,个别失能老人与高龄空巢老人难享社会化服务;面对日益严峻的少子化现象,儿童福利事业的发展明显滞后,致使养育成本居高难下,生育意愿持续下降;不同地域、不同群体之间的社会保障待遇差距偏大。这些问题均需加快解决。

另一方面,社会保障物质基础薄弱,再分配作用发挥有限。在国际比较中,社会保障支出占GDP之比和政府投入占社会保障支出之比是两个十分重要的指标。2014年欧盟的上述指标平均分别为28.7%、53.1%;据经济合作与发展组织统计数据,2015年36个成员国的社会保障支出占GDP之比平均为20.4%。而根据近似口径计算,中国社会保障支出占GDP之比到2019年时仅为12.8%,这表明中国社会保障体系的物质基础薄弱。造成这种现象的根本原因在于公共投入仍然不足且支出结构不合理,亦不能有效撬动社会投入。近十年来,国家财政对社会保障投入的绝对值在逐年增加,但占比仍然偏小。如2018—2021年,全国财政社会保障资金累计支出14.88万亿元,占全国财政支出的比重从2018年的14.9%提高到2021年的16.6%,这一占比显著低于欧盟与经济合作与发展组织成员国的平均水平。不仅如此,在偏低的财政投入中,投向本应由个人与用人单位负主要责任的养老保险与医疗保险占70%,投向需要政府负责的社会救助不足10%,投向面向老年人、儿童、残疾人及妇女的社会福利事业更是微不足道。同时,通过市场主体与社会力量带来的社会投入更未伴随社会财富的持续快速积累而同步增长。财政性社会保障支出结构的不合理及其对撬动市场主体、社会力量参与投入乏力,制约了社会保障物质基础的壮大,进而必然使社会保障再分配功能受到影响。据2017年的一项研究报告,18个欧盟国家市场收入的基尼系数为0.443,在社会保障作用下,这些国家的可支配收入基尼系数降为0.29,降幅率达40%;而我国社会保障对基尼系数仅降低了12.3%。

(二)中国社会保障制度发展思路

1. 全面规划中国特色社会保障制度并确保一张蓝图绘到底

中国已经明了西方式现代化国家走过的历程及其经验和教训,也尝试过苏联式社会保障制度,再加上经历近四十年的自主实践探索,在创造社会保障新制度文明方面应当

具备后发优势。

目前的关键是需要在国家层级全面规划中国特色社会保障制度体系的蓝图。这张蓝图包含如下内容：一是对社会保障制度进行准确定性，明确其为社会主义的应有之义和全民共享的公有制属性；二是对社会保障进行准确定位，明确其在中国式现代化与共同富裕中的基本功能，及在国家治理体系中的基本功能；三是确立基本原则，将人民至上、公平取向、共建共享、本土特色、循序渐进、可持续发展等理念全面融入中国特色社会保障制度；四是科学规划体系结构，明确法定保障制度的主体地位及其与补充保障的有机结合或融合途径，确保整个制度体系有机互补且能够相得益彰发展；五是合理构建责任分担机制，明确政府责任（包括中央政府主导下的多级政府分责制）、市场责任、社会责任与个人及家庭责任的边界，以及通过资源整合促使制度效能最大化的措施；六是理性确立发展目标与推进措施，明确最终目标与阶段性目标以及为实现目标所采取的关键性措施，以为全体人民提供清晰的社会保障预期。

为此，建议在中央政府层级建立统一的社会保障决策机制，强化社会保障发展战略设计，并通过法定程序转化为国家意志，同时在政府序列设置更加集中统一的社会保障主管部门并强化中央政府的权威，确保一张蓝图绘到底。

2. 按照系统集成、协同高效要求推动中国特色社会保障制度健康发展

客观而论，中国社会保障改革与发展成效巨大，但系统性不足、协同性不够的弊端也日益凸显，当前特别需要按照系统集成、协同高效的要求加以重构。

一方面，树立社会保障体系建设的整体观与系统性。坚持统筹规划并实质性地增强社会保障体系内部各子系统及项目之间的协调性，以及社会保障制度与整个社会经济发展的协调性。特别是要统筹好城乡、区域、多层次社会保障制度建设，统筹好政府资源、国有资产、市场资源、社会资源及个人与家庭资源，并力争通过资源整合实现社会保障综合效能最大化，统筹处理好社会保障与家庭保障、社会保障与经济发展、基本保障与非基本保障、福利不断增长与责任合理分担的关系，统筹好教育、就业、收入分配与社会保障的关系，真正做到尽力而为、量力而行，确保人民福利一年比一年好，避免福利陷阱，杜绝福利负能量。唯有如此，中国特色社会保障事业才能永续健康发展。

另一方面，将中国的制度优势转化为社会保障效能。如将以人民为中心的发展思想转化为促进社会保障事业发展的内在动力，持续优化党的领导为社会保障发展提供长久可靠的政治保障，加快国家治理体系与治理能力现代化以确保社会保障制度在公平统一法治轨道上行稳致远，以公有制财产扩充社会保障的物质基础，将国有资产收益通过社会保障制度安排惠及全民，积极发展集体经济助力城乡居民福利水平提升，积极推动企事业单位适当举办职业福利，推动集体经济组织为城乡居民特别是农村居民提供集体福利保障，进而推动民营企业实现可持续社会价值，等等。如果能够做好上述工作，中国特色社会保障制度的效能将得到持续大幅度提升。

此外，还应进一步深化党和国家机构改革，进一步理顺立法机关与行政系统的职责关系，进一步整合主管部门职责，确保政令统一、上下贯通，为整个社会保障体系的系统集成及其与其他部门的高效协同发展提供全面有力的保障。

3. 抓紧优化关键性社会保障制度安排

中国的社会保障制度是一个多层次的庞大制度体系，包括法定的社会保险、社会救助、社会福利、军人保障四大系统和补充的市场化保障、社会化的慈善公益两大系统，由若干保障项目组成。中国特色社会保障新制度文明是指上述制度体系的整体性创新，但当务之急则是要抓紧优化下列关键性制度。

在基本养老保险制度方面，须以缩小差距、促进公平为目标，统筹并协同推进分别面向机关事业单位工作人员、企业职工、城乡居民三大群体的基本养老保险制度改革与发展，统筹并协同推进不同层次养老金制度的发展。在此条件下，重构法定制度安排的筹资机制，与时俱进地调整相关参数，加快实现职工基本养老保险全国统筹，通过优化政府责任、发展集体经济助力居民养老保险制度有效性的提升。

在基本医疗保险制度方面，需明确医保制度应切实解除人民群众疾病医疗后顾之忧的基本功能定位，根据保障需要将"以收定支"的政策取向调整为"以支定收"，通过均衡医保筹资责任负担和优化居民医保筹资机制，以及推行统一的待遇清单，真正实现筹资公平与待遇公平，稳步迈向一个统一的法定医保制度覆盖全民的目标，同时全面贯彻落实一切为了人民健康的宗旨，让医保与公共卫生事业及健康中国建设保持有效协同，促使人民健康素质稳步提升。

在社会救助制度方面，宜适应新时代相对贫困条件下的救助需要，明确扩大社会救助的责任边界，全面发挥其对低收入家庭的综合性保障功能，同时通过实行救助对象收入豁免制、提升救助对象就业能力、激发救助对象自我发展的积极性，避免救助对象陷入救助陷阱，助力救助对象逐渐跟上共同富裕的步伐。

在养老服务制度方面，人口老龄化的不可逆转决定了加快发展养老服务业已成为社会保障体系建设的重点任务。应当明确以尊重老年人意愿和满足真正有需要者的需要为出发点，通过建立基本养老服务制度给所有老年人提供清晰的预期，将助力居家养老作为主攻方向，将机构养老作为兜底保障，通过以失能评估替代单纯以年龄为依据享受待遇的政策实现精准服务。还要充分发挥家庭保障、邻里互助等优良传统和公有制、基层政权的优势，推进互助养老、公建民营养老服务业发展，并根据不同老年人群体特征、地区老龄化差异、养老文化差异等要素分地区、分类别、分层次发展养老服务，走出中国特色的养老服务新路。

在儿童福利制度方面，少子化形势日益严峻决定了发展儿童福利事业已刻不容缓。应树立政府主导、多方联动、广泛覆盖、全面发展的儿童福利新理念，建立基本儿童服务制度，依法赋予所有儿童就地平等享受儿童福利的权益，形成儿童服务、儿童津贴、儿童优待等并行发展的大格局，切实降低育儿成本，解除城乡居民育儿后顾之忧，为儿童健康成长提供充足的福利保障。

总之，全面推进中国式现代化建设是党和国家的中心任务，中国社会保障事业已步入了实现制度创新的关键性窗口期，我们需要打破西方式的话语垄断与制度预设，根据中国式现代化的特征与本质要求，理性建构有中国特色的社会保障制度并使之步入法治化轨道。中国特色社会保障制度的成熟将标志着中国为人类贡献出能够超越俾斯麦模式、贝弗里奇模式以及其他既有模式的社会保障新制度文明。

第四节　有关社会保障学的几个问题

一、社会保障的学科性质

社会保障学作为一门独立学科，产生较晚，且因研究对象的复杂性，其学科的性质具有多元性。

（一）一门现代新兴学科

社会保障制度的产生，如果从人类立法救助实践算起，至今有400多年的历史。但是从社会保障实践算起，至今仅有100多年的历史，而我国以社会保险为核心的现代社会保障实践的历史更短。从20世纪80年代中期开始，我国开启了以养老和医疗为主的社会保险制度探索，至今不到四十年。由这样一个出现较晚的社会保障实践活动推动和发展起来的社会保障学科，其产生的时间更短。但是在我国，由于社会保障实践活动的飞速发展，也决定了社会保障学科的快速发展。与其他社会科学相比较，社会保障学科确实呈现出现代新兴学科的特点。

（二）一门综合性学科

社会保障学因其研究对象是基于人的生存、生活和工作所面临的种种风险，这些风险涉及不同领域的理论与知识，社会保障学在研究这些问题时，就必须以这些风险所在的学科基础知识和理论为基础展开研究。也就是说，社会保障学是以多学科为基础的综合性学科。

（三）一门交叉学科

社会保障问题是一个公共问题。为此，不同的学科如社会学、经济学、政治学、管理学、法学、人口学、伦理学等对之均有研究。社会保障学作为一门相对独立的学科，就是在这些相关学科的基础上发展起来的一门专门研究社会保障问题的学科。但是目前这些相关学科依然是从自己学科的角度继续研究社会保障问题，故而也可以说社会保障学是一门交叉学科。

（四）一门社会应用性学科

社会保障学源于实践的需要，是对社会保障实践的概括与抽象，反过来，社会保障学对社会保障实践活动亦具有指导作用。其实，社会保障学产生的最终目的就是对社会实践进行理论指导。

二、基本的理论框架

作为一门相对独立的学科,社会保障学所探究的是其他学科无法包容或无法完全包容的理论范畴。它所肩负的任务,不仅是揭示和阐明社会保障制度产生与发展的一般规律和特殊规律,而且需要为社会保障政策的制定提供科学的理论依据,使社会保障政策与所处的时代相适应,并保持自身的高效运行。因此,社会保障学尤其强调将理论研究的目标引导到实践中。

由于社会保障学的体系尚未确立,其理论框架亦未定型。在这种条件下,我们只能先将社会保障在现实中的理论问题抽象化,然后再进行范畴化的研究。根据社会科学研究的一般法则、社会保障制度的发展实践,以及发达国家对社会保障问题已经取得的研究成果状况,仍然可以从总体上把握社会保障学的基本理论框架。

首先,是社会保障学的基础理论问题。这一层次除社会保障的一般理论原理或规律外,客观上还应当包括福利经济学、社会福利学等和社会保障与其他已经被固化的知识体系相结合的领域,这些领域堪称社会保障学的理论基石。其中,社会保障发展理论,社会保障结构理论,社会保障心理学与伦理学理论,后备基金理论,社会保障与政治、社会、经济乃至意识形态的关系理论,社会保障学与政策学等相关学科的关系,是这一层次理论的核心所在。

其次,是社会保障学的专业应用理论问题。这一层次探究的是社会保障各个子系统乃至各个具体保障项目的产生、发展及运行规律,它客观上表现为政策研究。其内容应当包括社会保险政策、社会救助政策、社会福利政策,以及其他社会保障子系统与各具体项目的政策研究。

最后,是社会保障学的管理理论问题。社会保障以政府与社会为责任主体,它面向全体国民,可供分配的资源亦是一种公共资源,从而不仅需要强化管理而且强调公共权力的介入。因此,社会保障学还需要特别重视管理理论的研究。这一层次探究的是社会保障法制理论、社会保障管理体制理论、社会保障财务会计制度与统计制度、社会保障监控理论等,而政府介入的程度及其调控手段是这一层次理论的核心所在。

上述框架虽是一个简单的设计,但它已经勾画出了一个基本的轮廓。在发达国家,处于第一层次社会保障的基础理论是雄厚的,这不仅表现在理论成果的数量与质量上,而且产生了一批有世界影响的代表人物,如庞古、阿玛蒂亚·森等。在社会保障专业应用理论方面,西方亦涌现出了像贝弗里奇这样杰出的代表性人物。在中国,经过近十多年的建设与发展,社会保障理论有了很大的进步,从介绍西方的社会保障政策到研究中国的社会保障问题,取得的成果是多方面的,但与西方国家相比,中国的社会保障理论建设显然只能算刚刚起步,它甚至比中国落后的社会保障制度现状还要落后,即社会保障理论与政策研究迄今仍然滞后于中国社会保障制度改革的需要。因此,摆在理论工作者面前的显然是十分艰巨的任务。

社会保障问题的复杂性和社会保障学的交叉性,决定了研究社会保障问题不能囿于传统的规范式研究方法,而是需要立足现实基础,从发展的、开放的角度出发,选择适用的科学研究方法,包括纵横结构的研究方法、定性分析与定量分析相结合的研究方法、多学科综合研究方法等。

参考文献

1. 郑功成. 社会保障学——理念、制度、实践与思辨［M］. 北京：商务印书馆，2012.

2. 郑功成. 社会保障学［M］. 北京：中国劳动社会保障出版社，2005.

3. 李珍. 社会保障理论［M］. 北京：中国劳动社会保障出版社，2013.

4. 杨翠迎. 社会保障学［M］. 上海：复旦大学出版社，2015.

5. 丁建定. 社会福利思想［M］. 武汉：华中科技大学出版社，2009.

6. 郑功成. 中国式现代化与社会保障新制度文明［J］. 社会保障评论，2023（1）.

7. 郑伟. 理解中国式现代化对社会保障的新要求［J］. 社会保障评论，2022（6）.

思考题

1. 社会保障制度形成时期的标志？
2. 简述德国新历史学派主要的社会保障思想。
3. 简述中国社会保障的历史发展进程。
4. 如何理解社会保障制度本质特征和内部结构？
5. 如何评价我国社会保障制度的发展？
6. 社会保障学的学科属性是什么？

推荐阅读

1. ［英］贝弗里奇. 贝弗里奇报告—社会保险和相关服务［M］. 北京：中国劳动社会保障出版社，2004.

2. 李珍. 关于社会养老保险私有化的反思［J］. 北京：中国人民大学学报，2010（5）.

3. 童星，庞绍堂. 社会保障经典名著导读［M］. 北京：北京大学出版社，2016.

第二章 社会保障理论基础和流派

◉ 开篇案例

建设中国的社会保障理论体系

(作者：郑功成　来源：光明日报　日期：2017—01—24)

　　回顾近一百多年来，社会保障发展史已证明，没有成熟之理论，不可能产生成熟之制度。俾斯麦、罗斯福、艾德礼先后因首创或建成现代社会保障制度与福利国家而影响了本国乃至整个世界的发展进程，支撑其行为者，即是施穆勒等人的社会改良主义、凯恩斯之国家干预主张，以及推崇普惠、共享的贝弗里奇报告。反观有的国家，因缺乏成熟理论支撑，其社会保障不是建制难成，就是改革难竟全功，甚者误入歧途、遗祸后世。

　　今日之世界，已处在千年大变革时代。全球化走向纵深，互联网已无边际，任何一国之社会保障既要受社会、经济、政治、文化等诸因素影响，还会受到新工作方式、生活方式与行为方式之影响。对中国而言，改良社会结构，防止两极分化，促进共享发展，已成为国家发展的重大使命，而社会保障制度肩负着无可替代的直接责任。在此背景下，须睁眼看世界，广纳国外学者之优秀成果，但立足点永在中国。中国社会保障之历史积淀异常丰厚，当代中国社会保障制度变革全面而深刻，中国新型社会保障体系走向成熟、定型，足以对全球社会保障发展产生巨大而深远之影响。如此肥沃之实践土壤，若生长不出参天大树，岂非社会保障学者与社会保障理论园地之过？因此，探究中国特色社会保障发展之路，建设中国社会保障理论体系或中国学派，为解决世界性社会保障难题提出中国式方案，将是中国学者之核心任务，最终要为全球社会保障发展作出独特理论贡献。

　　当下，社会保障日益成为国家治理体系与治理能力现代化的支柱性制度安排，关乎国运，惠及子孙，所涉领域如此重要，其理论园地也必将日益重要。学者在研究中，须心存良知，厚植理念，彰显人文。以和谐为本，让弱者优先，促共建共享，方能构建起科学理论大厦，引导社会保障制度持续发展，进而维系国家长治久安与人民世代福祉。

第一节　社会保障理论渊源

一、西方古代的社会保障思想：空想社会主义

公元前400多年，古希腊人因不满当时奴隶制度的剥削与压迫，幻想建立一个没有私有制、没有压迫与剥削、人人自由平等、生活幸福的社会，并通过著书立说来阐述自己对理想社会的主张。因此，西方的社会保障思想最初可追溯至古希腊柏拉图的代表作《理想国》，他在书中提出国家是因"人们的生活需要"的变迁所诞生，提出了实行共产制度，确立财产公有和公正原则，消除暴力与贫富对立等观点。

1516年英国人托马斯·莫尔《乌托邦》一书的出版标志着空想社会主义的产生。莫尔向往并构想了一个没有剥削、没有压迫的理想社会。在他所构想的乌托邦社会中，私有制根本不存在，一切都公有，大家都热心于公事；老人受到尊重，儿童得到照顾；医疗全部免费；人们相互帮助，应尽量减轻别人的贫穷与困苦。意大利人托马斯·康帕内拉1602年出版的《太阳城》是近代空想社会主义的基石。在"太阳城"里，实行财产公有，人们共同劳动并共同享有成果，法律严明，人人平等。19世纪著名的三大空想社会主义者：法国的圣西门、傅立叶和英国的欧文将近代空想社会主义理论推向了顶峰。西方空想社会主义理论中的这些重要主张为西方社会保障理论奠定了一定的思想基础。

西方空想社会主义理论对社会保障理论发展的贡献，主要体现在它揭示了社会矛盾的根源是社会的不平等，从而主张实现社会公平、促进社会成员协调发展，这些思想正是现代社会保障最基本、最深刻的思想基础。

二、中国古代的仁政思想、兼爱思想

（一）大同社会论

儒家思想是我国古代主流的意识形态，其倡导的大同思想包含了丰富的社会保障思想。大同社会论产生于公元前500多年前，属于中国的乌托邦思想，对中国社会影响深远。实行公有制是大同社会的最高理想，在政治上主张社会民主；经济上主张社会财富归全体人民所共有；生活上实现社会统筹，各得其所；生产方面则是人人尽力去劳动，所有的社会成员均有保障。大同社会论的主要代表人物是春秋战国时期的孔子，他认为大同社会的基本目标是使所有社会成员均能得到生活保障。

大同社会的思想作为中华民族社会思想的精华，它的产生与发展是中华民族关于未来社会理想的结晶，吸引了无数仁人志士为之奋斗，也在某种意义上推动了社会保障事业的发展。但因受当时社会历史条件的限制，特别是受当时政治体制与经济发展水平的限制，大同社会的思想无法变成现实。

(二) 社会互助论

社会互助论是中国传统社会思想的重要组成部分，互助是中华人民的传统美德之一，同时也成为现代社会保障思想的重要源泉。从原始社会开始，人类就过着群居的生活，有福同享，有难同当，这种生活方式使个人产生了对群体的认同感。人类社会的共同利益进一步使人与人之间必须构成这种以积极的互动关系为经纬的社会支持网络，于是又产生了相互依存感。人们通过互助来应对各种风险，是从古代传承下来并付诸实践的一种社会保障思想。

春秋战国时期，中国著名的思想家墨子主张"兼相爱，交相利"，提出"为贤之道将奈何？曰：'有力者疾以助人，有财者勉以分人，有道者劝以教人'。若此，则饥者得食，寒者得衣，乱者得治。"以实现人民老有所养、幼有所依、无饥无寒和安居乐业的理想。而另一位大思想家孟子亦主张"出入相友，守望相助，疾病相扶持，则百姓亲睦"。

社会互助思想作为中国传统社会思想的重要组成部分，同时也是中华民族的传统美德。中国历来重视社会互助，朋友间相互帮助、亲友间相互扶持、同族间相互帮扶，这种人与人之间的互助共济思想，为人们应对各种风险提供了一定的社会保障。因此，社会互助论亦是现代社会保障制度的理论源泉。

(三) 仓储后备论

仓储后备论是一种主张建立谷物和积蓄以备灾荒救济贫民的社会思想。早在夏朝，国家就非常重视粮食的积蓄，以应对各种水旱之灾。仓储是指在丰年之时把百姓手中的余粮收集起来，就地建立仓库储存，荒年再行开仓赈济。即"惟以本乡所出，积于本乡，以百姓所余，散余百姓，则村村有储，缓急有赖，周济无穷矣"。仓储后备的目的在于救灾，避免灾荒之年百姓无法生存而铤而走险，维护社会稳定。这是一种依靠国家力量来储粮备荒，保障社会成员基本生存权利的社会保障思想。

(四) 社会救济论

中国有关社会救济方面的讨论和著述很多，其中"赈济说"的影响最为深远。所谓赈济说即主张用实物和货币救济遭受灾害或生活极端困难无法生存的社会成员，以保障其最低限度生活需要的保障思想。

此外，社会救济论还有其他多种主张。例如，"调粟说"主张移民就食、移食就民，即在全国范围内通过对丰收和遭灾的不同地域间进行粮食的调拨或移民，使灾民的生活得到保障；"养恤说"主张对灾民实行施粥、居养、发放寒衣、医药帮助等，以安置灾民或流民为主要内容；"安辑说"主张对因灾荒离村的农民进行引导并给予一定的扶助，以达到安置灾民、稳定社会的目的；"放贷说"主张对灾民、贫民实行放贷，以便帮助灾民、贫民恢复简单再生产；"节约说"主张在灾荒之年减少食物、杜绝浪费、节省费用等，以克服灾荒所造成的困难，该学说到后来逐渐发展成为平时崇俭固本的理论。可见，与政府负责的传统相适应，中国的社会救济思想也是十分丰富的，它们构成中国古代社会思想的重要组成部分。

第二节 经济学与社会学理论基础

一、经济学与社会保障

经济学取得的成就为社会保障理论的发展提供了丰厚的土壤，福利经济学的产生和发展，直接推动社会保障理论的发展与进步。经济学还为社会保障理论与政策实践的发展提供了具体的指导方法。从定义而言，经济学是研究各种经济关系和经济活动规律的科学，而社会保障是通过经济手段来达到特定社会目标与政治目标的制度安排，其本身可以视为一种经济活动。社会保障既需要按照自身规律来发展，也必然受到各种经济关系与经济活动规律的制约。从历史角度而言，规模不断膨胀的社会保障制度需要有雄厚的经济基础与科学经济政策的支撑，故而现代社会保障在理论研究与具体制度安排方面受经济学与经济政策的影响亦越来越大。

社会保障制度安排是一种社会价值的选择，而经济学中的选择理论充当着社会保障制度安排的理论基础。不管是国家干预与自由竞争的选择，还是平等与效率的选择，抑或是具体的制度安排与发展手段的选择，经济学在这些方面所取得的成就为社会保障制度选择提供了基础与条件。

需要注意的是，经济学是现代社会保障理论及政策实践的重要基础，但并非全部理论基石，经济学对社会保障的研究不能等同于社会保障理论问题的专门研究。我们在强调重视经济学重要基础地位的同时，不能用经济学替代社会保障理论，更不能简单地把社会保障理论视为经济学的分支。

（一）经济学家和社会保障

经济学家是经济学大厦的建筑师，一批当代著名经济学家均在其代表作中阐述对社会保障与福利问题的不同看法，既是对经济学发展的贡献，更是对社会保障理论发展的贡献。在此，我们可以通过现代社会保障制度确立以来的部分经济学家及其代表性著作的简要介绍，来反映经济学领域的社会保障思想。

1. 1936 年凯恩斯的《就业、利息和货币通论》

20 世纪 30 年代，资本主义国家自由市场经济的天然缺陷暴露无遗，资本主义世界经济大萧条时代开始。传统经济学不足以解释现实困境，更无法给出有效的解决方案，斯密经济范式与"萨伊定理"开始遭到质疑。1936 年，凯恩斯的《就业、利息和货币通论》开创了新的经济学体系。凯恩斯摒弃以前的资产阶级政治经济学关于自动调节恢复资本主义经济均衡的市场机制这种传统概念，指出资本主义已然丧失这一机制，因而需要国家调节和干预资本主义经济，否则，私有制的资本主义便不可避免地要灭亡。此外，凯恩斯从就业出发，强调劳动就业是经济发展和增长的基础，认为经济萧条的直接原因在于自由市场经济无法保障充分就业，而就业不足的深层次原因在于"有效需求不足"。

其理论作用在于提出了一套对付资本主义经济危机的理论和政策主张，该主张成为第二次世界大战后资产阶级国家制定经济政策和社会保障政策的理论依据。由于主张政府干预经济，凯恩斯理论也被作为官方经济学，成为资产阶级经济学的正统理论。凯恩斯的国家干预论和增加公共支出等政策主张，为国家建立社会保障制度并通过这种制度来调节社会经济的发展扫清了理论障碍，从而在事实上推进了现代社会保障制度的发展。

2. 1974年同获诺贝尔经济学奖的缪尔达尔与哈耶克

哈耶克在《通向奴役的道路》一书中，集中地阐述了自己的政治倾向和经济思想，他认为私人企业制度和自由市场经济是维护个人自由和提高经济效率的根本保证，而集权主义和社会主义违背"人的本性"，实行计划经济是"通向奴役的道路"。哈耶克在1960年完成的另一部著作中，他不仅对"社会公正"持批判态度，而且在讨论福利国家的社会保障问题时明确指出，"为救济贫困而设计的制度性安排已经逐渐变成了一种对收入进行再分配的手段。这种再分配表面上所依据的是某些人认为的社会正义原则（现实中并不存在这种社会正义原则），然而，实质上却是由特定的决策所决定的"。"在一个社会将消灭贫困和保障最低限度的福利视作自身职责的事态，与一个社会认为自己有权确定每个人之'公正'地位并向其分配他所认定的个人应得之物的事态间，实存在着天壤之别。当政府被授予提供某些服务的排他性权力的时候，自由就会受到极为严重地威胁，因为政府为了实现其设定的目标，必定会运用这种权力对个人施以强制。"因此，哈耶克在某些学者的著作中被称为"社会公正"的死敌。

而冈纳·缪尔达尔对社会正义赋予了极大的激情。缪尔达尔在《亚洲的戏剧：一些国家贫穷的研究》等著作中，揭示了发展中国家的不公平现状，认为不发达国家应积极进行平等主义的改革，主张确立现代化理想，实现社会平等与经济平等及机会均等，而社会保障属于社会公平和平等改革的应有之义。

3. 1976年诺贝尔经济学奖得主弗里德曼

与哈耶克同属新自由主义者的经济学家还有1976年获得诺贝尔经济学奖的美国经济学家弗里德曼。他是"效率"绝对优先论者，在其《资本主义与自由》一书中，认为竞争的资本主义是一个经济自由的制度，政府的职责范围必须加以限制，政府的权力必须分散，应该通过市场和价格机制来组织经济生活；在社会保障方面主张政府的职责只是补充私人慈善事业和私人家庭对不能负责的人的照顾。他认为政府通过累进的所得税和遗产税办法干预收入分配过程是违背自由社会的道德准则的，进而指出政府广泛的福利计划和减贫计划不仅未达到预期目标，而且造成了一系列问题，提出解决这些问题的有效途径是允许私人企业和私人机构参与这些领域的竞争，允许个人自由选择。在《自由选择：个人声明》一书中，弗里德曼更抨击了政府的社会保障计划，认为包括社会保险、失业保险、直接救济、医疗照顾与补助、食品券、公共住房和城市复兴计划等在内的广泛社会保障体系导致了社会福利支出的膨胀，尽管目标是崇高的，结果却令人失望，从而主张实行负所得税制，并逐步取消社会保险。作为一名有影响力的经济学家，弗里德曼这样完全否定现代社会保障制度甚至主张取消社会保险的观点是相当典型的。

(二) 福利经济学

1. 福利经济学概念

福利经济学是寻求最大社会经济福利的西方经济理论体系，它主要研究如何进行资源配置以提高效率，如何进行收入分配以实现公平，以及如何进行集体选择以增进社会福利。作为现代经济学的重要分支，福利经济学不仅在发展过程中衍生出公共选择经济学和产权经济学，亦对社会保障理论的发展起着特别重要的作用。

了解福利经济学，必须先了解福利、社会福利与经济福利的概念，尽管不同学者对这些概念有着不同的理解，但大体上可做如下概括，即福利包括个人福利和社会福利。其中个人福利通常被解释成"幸福""快乐"的同义语，是指个人对物质生活的需要与个人精神生活需要的满足；社会福利是一个整体性概念，指社会全体成员个人福利的总和或个人福利的集合。在社会福利中，能够直接或间接用货币来衡量的那部分社会福利通常被称为经济福利。经济福利构成经济福利学的研究对象，而社会保障理论研究的内容还包括满足社会成员有关精神文化生活需要的内容。因此，福利经济学与社会保障理论在研究对象及内容方面仍然存在着很大的差异。

2. 福利经济学的产生与发展

1920年，庇古的《福利经济学》第一次将福利经济学作为一门独立的学科来看待，并首次建立福利经济学的理论体系。自此以后，福利经济学成为经济学一个日益重要的分支，不仅在英国得到很大的发展，而且在美国、法国和北欧国家也得到广泛的传播和发展。第二次世界大战结束以后，福利经济学进入一个新的发展时期，一大批著名福利经济学家的出现和大量福利经济学文献的出版，极大地拓宽了福利经济学的研究领域和内容。因此，经济学界一般将福利经济学的发展划分为两个阶段或者将福利经济学分为新旧两派：旧派（第一阶段）以英国经济学家庇古为代表；新派（第二阶段）以意大利著名经济学家帕累托、英国的卡尔多、希克斯和美国的勒纳、萨缪尔森等为代表。

旧派福利经济学家认为个人主观心理评价的效用可以用货币计量，效用在个体间可进行比较，当社会上个人收入的效用综合最大时，社会经济福利就是最大；同时，还立足收入边际效用递减规律，断言当国民收入总量愈大，其中归于贫者的比例愈大，则社会经济福利愈大；进而主张国家采取适当干预经济的措施和财政政策，以调节生产资源和国民收入的分配。

新派福利经济学则回避旧派福利经济学家所主张的效用的计量和比较的问题，它以序数效用论和一般均衡论为理论基础，从每个消费者购入商品的所谓"交换的最适度条件"和各个企业使用的生产资源的所谓"生产的最适度条件"，来论述达到最大社会经济福利的条件。譬如有的主张听任其完全自由竞争，有的认为国家需采取适当的调节措施。新福利经济学的贡献主要在于一是提出了社会福利函数理论；二是提出了社会选择理论；三是对市场失效和政府作用进行了研究。

二、社会学与社会保障

在社会保障理论发展中,社会学与经济学有着同等重要的地位与作用。

(一) 代表性社会学思想

1. 需求层次论

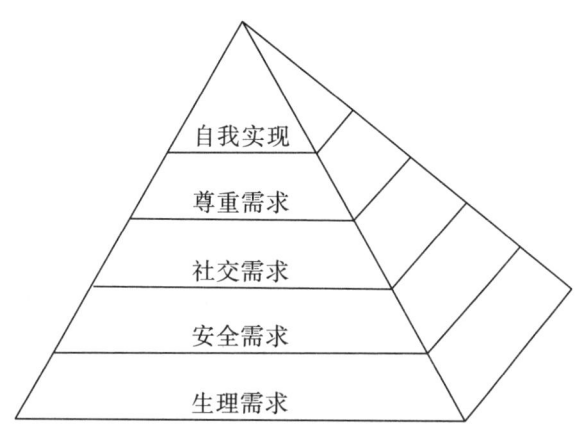

图 2-1 马斯洛需求层次论

需求层次论是美国人本主义心理学家马斯洛提出的一种社会学思想,他把人的需要按照发生的顺序分为五大层次,即生理需求—安全需求—社交需求—尊重需求—自我实现需求,如图 2-1 所示。需求由低到高层次发展,这种规律揭示了社会保障的重要性。

第一级的生理需求,在现代社会客观上只有通过相应的社会保障措施才能满足,如食品救助、住房福利等;第二级的安全需求中,社会成员追求安全感,包括疾病医疗保障、老年养老措施、防止职业伤害等,需相应社会保险与社会福利制度予以满足;第三级社交需求中,精神慰藉可依靠家庭、社区及团体等提供,但部分孤寡残障者,则需社会保障工作者提供服务;第四级尊重需求中,教育福利必不可少,它是社会成员获得知识和能力并具备尊严的必须途径;第五级自我实现需求中,只有当个体乃至其所在家庭无后顾之忧时,才有足够的精力、动力及机会去追求目标与理想的实现。

社会成员的需求和满足离不开社会保障制度的保障,越是低层次的需求,越离不开社会保障。社会保障的建立,正是促使社会成员的需求获得满足并由低级向高级转移的良好社会机制。

2. 结构功能论

结构功能论作为社会学的基础性理论之一,是社会学较早成熟的理论派别。美国社会学家帕森斯是结构功能论的创立者,他在《社会行动的结构》等一系列著作中,强调分析大规模社会、文化的体系与功能,重点描述社会结构与社会制度的关系。其核心观念"整合与秩序",认为社会保障制度本身对社会有功能上的重要性和必要性。这种解释不能说明社会保障制度的真正来源和变迁,但它将社会保障视为社会整体的一个必要组成部分并具有独特的社会功能,无疑是正确的,有助于认识社会保障在现代社会发展进程中的地位和作用。

3. 社会整合论

法国社会学者涂尔干尽管在他的著述中很少直接讨论社会保障问题，但他认为国家存在的功能是为帮助社会达成整合的目的，而为了社会整合，必须形成社会互助的集体意识，这种社会整合论其实亦代表一种社会保障思想。他在多部著作中，都反对人的自利心，并关心社会的集体福利、倡导互助意识，主张以人类利他的道德力量来整合社会，以获得社会的共识，而社会保障制度正是基于互助与利他主义的想法而设计的制度。因此涂尔干的思想对社会保障学说的发展无疑也做出了重要的贡献。

4. 文化决定论

文化决定论也是对社会学界有一定影响的代表性思想。持该种观点的学者认为社会的价值观与意识形态对社会保障制度的影响极大，如社会学者瑞林格通过对德国与美国社会保险制度的比较，认为美国之所以较德国晚五十年之后才建立社会保险制度，其根本原因是文化风俗习惯与价值体系的差异，即德国在当时有很强的父权主义思想，人们普遍认为国家应该为全国的百姓负起生老病死的责任；而美国相反，一直是一个自由放任、个人主义思潮盛行的国家，接受救济或福利者往往被公众视为这是个人失败的象征，含有强烈的社会歧视。因此，德国不仅很自然地比美国更早确立社会保障制度，而且其制度建设更好、更完整。

（二）社会政策模型

1965年，威廉斯基与黎鲍克斯提出著名的社会政策理念模型，自此，西方社会学者通常将社会保障视为社会政策的核心组成部分，并认为建构模型对于分析社会政策实务和理论发展均是很有助力的途径。在《工业社会与社会福利》一书中，他们基于对社会福利体系的想象，描述了两种极端的保障类型，即残补（剩余）型和制度型。前者视家庭和市场为满足人类需要的正常机制，当他们无法发挥正常功能时国家才弥补其损失。后者主张国家应扮演福利供应者的实际角色，制度化的社会保障成为一种最基本的、第一线的社会福利机制。

1972年蒂特马斯提出"补缺型""工业成就表现型"和"制度化再分配型"三种模式。1975年帕克（J. ParKer）提出"放任主义型""自由主义型"和"社会主义型"三种模式。1976年（1985年修订）乔治（V. George）和威尔汀提出"反集体主义型""被动集体主义型""费边社会主义型"和"马克思主义型"四种模式。1979年品克（R. PinKer）提出"古典经济型""重商主义型"和"马克思主义型"三种模式。1984年米什拉提出"新右派型""凯恩斯和贝弗里奇福利国家型""合作主义型""社会民主型"和"马克思主义型"五种模式。1989年威廉斯提出"反集体主义型""社会改革主义型"（包括非社会主义的福利集体主义型、费边社会主义型和激进的社会行政型）和"福利的政治经济学型"三种模式。

第三节　社会保障主要理论流派

一、民主社会主义

（一）民主社会主义的产生及发展

民主社会主义也称"国家干预主义"，是在"讲坛社会主义"和"费边社会主义"（fabian socialism）基础上发展起来的一支社会保障理论流派。其发展经历了三大阶段：第一阶段是19世纪中叶到第一次世界大战前，其标志性事件是德国"讲坛社会主义"和英国"费边社会主义"的兴起。德国"讲坛社会主义"因一些教授在大学讲坛上打着"社会主义"旗号，鼓吹资产阶级改良主义而得名，其主要代表人物有瓦格纳、施穆勒、布伦坦诺等。"讲坛社会主义"反对资本主义国家的自由放任政策，主张国家干预经济，鼓吹"劳资合作"，推行社会保险，缩短劳动时间，改善劳动条件。英国"费边社会主义"是一种主张采取渐进策略对资本主义实行改良的社会主义思潮，他们鼓吹阶级合作、社会和平，反对无产阶级革命；主张运用温和、渐进的方法改良社会，实现社会主义。第二阶段主要是在两次世界大战间，其标志性事件是英国经济学家庇古提出福利经济学以及凯恩斯提出"充分就业"思想。庇古根据边际效用基数论提出两个基本的福利命题：国民收入总量越大，社会经济福利就越大；国民收入分配越是均等化，社会经济福利就越大。凯恩斯的"充分就业"思想基于有效需求原理，其基本观点是：社会的就业量取决于有效需求，他主张放弃经济自由主义，代之以国家干预的政策，从而改善有效需求不足的状况，减少失业，促进经济的稳定和增长。凯恩斯提出，要实行最低工资制度、限制工时、改革教育等措施来提高社会福利水平。第三阶段是在第二次世界大战后，其标志性事件是英国工党提出"公平分配收入""混合经济"等理论主张；英国工党著名的理论家和政治活动家安东尼·克罗斯兰提出了"民主社会主义"的五项原则，即"政治自由、混合经济、福利国家、凯恩斯主义和平等信念"。民主社会主义的代表人物蒂特马斯，抨击资本主义市场经济对社会弱势群体的剥削，主张以普遍的社会福利和制度性的国民收入再分配，实现社会分配正义，促进社会整合，解决资本主义市场经济的缺陷；他主张资本主义制度应该朝着混合经济、福利多元主义的方向发展。

（二）民主社会主义的基本观点

在经济上，民主社会主义主张采取混合经济模式与国家干预政策，主张推进福利国家制度建设，提倡劳资合作，强调通过高额累进税对收入和财富进行再分配，以使社会的弱势群体得到生活保障。在政府与市场的关系上，民主社会主义认为国家对公民的福祉承担着重要责任，政府的角色就是维护社会公平，为社会成员提供服务。民主社会主义认同市场的重要作用，但是也认为市场具有很大的负面效应，必须加以限制与规范。

在社会理想上,民主社会主义认为社会发展是一个循序渐进的过程,因而拒绝暴力革命,主张通过社会改良来实现社会主义。资本主义的本质特征是剥削,因而社会主义必须由政府掌握生产资料和收入分配的主动权。在社会福利方面,民主社会主义认为社会福利是一种促进国家经济繁荣的必要投资,可以作为刺激消费和生产的手段,因而主张实行全面的社会保障。在价值取向上,民主社会主义推崇自由、平等和博爱。国家应确保社会各阶层群体的需求和权利得到满足,主张实行平均主义,减少社会不平等现象,同时在社会成员中倡导互助共济。

（三）对民主社会主义的评价

民主社会主义的许多观点和主张,是西欧、北欧等地区的福利国家实施普遍性福利政策的理论依据。在20世纪50、60年代,西欧的社会保障在民主社会主义的有力推动下处于发展的黄金时期,取得令人瞩目的成效。福利国家的人民生活水平显著提高,贫富差距明显缩小。民主社会主义对第二次世界大战后西欧国家进行的社会改革,以及国家社会福利基本框架的确定起到了积极的作用。民主社会主义提出收入均等化、福利社会化、就业充分化等主张,在福利国家广泛推行普遍的高标准的福利政策。但是,随着时间的推移,这种福利政策受到了严峻的现实挑战。

二、新自由主义

（一）新自由主义的产生与发展

自由主义分为古典自由主义和新自由主义。古典自由主义产生于18世纪和19世纪初,其代表人物有亚当·斯密、边沁、穆勒等,他们主张自由竞争,强调国家不应干预经济。古典自由主义引导着整个19世纪西方国家政府的政策,并一直持续到20世纪早期。到20世纪70年代,以英国经济学家哈耶克和美国经济学家弗里德曼为代表的新自由主义,进一步倡导市场经济及自由竞争,认为自由是人的不可侵犯的权利,反对国家对经济和社会生活的干预。新自由主义在政治上的代言人是20世纪70代末英国的撒切尔夫人政府和20世纪80年代美国的里根政府。

（二）新自由主义的基本观点

新自由主义认为以个人自由为基础的私人企业制度和自由市场经济制度是迄今为止最好的制度。集体主义和社会主义是违背"人的本性"的一种制度,实行计划经济更是一条"通向奴役的道路"。新自由主义主张市场经济下的自由竞争,强调对个人自由的保护,认为个人权利和私有财产神圣不可侵犯。新自由主义全面否定福利国家采取的普惠化福利政策。

在新自由主义思想的指导下,政府职能调整、政府管理方式与服务模式的嬗变成为一个明显特征,公共服务的民营化成为一个新的改革趋势。作为公共服务的一个重要方面的社会保障也经历了不同程度及不同方式的变革,其中一个重要的变革趋势即是实行社会保障的民营化。在养老保险中引入个人账户,是社会保障民营化的一种典型做法,也是争论最多的一大举措。

（三）对新自由主义的评价

新自由主义思想曾在英美等国大行其道，这一方面与这些国家政治上保守势力的盛行有关；另一方面是由于这些国家在一段时期内经济不振，使政府在社会保障中的财政支出大打折扣。因此，新自由主义流派的存在与流行有其历史的必然性。虽然新自由主义对个人自由、责任、理性及市场调节的分析有一定的道理，而且其对福利国家的一些剖析和批判也是切中要害的，但新自由主义对福利国家模式的全盘否定过于极端，因为福利国家模式毕竟发挥过巨大的作用，并且至今还有相当数量的国家仍在沿用这种模式。总体而言，新自由主义主要是凭直觉和断言形成的一种理论。在对待福利国家的态度方面，新自由主义完全持批判态度，他们认为经济增长是消灭贫困的最好办法，这显然是不符合历史事实的。可见，新自由主义所倡导的自由实际上是一种非真实的自由，因为自由作为一种价值取向，不可能建立在绝对不受约束的基础之上。由于社会还存在着种种不公正问题，政府应当承担相应的责任。从新自由主义理论能吸取的养分是保持对社会保障持续膨胀的警惕，同时发挥市场机制的作用。

三、中间道路

（一）中间道路的产生与发展

中间道路学派是一种介于民主社会主义和经济自由主义的理论流派，它产生于20世纪30年代。1938年英国前首相麦克米伦的《中间道路》一书，提出走中间道路即是要对资本主义进行调节与控制，使资本主义经济在得到发展的同时，也为社会成员提供一定的社会福利。麦克米伦在福利问题上采取的观点与凯恩斯、贝弗里奇、马歇尔等人的观点有相似之处。他们均认为在分配资源、促进经济增长和保证个人自由方面，市场是最好的机制，但市场机制确实也引发和加深了一些社会问题，因而需要政府调控。他们既不同意完全的自由放任，也不支持民主社会主义学派的主张；他们反对集体主义，但不反对国家干预，因而他们被称为中间道路学派。中间道路理论在20世纪中期曾经作为英、美、德等国确定社会经济政策的依据，并在一定程度上促进了这些国家的经济增长、生活水平的显著提高以及贫富差距的日益缩小。20世纪90年代后，随着经济全球化的日益加剧，西方国家社会的贫富差距拉大，处于中下层的社会成员普遍缺乏安全感。在此背景下，英国前首相布莱尔重新提出社会成员应当相互依靠、共同承担责任，即向贫穷、偏见和失业开战，提倡容忍、公平、富有创业和包容精神。随后英、德等国的执政党不约而同地选取了集新自由主义和民主社会主义之长的"第三条道路"的策略。"第三条道路"因与中间道路非常相似，可以看成中间道路理论的回归与发展。

（二）中间道路学派的基本观点

在政府与市场的关系上，中间道路学派认为，国家是解决社会问题、消除社会不平等和不公正的责任主体，政府应该对社会福利负主要责任。政府应通过保障机制使每一个社会成员获得安全感,为他们提供基本的生活条件,使其能够履行个人责任和社会责任。中间道路学派虽然认为政府应对社会福利负主要责任,但是对于政府如何干预福利及干预的程度却有所保留,希望政府提供社会保障又希望限制政府的行为,不赞成政府过多地提供社会福利。他们认为这样做会造成社会成员对政府的依赖,并侵蚀人们的生活意志和自我负责的精神。因此,中间道路学派主张国家负责与个人负责并重,社会福利的提供应当是政府、非政府组织和个人共同参与的结果。因此,中间道路学派强调市场自由与政府干预间的平衡。

在收入的分配和再分配上,中间道路学派强调社会的整体性,为保持其整体性,就必须维护社会秩序和稳定。由于造成社会不稳定的一个重要原因是分配不公,政府应当及时进行干预,设法减少不公平和不公正,对社会弱势群体给予更多的关注,通过资源的分配和收入的再分配来解决贫富差距悬殊、失业、贫困等由"市场失灵"而引发的社会问题,使社会弱势群体也能享受到经济发展所带来的好处。在福利服务的提供上,中间道路学派认为,政府提供社会福利是为了促进社会公平,同时,福利政策的制定和执行还应该注意提高效率。他们明确主张必须消除垄断,通过私营部门和志愿者组织的介入,使社会服务领域多样化,从而提高服务的效率和质量,使公共责任和个人责任都得到加强。

(三) 对中间道路学派的评价

中间道路学派的福利理论对欧洲福利国家的建立、发展及改革都产生了巨大影响。但是从现实情况来看,从福利国家获益最多的既不是富人,也不是穷人,而是中产阶级。因此,在中间道路理论的影响下,福利国家的福利开支大幅度地上升,为维持其政策的推行而导致的高税收和高赤字正在阻碍经济的可持续发展。

四、其他理论

除上述三大理论流派外,在西方学术界事实上还存在着多种不同的福利学说,如马克思主义、政治多元论、文化决定论等,这些学说思想虽然未能构成西方社会保障学说的主流,但同样对社会保障学说的发展具有重要的意义,从而需要做简要介绍。

(一) 马克思主义理论

马克思主义理论不是社会保障理论流派,但它作为有广泛影响的思想体系,同样对社会保障理论与政策实践的发展具有重要意义。马克思的社会总产品"扣除理论"阐述了马克思关于社会产品再分配的基本原理,明确了社会保障基金需要通过国民收入的分配与再分配来建立。马克思在《哥达纲领批判》中指出:在社会主义社会,社会总产品在进入消费领域前首先应该扣除以下几部分。第一,用来补偿消费掉的生产资料部分;第二,用来扩大生产的追加部分;第三,用来偿付不幸事故、自然灾害等的后备基金或保险基金,即目前属于官办济贫事业的部分。剩下来的社会总产品中的其他部分是用来作为消费资料的。在把这部分进行个人分配前,还要从中扣除几项。第一,和生产没有关系的一般管理费用;第二,用来满足共同需要的部分,如学校、保险设施等;第三,为丧失劳动能力个体设定的基金,如官办济贫事业。国民收入经过分配和再分配,最终归结为积累基金和消费基金两大部分。国家通过国民收入的分配和再分配来调节社会成员的收入,保障其最低生活需要,缩小贫富差距,减少社会不平等,进而促进社会经济的协调发展和良性运行。

(二) 政治多元论

政治多元论的基本观点是福利制度属于权力分配与不同利益团体相互合力的结果。国家要不要实施社会保障制度及如何实施,是由谈判和妥协的过程所决定的,社会保障项目的增减、水平的提高或下降,通常是各种利益集团相互较量的结果。同时,政治多元论承认不同团体拥有的权力是不同的,力量大的团体对社会保障制度的设计与决定所起到的作用往往较大。从政治多元论的立场来看,社会保障的来源不是功能也不是权力,社会保障作为现代国家的一种公共政策安排,即是由力量大的人或团体来决定的。

还有一些学者强调社会保障制度是近代民主制度发展的产物,是政治竞争的结果,也是近代国家官僚体系建立后官僚扩权的结果。如韦伯的科层理论体系,即认为官僚体系的膨胀与社会福利的扩张是一种互相纠结的现象。总之,政治多元论揭示了不同利益团体对社会保障制度安排的影响与作用,从侧面反映了制约社会保障因素的多元性,尤其在民主政治与多党竞争的条件下,各种利益团体的压力可能给国家的社会保障制度安排带来更大的影响。

参考文献

1. 郑功成. 社会保障学——理念、制度、实践与思辨 [M]. 北京:商务印书馆,2012.
2. 郑功成. 社会保障学 [M]. 北京:中国劳动社会保障出版社,2005.
3. 李珍. 社会保障理论 [M]. 北京:中国劳动社会保障出版社,2013.
4. 杨翠迎. 社会保障学 [M]. 上海:复旦大学出版社,2015.

思考题

1. 西方社会保障理论的演变和发展与两大经济思潮之间有何关系?
2. 简述经济学与社会保障的关系。
3. 简述社会学与社会保障的关系。
4. 简述庇古福利经济学的主要内容及其贡献。
5. 在新自由主义理论中包含了哪些社会保障思想,对社会保障改革有何影响?
6. 何谓"第三条道路",它是如何影响各国选择社会保障改革道路的?

推荐阅读

1. [英] 安东尼·吉登斯. 第三条道路:社会民主主义的复兴 [M]. 北京:北京大学出版社,2000.
2. 庇古. 福利经济学 [M]. 金镝,译. 北京:华夏出版社,2007.
3. 林闽钢. 现代西方社会福利思想:流派与名家 [M]. 北京:科学出版

社，2012.

4. 尼古拉斯·巴尔. 福利国家的经济学［M］. 郑秉文，译. 北京：中国劳动社会保障出版社，2003.

5. ［丹麦］哥斯塔·埃斯平－德森. 福利资本主义的三个世界［M］. 苗正民，等译. 北京：商务印书馆，2010.

第三章　社会保障宏观关系

◉ 开篇案例

以法治温度促无障碍环境建设　让美好生活更有爱

（作者：周静圆[①]　来源：人民网　日期：2023—09—07）

作为我国无障碍环境建设专门性法律，《中华人民共和国无障碍环境建设法》于9月1日起实施。这部法律为保障残疾人、老年人平等、充分、便捷地参与和融入社会生活，促进社会全体人员共享经济社会发展成果，提供了坚实法治保障。该法在怎么样的背景下出台？有哪些意义？人民网采访专家进行解读。

厚积薄发　"无障碍"　相关法律应运而生

目前，我国有8500多万残疾人，60岁及以上的老年人超过2.8亿。无障碍环境建设关系到残疾人、老年人的生活品质和生活尊严，直接涉及人民群众的获得感、幸福感、安全感。

我国的无障碍环境建设从20世纪80年代起步，2012年出台《无障碍环境建设条例》。近年来，随着经济社会的发展，无障碍理念不断普及，人民群众对无障碍环境的需求也逐渐从"有没有"转向"好不好"，无障碍环境建设越来越成为重要的民生工程、幸福工程。

中国残联维权部相关负责人介绍，中国残联推动将为110万户困难重度残疾人家庭进行无障碍改造列入国家"十四五"102项重点专项工程，截至2023年6月底已完成近70万。雄安新区、大兴国际机场等重点工程项目的无障碍环境建设，有效发挥了示范引领作用。

为加快无障碍环境建设立法，全国人大社会委牵头成立了无障碍环境建设立法工作领导小组，组织相关高校、研究机构开展课题研究，赴相关地方进行了调研，充分听取各方面意见，委托中国残联征求了5万余名基层残疾人、老年人代表的意见建议。

2022年10月27日，无障碍环境建设法草案提请十三届全国人大常委会第三十七次会议初次审议。经过三审之后，2023年6月28日，十四届全国人大常委会第三次会

---

① 周静圆，人民网记者。来源网址：http://society.people.com.cn/n1/2023/0907/c1008-40072501.html。

议表决通过无障碍环境建设法。

中国盲协主席李庆忠表示,无障碍环境建设法的施行,是国家无障碍环境建设的里程碑事件,是适老化改造的必然要求,更是残疾人权益保障的重大举措。无障碍环境建设工作进一步走上依法治理的道路。

职责明确 让"无障碍"有法可依

无障碍环境建设法共8章、72条,分为总则、无障碍设施建设、无障碍信息交流、无障碍社会服务、保障措施、监督管理、法律责任和附则。全面系统地对无障碍环境建设主要制度机制作出了规定。

——明确无障碍环境建设的定位。法律明确无障碍环境建设在重点保障残疾人、老年人基础上,进而惠及全体社会成员。强调坚持党的领导,突出政府主导,调动市场主体积极性,引导社会组织和公众广泛参与,推进全社会共建共治共享。

——规定无障碍设施建设、改造、维护和管理等制度。法律明确建设、设计、施工、监理单位的义务,严格确保无障碍设施建设质量。强调残疾人集中就业单位、居住区公共服务设施等重点单位、区域、场所配套建设无障碍设施。

——完善无障碍社会服务制度。法律规定公共服务场所等提供无障碍服务的要求,强调医疗健康、社会保障等服务场所应保留现场指导、人工办理等服务方式。

"无障碍环境建设法的出台,对于促进残疾人事业全面发展,保障和支持更多残疾人走出家门、融入社区、参与社会生活,接受康复和教育,实现更加充分就业都具有重要意义。"中国人民大学法学院教授黎建飞说。

蓄力前行 "无障碍"立法彰显大爱

良法是善治的前提。无障碍环境建设一项长期系统工程,涉及方面众多。推动无障碍环境建设法落地见效,创造"有爱无碍"社会,需要诸多社会成员的积极参与和持续努力。

"无障碍环境建设法的颁布实施,让我们不再觉得要求无障碍合理便利是给别人添麻烦。这极大地增加了残疾人的自信和勇气,保障了我们的权利和义务。"全国政协委员、中国聋人协会主席杨洋说。

来自安徽省合肥市的无障碍体验员栾英,是合肥市肢残人协会副主席、合肥市无障碍环境建设督导团队负责人,"无障碍环境建设法我们期待已久了,有了立法的保障,我们的无障碍督导才更有底气。"

中国残联维权部相关负责人表示,下一步,中国残联除积极配合政府及相关职能部门做好无障碍环境建设工作外,还将进一步指导各地加快建立无障碍环境建设促进队伍和督导员队伍。高质量完成困难重度残疾人家庭无障碍环境改造任务。加快推进特殊教育机构、残疾人集中就业单位和残联系统服务设施等的无障碍环境建设和改造。

第一节　社会保障与社会发展

社会保障与社会发展是包容和被包容的关系，社会发展离不开社会保障，而社会保障的发展在适应社会发展的同时，也促进着整个社会的发展。社会保障正成为越来越多国家社会发展中的主体内容，这既是社会保障特殊性质和功能所决定的，也是人类社会发展进程中表现出的重要规律。

一、个人风险和社会风险

（一）个人风险

无论是发达社会还是不发达社会，生理需求与安全需求均是社会成员最基本的需求，并主要表现为对基本生活条件的需求。一般而言，落后与风险总是呈正相关关系，愈是落后社会和不发达社会，社会成员个人的生存风险就愈大，安全感和生存保障程度就愈弱，这主要是社会财富有限、保障资源匮乏和有关制度安排不合理所致；社会愈发展，经济愈发达，社会成员可以通过自己的劳动所得来满足自己的生活需要，而财富的增长亦使生活资源通过再分配手段来调节成为可能，进而可以弥补个人的不足。但这并不意味着社会成员在发达社会里就必然有安全保障，因为发达社会造成个人风险的概率可能较不发达社会更大，原因也更复杂。

农业社会的个人风险及其所带来的生存危机，通常是由于收入来源断绝、收益锐减或正常生活遭受意外打击而导致陷入生活困境的状态。进入工业社会后，农业社会存在的致险因素依然存在，并增加了许多新的风险因素，如工伤事故与职业病风险、失业风险，以及因投资失败等导致的生活风险等。因此，社会的发展进步并不意味着造成个人风险的因素减少，恰恰相反，致险因素在增加。风险是与人类共存的，尤其是在近代之后随着人类成为风险的主要生产者，风险的结构和特征发生了根本性的变化，产生了现代意义上的"风险"并出现了现代意义上的"风险社会"雏形。因此，个人风险就其种类而言，发达社会显然超过不发达社会；而就个人社会风险的防范与控制机制、手段及方法而言，发达社会却要明显地优于不发达社会。

（二）社会风险

当众多的社会成员遇到同样的个人风险并因某种契机或纽带而联结成一个整体时，个人的风险就完全可能转变成一种群体风险，进而转变为社会风险，而社会风险在某种条件下又可能导致严重的社会危机，产生的后果亦有天壤之别。工业社会现代化的生活方式和生产方式为社会成员的个人风险转变为社会风险提供了天然有利的条件。被传统社会视为个人与家庭问题的生老病死残等，均可能通过群体方式演变成严重的社会问题与社会风险。

要真正消除社会成员的风险，取决于两个条件：一是个人或其家庭有足够的抗风险能力与储备；二是社会上有合理的制度安排能帮助有需要者化解其个人风险。第一个条件在任何国家或任何时代都不是人人能具备的，这就使国家从制度上考虑建立风险保障机制成为必然，社会保障制度就是在这样的基础上产生和发展起来的，社会保障既是现代社会防范和控制社会风险的必要机制，也是整个社会协调发展的安全机制和稳定机制。

二、社会公平与社会保障

（一）社会公平的目标

准确理解社会公平的概念是分析社会公平与社会保障相互关系的前提。社会公平既不完全等同于经济意义上的公平，也不完全等同于伦理意义上的公平，而又与它们都有一定的关联，是各种因素的综合。社会保障制度中的公平是指在机会、过程和结果各个层面的公平。由于完善的社会保障制度是面向全体社会成员而形成的一种机会公平的保障；由于社会保障为社会成员提供基本生活保障，使社会成员的基本生存能力提供了一种过程的平等；通过收入再分配，起到降低收入差距的作用，使得社会成员能够享有一定水平的基本生活，以期实现社会保障的平等。

（二）社会保障的公平性

社会保障作为实现社会公平的一种必须手段和重要方面，是通过下列方式来实现其目标的：一是强调社会成员参与的机会公平。任何社会成员只要符合法律统一规定的条件，不论其地位、职业、贫富差别等，都会被强制纳入社会保障范围；二是维持社会成员起点公平与过程公平。表现为通过提供基本生活保障和解除后顾之忧来维护社会成员参与社会的公平竞争的权利并消除因意外灾祸、竞争失败乃至疾病等因素导致的社会不公；三是通过收入的再分配在一定程度上缩小社会成员发展结果的不公平。比如社会保障筹集上要求高收入者多缴费、低收入者少缴费。总之，社会公平需要通过社会保障制度的建立与实施来维护，而社会保障也能够从多方面维护社会公平。

三、社会保障与相关社会政策

（一）社会政策

社会政策是指国家为实现一定时期的任务而制定的解决某些社会问题的行动准则，目标是促进社会文明的发展和各个系统之间及社会成员之间的协调发展。其他社会政策（如人口政策、教育政策、住房政策等）的推行往往需要社会保障的配合，而社会保障措施的实施能够促进其他社会政策的实施。

（二）人口政策与社会保障

人口政策的实施离不开社会保障的密切配合，而家庭津贴、养老保险、子女补贴及相关的社会福利设施等社会保障措施，显然与人口政策的实施关系更为紧密。

（三）国民教育与社会保障

实施教育政策需要有社会保障配套，如我国将义务教育列入社会保障范围并作为福利性事业加以实施，对大、中专学生中的贫困学生进行社会救助，对贫困地区的教育进行重点扶持直至提供免费教育等，均有助于实现教育政策的目标。

（四）住房政策和社会保障

住房福利通常构成一国社会保障制度的必要内容，亦是整个住房政策的有机组成部分。国家的政策措施大多有三种选择：一是建设公共房屋，廉价租给有需要者；二是提供住房补贴即房租补贴，以帮助低收入家庭减轻房租负担；三是建立强制性住房公积金制度，让雇主分担雇员的住房消费负担。

第二节　社会保障与经济发展

生产是分配的基石，而分配的合理与否也直接影响生产，注重生产的同时尽可能合理地调节收入分配可能更有助于生产的发展和效率的提高。

一、市场经济与社会保障

社会保障制度往往离不开经济体制的影响，当代社会经济体制与社会保障的关系，基本上是市场经济体制与社会保障之间的关系。市场经济是依靠市场机制来调控经济，通过自由竞争来达到经济发展的一种手段。社会保障与市场经济有着内在的、不可分割的联系。从一定意义上讲，社会保障也是市场经济的重要组成部分。

（一）经济体制

经济体制分为计划体制和市场体制。计划体制的僵化摧毁了企业竞争和劳动者自由，使建立在它之上的社会保障成为效率低下的全民福利。计划体制和国家保险制在20世纪90年代初被一同摒弃。当代社会经济体制与社会保障的关系基本是市场体制和社会保障的关系。

（二）市场失灵与社会保障

与计划经济比，市场经济条件下社会成员个人遭遇的风险更大，会出现贫困、失业、贫富差距扩大、阶级矛盾激化、收入分配不公等现象。西方发达国家的市场经济发展实践证明，离开社会保障的润滑和维系，市场经济可能走向价值规律的极端，整个社会经济秩序会陷入混乱。健全的社会保障制度是市场经济不可或缺的润滑、维系和促进机制。

(三) 市场经济的影响

市场经济体制客观上对社会保障制度的发展产生直接的影响，有时甚至是决定性的影响。这些影响包括以下几方面：第一，市场经济条件下经济主体的多元性，要求社会保障尤其是社会保险不能再局限于某一领域或行业，而是应当将实施范围逐步扩大到全体劳动者乃至全体国民；第二，市场经济活动的竞争性要求社会保障应当对竞争过程起到维系作用，即通过失业保障等机制来缓和市场竞争的不良社会后果；第三，市场经济是法制经济，同样也要求社会保障走上法制化的轨道，并严格按照法律的规范进行运作；第四，市场经济是开放型经济，社会保障只有走社会化的道路才能与之相适应。

(四) 对市场经济而言社会保障的必要性

市场机制虽然能使经济效率得到提高，却可能隐藏更多、更大的风险，市场体制不会自动消除贫困问题，也无法化解阶层分化带来的不断激化的社会矛盾。健全的社会保障制度，就成为市场经济不可或缺的润滑、维系和促进机制。社会保障一方面解决了市场经济条件下出现的许多社会问题，为市场经济体制的建立和发展奠定良好的社会环境基础；另一方面又构成市场经济运行中宏观调控机制的重要组成部分。

二、经济政策与社会保障

(一) 相互关系

经济政策与社会保障的关系应当是多维的，社会保障不只受经济政策的影响和制约，而且反过来影响、制约和补充经济政策。社会保障决策的社会参与和社会支持能够形成一种社会公正和平等的社会理念，有助于市场交换机制和价格机制在社会信任的基础上顺利实现，从而促进市场效率的提高；社会保障对产业结构的升级和消费结构的调整有利于市场经济运行效率的提升。经济政策和社会保障应是良性互动的关系，经济政策不能漠视社会成员的保障需要，应该提前预防并有制度上的安排和财政上的储备。同时，社会保障的发展也不能损害经济效率和自身的财政基础。

(二) 经济增长与社会保障

概括地说，经济增长有助于减少一定的不公平，因为经济增长会增加就业和分配份额，但经济增长不会自动满足全体国民对公平保障的需要。经济增长时能够促进就业，使得缴纳社会保障费的人数增加和领取失业救济金的人数减少，社会保障财政状况趋好；经济衰退使得失业人数增加，社会保障费减少的同时社会保障失业救济金的支出增加，社会保障财政状况趋坏。反过来社会保障财政状况良好可以帮助经济振兴，反之则加剧经济衰退。经济发展存在周期性的变化，社会保障也存在周期性的变化。

需要注意的是，社会保障对经济增长的正反作用不能被夸大。福利国家瑞典20世纪90年代的经济增长中起决定性作用的是经济政策的调整和外向经济所取得的成功，而被公认为是较公平的日本的经济衰退是由于经济战略的失误。我们应该减少经济增长和社会保障之间的对立，尽量使两者相互协调。

三、互制与互促关系

（一）互促关系

经济发展对社会保障的促进作用，表现在它为社会保障提供着相应的财政基础。社会保障对经济发展的积极作用在于为经济发展提供稳定的社会环境；通过对劳动者多方面的保障直接促进经济发展，如社会保险既是劳动力资源高效配置的关键机制，又是促进劳动者身体、心理及技能素质的重要保障，从而对经济发展起到直接的促进作用。

（二）互制关系

经济发展对社会保障的制约在于经济发展水平制约着社会保障规模的大小；经济发展水平决定社会保障的标准；经济政策制约着社会保障政策。社会保障对经济发展的制约在于社会保障超前发展，可能构成经济发展的负担，损害经济增长的持续性和国家竞争力；社会保障水平滞后，可能使各种社会问题得不到有效化解，进而影响社会稳定，经济发展自然深受其害。可见经济发展和社会保障之间是互促与互制，辩证统一的关系，妥善处理好经济发展和社会保障的关系是事关全局的重大问题，要审慎考察，力求双赢。

第三节　社会保障与人的发展

一、社会保障与人的社会化

从历史发展进程来看，人的发展是一个逐渐社会化的过程。在中国，剔除原始社会和奴隶社会，人的发展是按照如下轨迹走向社会化的。

（一）小农经济的"家庭人"

在这一阶段，由于生产力水平低，社会交往范围极小，人们被终生束缚在土地上，一家一户地开展着农作并依靠农业收益来维持生存与发展。对于小农经济里的社会成员而言，唯有家庭（有时扩大到家族）才是人生最为可靠的庇护所。因此，小农经济社会的人只能是"家庭人"。只有当家庭生活陷入绝境时，国家才不得不提供一定的救助，但这种救助始终局限于规模有限、水平极低的状态。

（二）计划经济条件下的"单位人"

中华人民共和国成立后，国家开始以较快的速度走上工业化道路，越来越多的社会成员摆脱了土地的束缚而成为工业劳动者。社会成员在这一时期又被终生束缚在各个单位或组织中,如城镇职工绝大多数终生在一个单位工作,农村人口(除少数人被招工、参军外)则被终生封闭在一个个乡村组织内,单位与单位之间、组织与组织之间缺乏必要的交流。因此,社会成员在这一时期虽然走出了家庭,却进入了一个个自我封闭的、固定的单位或组织,其基本生活只能依靠所在单位或集体组织来保障,总体的社会离人仍很遥远。在这一时期,当社会成员陷入生活困境时,就由所在单位或集体组织通过集体分配或补助的方式来为其提供基本生活保障;那些无工作单位又无收入来源的社会成员则是政府保障的直接受益者。

(三)市场经济条件下的"社会人"

在市场经济条件下,生产的市场化、劳动力的自由流动和生活方式的现代化,均迫使社会成员必须融入总体的社会。首先是生产的市场化砸碎了企业、组织或集体的自我封闭,人们进行生产活动需要依赖于市场、依赖于社会;其次是劳动力市场的发育刺激了劳动者的自由流动;最后是现代化的生活方式促使人们的观念从封闭走向开放。在这种背景和条件下,人们的生活离不开社会的保障,而家庭和单位或集体的保障功能则日益削弱,人即由"单位人"真正转变为"社会人"。任何人都离不开国家和社会的援助,当代社会必须建立起健全且完备的社会保障制度,只有这样社会才能稳定,经济才能发展,文明才会进步。

与西方国家相比,中国人的社会化进程显然多了一个"单位人"的环节,但人的社会化却是不可逆转的规律,社会主义市场经济改革正是顺应了这一规律。对社会保障而言,人的社会化进程决定着社会保障的发展进程,在人走向社会化的条件下,社会保障就成为全社会的事业和全民的事业。

二、人的素质和社会保障

(一)国民健康与社会保障

对一个国家而言,国民健康是一个综合性的发展指标;对每个社会成员而言,追求健康是其生存与发展至关重要的方面,因为健康是社会成员的最基本的需求,也是其服务社会的重要资本。然而,疾病与意外伤害是每个人都无法避免的风险,医疗服务则是每个人都需要的基本保障。因此,国民健康与社会保障尤其是社会化的医疗保障有着天然的、不可分割的联系。在发达国家,国民收入水平与消费水平都很高,它为国民身体素质的提高奠定了物质基础,健全的社会保障制度更是直接保障国民的身体健康。

(二)人的高素质化与社会保障

当代社会尤其是在市场经济条件下,竞争成为一切社会经济活动的普遍现象,社会成员要想在竞争中取胜并获得发展,就必须具备较高的文化素质与技能素质。无论是发达国家还是不发达国家,市场经济条件下的竞争失败者大多是素质较低的劳动者,而从国家或地区发展的角度出发,则往往是劳动者素质愈高的国家或地区就愈是发达。因此,提高社会成员的文化教育素质和劳动者的职业技能素质,既是社会成员个人发展的大事，也是关系到一个国家或地区社会经济持续发展的大事。

具体而言，社会保障措施能够促进社会成员的素质不断得到提高，而社会成员的素质的提高又促进着整个社会经济的发展。一方面，国家将教育纳入社会保障体系，并采取有力措施促使教育福利事业社会化，使社会成员有接受教育的机会与条件；一些发展中国家还注重解决贫困地区失学儿童的义务教育问题，对大、中专学校中的贫困学生给予社会救助，以此确保国民的基本素质教育得到保证与提高。另一方面，针对成年劳动者失业或就业的保障制度不仅会解决其生活困境，还有组织地开展各种职业技能培训，以促使劳动者的技能素质得到提高。

三、人口老龄化和社会保障

人口老龄化是指一个国家或地区因人均预期寿命的不断延长而使老年人口在总人口中的比重上升和人口年龄构成老化的社会发展过程。国际社会通常把年满 60 岁及以上人口占总人口比重的 10%，或者年满 65 岁及以上人口占总人口的 7% 的国家，称为老年型国家。

中国老龄化速度非常快，1997 年已进入老龄化国家的行列。人口老龄化会带来各种特定的需求，如老年人退出劳动领域，意味着收入来源中断，需经济资助；老年人受生理因素制约，需医疗、生活起居照顾、老年保健等服务；老年人退出工作岗位，生活陷入孤独，需要情感慰藉。人口老龄化给社会保障带来的最大影响，就是使老年保障成为整个社会保障体系中最重要的系统。

第四节　社会保障与政治及其他

一、社会保障与政治稳定

社会保障制度的建立和发展，为民众提供一种比较有效的社会安全网，保证民众的基本生活水平，同时也为他们的正常发展提供了有利条件，这就有利于缓和因社会问题造成的社会矛盾，有利于消除社会矛盾引发的政治动乱因素。自 20 世纪中期以来，西方主要资本主义国家没有发生大规模的民众革命运动，社会保障制度的建立和实施具有重要的影响。

社会保障制度也会对社会稳定产生消极影响。随着社会保障制度的建立和发展，社会保障政策与制度逐渐变成影响民众做出政治判断的重要因素。这在一定时间和范围内也会对政治稳定产生不利影响，尤其是在即将提出或者推行的社会保障政策措施发生重大变化时，这种变化可能导致一些社会保障既得利益获得者的利益受损，他们会对新的社会保障政策措施产生不满而诉诸政治行为，从而导致社会不稳定。

二、政党政治与社会保障

政治需要社会保障作为实现目标的工具和手段,社会保障的发展也离不开政治的推动,并对政治产生相当的影响,即政治和社会保障相互需要。

(一) 政党与政治家

政治对社会保障的影响,表面上是通过立法机关与行政组织来进行的,实际上却是政党、各利益集团乃至政治家操纵的结果。因为民主政治的最大特色其实就是政党政治及各种利益集团的推动。因此,政党对福利的看法客观上对社会保障制度的发展起到很大的作用。

1. 政党与利益集团

政党政治通过议会或控制政府来实现自己的政治主张和社会政策,其对社会保障的看法直接影响着社会保障政策的制定与实施。例如,美国有两大政党即民主党和共和党,民主党人认为,社会成员的生活困境是社会环境欠佳或制度的不完善造成的,政府应当努力改善环境、提供机会,同时负起照顾人民生活的责任,故设立社会保障制度是完全必要的。随着各种社会问题的出现,政府还应该不断改善社会服务来满足人民的需要。在民主党执政时或在民主党执政的州或市,还可以看出他们较为重视少数民族(如拉丁裔、亚裔和黑人等)和穷人的利益,能够体恤他们的需要并常常为少数民族提供就业机会。共和党是保守党,它的政纲却与民主党的政纲有很大差别,共和党人不喜欢政治制度的改变,他们在经济上反对政府干预,在福利上较民主党明显保守。由于两大政党对福利问题的看法存在着很大分歧,每次不同的政党执政,美国的社会保障政策便会有大变动,以至直接影响着美国社会保障制度的发展。

除政党外,社会保障政策通常还受不同利益集团的牵制,如工会往往是保障劳工权益的主要推动力量,妇女组织则是妇女、儿童权益保障的主要推动力量,而工商组织则会直接维护工商者的利益。利益集团一方面通过相关政党代言,另一方面可以在议会上通过不同途径与方式反映自己的呼声,即社会保障有时是利益集团相互妥协的产物。

2. 政治家

政治家对社会保障的作用,通常是通过对政策的制定或影响来表现的。政治家如果作为政党的代言人,其反映的与执行的将是所属政党的主张,倾向较为稳定,在这种条件下,公众在关注政治家的同时尤其会关注其所属政党。政治家如果作为个体参与政治,反映其自身政治主张,公众关注的是他所处的社会阶层及个人的政治纲领。在前一种条件下,政治家对社会保障的影响实际上是政党在社会保障方面的主张的反映,它的倾向通常是较为稳定的;而在后一种条件下,则只能看政治家的现实主张,但在特殊的时期,执政者可能向对手妥协或者充当着协调人的角色。

三、社会保障与道德文化

如果我们从历史的角度出发,就不难发现社会保障在各国的差异,不光是经济、政治、社会因素的差异造成的，它还起源于"不同时期、不同地方各个社会人民之间的差异（我们称它为文化差异），不是个人生来即有的差异，而是社会固有的差异"。

（一）慈善观念与人道主义

中外社会保障制度的起源，无论是宗教团体或官方或民间的慈善活动，都有乐施好善的慈善观念和人道主义的影子。时至今日，现代社会保障制度早已上升到法律规范的层次，但慈善事业仍然存在，并在许多国家或地区发挥着对社会保障的重要补充作用，而人道主义仍然是建立社会保障制度的最根本的道德源泉。从资本的原始积累与工业化国家最初的残忍，到现代社会日益重视对人权的保护；从有限的慈善活动与济贫事业，到现代社会健全的社会保障体系，它所揭示的并非只是制度的变迁，同时也是人道主义的不断发展。因此，现代社会保障制度不以慈善观念与人道主义为旗帜，却以慈善观念和人道主义为起始，在当代社会发展进程中处理公平与效率关系时，仍然需要"在平等中注入一些合理性，在效率中注入一些人道"。

（二）伦理道德

伦理道德是调整家庭关系及一般社会关系的基础性手段，它不是国家的制度安排却可以直接影响国家的制度安排，有的内容还能够上升到法律规范的层次，从而对一个国家或一个民族的社会发展产生不可低估、不可替代的影响。在社会保障领域，伦理道德的影响主要表现在非正式制度的家庭保障及其与正式制度的社会保障之间的关系上。

人们通常会承认东方与西方之间存在着伦理道德方面的差异。如在西方国家，人们往往将社会成员首先视为社会的一员，于后才是家庭的一员；同时特别强调对下一代的保护而对老年人的需要却较为忽略。这使得家庭观念相对淡薄，很自然地削弱了家庭对社会成员的保障功能，从而决定了必须有健全的社会保障系统与社会服务系统，人们离开家庭的保障可以生存，却离不开社会提供的保障。而在东方国家，人们往往将社会成员首先视为家庭的一员，于后才是社会的一员，家庭内部上一代人与下一代人之间的保障是双向互惠的，家庭被视为社会成员最值得信赖、最为可靠的安全港。因此，即使进入了工业社会，东方各国的家庭保障仍然事实上充当着社会保障制度的基础，并在社会成员的生活保障方面起着非常重要的作用。在华人社会，包括新加坡等地区，子女赡养父母早已上升到法律规范的层次，中国封建法律中将不孝作为一种独立的罪名并有严厉的处罚规定，现代法律中对此亦有明确规范。实践证明，中国的家庭伦理道德规范对家庭保障的维护是极为有益的，这是中国社会保障制度的重要基础。

综上所述，各国的伦理道德存在着差异是不争的事实，而它对于现代社会保障制度的影响也是不争的事实。各国社会保障制度的建立与发展，应当充分考虑伦理道德因素及家庭保障的有益作用，而不能轻言家庭制度崩溃和用制度化的社会保障去取代家庭保障。

（三）传统文化

在考察社会保障与道德文化的关系时，我们还可以发现传统文化对社会保障有重要影响。如在西方社会，宗教文化的影响很大，慈善事业曾经十分发达，并一度充当着济贫事业的主体。在中国，儒家文化被视为正统文化，它要求政府对国民尽到爱心、关怀和救助的职责；同时，传统的义利观、互助观等亦成为社会发展进程中的维系要素。

总之，道德文化与社会保障的关系是多维的，建设与发展现代社会保障制度不能忽略对道德文化因素影响的估量。否则，社会保障制度的建立与国家或民族的道德文化不相吻合，最终可能付出严重的代价。

参考文献

1. 丁建定. 社会保障概论 [M]. 上海：华东师范大学出版社，2006.
2. 关信平. 社会政策概论 [M]. 2版. 北京：高等教育出版社，2009.
3. 李珍. 社会保障理论 [M]. 北京：中国劳动社会保障出版社，2013.
4. ［美］戴安娜·M. 迪尼托. 社会福利：政治与公共政策 [M]. 何敬，等译. 北京：中国人民大学出版社，2007.
5. 郑功成. 社会保障学——理念、制度、实践与思辨 [M]. 北京：商务印书馆，2012.

思考题

1. 社会保障如何解决公平与效率的关系？
2. 简述社会保障与相关社会政策的关系。
3. 社会保障能否解决初次分配产生的不公平问题？
4. 社会保障与经济增长有什么关系？

推荐阅读

1. ［美］约翰·罗尔斯. 正义论 [M]. 何怀宏，等译. 北京：中国社会科学出版社，2001.
2. ［美］阿瑟·奥肯. 平等与效率——重大抉择 [M]. 王奔洲，译. 北京：华夏出版社，2010.
3. 何子英. 社会政策 [M]. 北京：中国人民大学出版社，2012.
4. 张健，陈一筠. 家庭与社会保障 [M]. 北京：社会科学文献出版社，2000.

第四章　社会保障制度安排

◉ 开篇案例

"社会保障"热度不减：兜牢底线 夯实民生之基

（作者：任一林、马昌、彭静[①]　来源：人民网　日期：2023—03—02）

民之所盼，我之所呼。2023年2月1日至27日，人民网开展2023年全国两会调查，这是人民网第22次两会调查，共吸引超过581万人次参与。

经过网友投票，"教育人才""社会保障""正风反腐""乡村振兴""就业优先""医疗卫生""依法治国""社会治理""扩内需促消费""全过程人民民主"入选十大热词。

在人民网历次全国两会调查中，"社会保障"一词第19次进入十大热词榜单。本次调查结果显示，网友对个人养老金制度实施、城乡居民养老保险缴费档次及基础养老金动态调整、社会保障卡持续扩大应用范围等较为关注。

在社会保障的重点举措中，53.9%的网友认为应加快建立多主体供给、多渠道保障、租购并举的住房制度，52.1%的网友关注"扩大社会保险覆盖面，健全基本养老、基本医疗保险筹资和待遇调整机制，推动基本医疗保险、失业保险、工伤保险省级统筹"这一选项，51.8%的网友希望发展多层次、多支柱养老保险体系。

对2023年社会保障工作有何期待？网友最关切"提高城乡居民基础养老金标准""放宽个人养老金资金取出条件"，希望可以进一步完善基本生活救助制度，健全医疗、住房、教育、就业等专项社会救助。

---

① 任一林，马昌，彭静：人民网记者。来源网址：http://politics.people.com.cn/n1/2023/0302/c1001-32634620.html。

第一节 社会保障的功能与原则

一、社会保障制度的功能

(一) 稳定功能

社会保障通过预先防范和即时化解风险来发挥稳定功能,被称为"精巧的社会稳定器"或"减震器"。通过建立社会保障制度,国家从法律上、经济上为社会成员的基本生活乃至不断发展提供相应保障,首先能够帮助陷入生活困境的社会成员从生存危机中解脱出来。其次能够满足社会成员对安全和发展保障的需要。可见,社会保障能够防范和优化社会成员因生存危机而可能出现的对社会、对政府的反叛心理与反叛行为,能够保障社会成员在特定事件的影响下仍可以安居乐业,从而有效缓和乃至消除社会震荡和失控的风险,进而维系着社会秩序的稳定和社会的健康发展。

(二) 调节功能

调节功能表现在政治、经济和社会发展等广泛领域。一是,在政治上调节不同利益集团之间的关系。现代社会保障在工业化国家之所以成为党派斗争和政党政治的核心议题,正是社会保障巨大政治功能的体现。二是,在经济上调节公平与效率之间的关系、调节国民收入的分配与再分配、调节国民经济的发展。具体而言,调节公平和效率是指社会保障要保持水平适度和可持续发展。调节国民收入分配与再分配意味着通过社会保障资金的征集和待遇给付,在不同的受保障对象之间横向调节收入分配,在高收入和低收入阶层之间实现纵向调节分配。调节国民经济的发展是指一方面社会保障资金的筹集、储存和分配,直接调节着国民储蓄与投资,并随着基金的融通而对相关产业经济的发展格局产生直接调节作用;另一方面社会保障还是经济发展周期之间的蓄水池,当经济增长时,失业率下降,社会保障收入增加而支出减少,社会保障基金规模随之扩大,减少了社会需求的急剧膨胀,最终有助于平衡社会总供给和总需求;当经济衰退时,失业率提高,由于失业者不再缴纳社保费等而导致社会保障基金收入减少,而失业者及经济衰退带来的收入下降的低收入阶层的扩大会导致对社会保障待遇的要求增加,使社会保障基金支出规模扩大,从而在一定程度上具有唤起有效需求、增加国民购买力的功能,最终有助于经济复苏。三是,在社会发展方面,调节社会不同阶层之间的关系及社会地位的调解,社会保障可以调节富人和穷人、劳动者和退休者、就业者和失业者、健康者和疾患者、幸运者和不幸者之间的利益关系,社会的非公正和非公平性会在一定程度上得以缓解。

(三) 促进发展功能

社会保障制度在产生初期主要体现在稳定与调节功能,发展到现在已明显具备促进发展的功能，这主要体现在社会、经济等领域。

在社会领域的促进发展功能，包括一是能够促进社会成员之间及其与整个社会的协调发展，使社会生活实现良性循环；二是能够促进遭受特殊事件的社会成员重新认识发展变化中的环境，适应社会生活的发展变化；三是能够促进社会成员的物质与精神生活水平的提高，使其努力工作；四是能够促进政府相关社会政策的实施，如教育福利有助于义务教育普及等；五是可以促进社会文明的发展进步。

在经济领域，社会保障通过营造稳定的社会环境促进经济的发展，同时通过社会保障基金的运营直接促进着某些产业的发展。此外，社会保障对劳动力再生产的保障与对劳动力市场的维系，又促进着劳动力资源的高效配置和生产效率的提高，因此，社会保障对市场经济除了维系、润滑作用外，还有促进作用。

（四）互助功能

社会保障资金来源于包括税收、缴费、捐献等多种渠道，又被支付给受保障者和有需要者，这是一种风险分散或共担机制，风险共担本身即以互助为基石；同时，社会保障中的社会福利与社会服务通常以社区为基础，以社会成员之间互相提供劳务为主要表现形态，体现了互惠互助。

二、社会保障制度的基本原则

（一）公平性原则

缓和社会不公平、创造并维护社会公平是社会保障制度安排的基本出发点，也是社会保障政策实践的基本归宿。社会保障制度安排中的公平性原则，主要体现在以下几方面。一是保障范围的公平性，不会对保障对象的性别、职业、民族、地位等方面的身份有所限制；二是保障待遇的公平性，即社会保障一般只为国民提供基本生活保障，超过基本生活保障之上的需求通常不能从社会保障的途径获得解决；三是保障过程的公平性，社会保障为社会成员解除了许多后顾之忧，维护着社会保障参与社会的起点与过程公平，通过资金的筹集和保障待遇的给付，又缩小着社会成员的结果不公平。

（二）福利性与互济性原则

对社会成员个人而言，其在社会保障方面的支出要小于在社会保障方面的收入，即所得大于所费即具有了福利性。福利性原则强调的是社会成员在社会保障方面的交易成本低于所获得的保障待遇，强调福利性原则的目的是社会保障虽然可以引进一定的市场机制，但它在本质上却是市场机制无法调控的。与福利性原则同等很重要的是互济性原则，它既是社会保障制度赖以生存和发展的基础，也是增进整个社会协调发展的重要条件，互济性原则是以互惠制为基础的，即我为他人做贡献，他人也为我做贡献，二者互为条件、互相促进。

（三）强制性原则

社会保障的强制性原则，旨在切实保障社会成员的收入安全与基本生活。一方面，社会保障资金的筹集由于涉及国家、企业及其他法人团体与个人的权利、义务及经济利益，必须以法律作保证并在政府的严格监控下才能完成筹资的任务；另一方面，作为一种社会稳定与利益调整机制，有关各方的权利义务亦必须由法律明确规范，并要求严格依法办事。社会保障以立法规范为前提，以政府干预为条件，法律的硬约束与政府的强势干预是社会保障制度强制性的具体体现。

（四）普遍性与选择性原则

普遍性原则强调全体国民均能享受相应的社会保障与福利，选择性原则意在根据国家财政承受能力和受保障者的经济收入状况及对社会保障的需求程度，有区别地安排社会保障的项目、对象范围、筹资方式和待遇水平等。客观而论，普遍性原则和选择性原则在很多国家其实是相伴而行的，即在社会救助与社会福利方面可能遵循普遍性原则，而在社会保险方面却遵循选择性原则，或在城镇实行普遍性原则，而在乡村实行选择性的社会保障。因此，在肯定普遍性原则并尽可能推进社会保障的公平性的同时，不能把以上两个原则对立起来，而是应当承认发展中国家按照选择性原则或普遍性与选择性相结合的原则来建立社会保障的合理性与过渡性。

（五）多样性原则

多样性原则取决于社会保障制度影响或制约因素的复杂化，又反过来构成社会保障制度安排的基本准则。它包括一是制度安排模式应多样化，以便适应不同社会群体并满足其需求；二是项目结构应多样化，不能指望一种制度来涵盖社会保障制度的全部内容；三是水平结构应多样化，即不同的社会保障项目需要在待遇水平上体现出差异，如失业保险待遇需要高于社会救助待遇。

第二节　部分国家的社会保障制度安排

一、英国的社会保障制度

（一）发展线索

1601年，英国政府颁布了历史上第一部具有社会保障性质的《济贫法》，后经修订又于1834年颁布了《新济贫法》。进入19世纪末，英国逐步建立了现代社会保险制度，但是发展相对缓慢。到第二次世界大战后，英国实行贝弗里奇计划，通过了《国民保险法》等社会保障立法，1948年正式宣布成为"福利国家"，随后福利国家风靡欧洲，西欧、北欧纷纷建立福利国家。根据贝弗里奇计划，社会保障计划应该确立三大原则：一是普遍性原则；二是提供收入保障并防止贫困；三是通过政府与个人的合作来建立。进入 20 世纪 80 年代，英国社会保障体系开始危机四伏，之后着手进行了养老、失业、就业、医疗、教育、住房等方面的调整与改革。

（二）体系框架

英国作为福利国家的创造者和代表，社会保障制度项目众多、体系庞大，对国民保障非常全面，概括而言，大体可分为社会保险系统、国民保健服务系统和个人生活照料系统三大系统，其中社会保险系统最为庞大和重要。

社会保险系统：使国民在遭遇困难或不幸事故时能获得基本生活权益的保障，包括养老金、退休金、失业救济、工伤津贴、疾病津贴、残疾及死亡津贴、孕产妇补贴、儿童津贴等。资金来源于雇主、雇员与自由职业者缴纳的保险金与政府提供的保险基金，每年根据实际开支的状况再由政府从税收中抽取一部分补足实际开支所需的金额。

国民保健服务系统：根据《国民保健事业法》，为公民提供免费或低价医疗服务的社会保障系统，其宗旨是改进国民的健康状况并提高其身体素质，经费来源于国家财政资助和所有纳税人的缴费，经费 60％用于儿童、老人和失去生活自理的人及精神失常的人。

个人生活照料系统：为那些有特殊需要的个人提供个别服务的保障系统，服务对象包括丧失生活能力者、老年、儿童、精神失常者等。

上述三大系统及众多项目，构成了英国官方社会保障制度的体系框架，其服务对象包括丧失生活能力者、老年人、儿童等。

（三）评价

总体上英国福利国家社会保障制度成就巨大，但也存在缺陷。一方面，福利国家的全民保障编织了有效的社会安全网，有力维护了社会的安定与发展，而且通过对战后迅速增长的物质财富的再分配促进了英国社会的稳定、协调发展，如福利国家建成后，英国的人均预期寿命增高，国民生活水平得以提高。另一方面，英国的福利国家也存在缺陷，首先，它并未真正解决英国的贫困问题，任何社会保障能够缓和减少贫困却不能最终消灭贫困；其次，社会保障支出规模膨胀，支出率的上升超过了英国 GDP 的增长和国家财政支出的增长，损害了国民经济的持续发展和国家财政在其他领域的调控能力，这实际是社会保障刚性特征的体现，也包含政治因素的推动，还有计划与预见的失误等；最后，社会保障水平过高，使国民对政府产生了过分依赖，从而导致部分社会成员进取精神减退、不良行为增多等。

二、德国的社会保障制度

（一）发展线索

德国的社会保障制度建立于 19 世纪 80 年代。1883 年的《工人医疗保险法》、1884

年的《事故保险法》和1889年的《养老保险法》由帝国议会通过后，德国成为世界上第一个建立了广泛社会保险的国家。社会保险制度确立一百多年来的实践证明，德国建立广泛的社会保险是有远见的并且为其他国家起了示范作用。1911年这三部法律被汇编成《帝国保险法》。1911年还制定了《职员保险法》，1923年制定了《帝国矿工联合会法》，1927年制定了《失业保险法》，1957年制定了《农民老年援助法》。1990年两德统一，西德的社会保障法律体系适用于东德。1995年又颁布实施了被称作社会保险第五大支柱的《社会护理保险法》，由此填补了社会保障体系中的空白。2008年通过的《护理保险结构性继续发展法》，不仅在法律层面强制实施全民护理保险，而且通过法律制度对各类护理保险服务机构形成强有力的监督。2015年1月与2016年1月，德国护理加强法案第一部和第二部先后生效，主要内容包括对长期护理需求重新界定，进一步细分护理等级等。

德国社会保障确立的指导思想是，把支持经济上的弱者、保障较大的生活风险和致力于社会机会平等看作社会国家有秩序发展的基石，避免在市场经济下出现"强权社会"，通过社会保障使个人自由和在与人的尊严相应的方式中生活成为可能。在这一指导思想下，德国已建立起的社会保障制度不仅为人们在生、老、病、死这些一般生活风险出现时提供保护，而且为人们在遭遇战争致损害、暴力行为致损害和公共疫苗接种致损害这些特殊社会风险时提供保护。

（二）体系框架

德国社会保障以强制性社会保险为主体，辅之以社会救助和社会福利。整个制度框架如下。

1. 养老保险

养老保险旨在使所有的工人和职员以及他们的家属、一定的独立经营者和自愿保险者，在收入减少、老年和死亡所有这些大的风险出现时获得有效的保护。通过在职的一代人缴纳的保险费为那些暂时或长期被淘汰出职业生活的人提供生存保障；养老保险旨在通过实施康复措施，使受保险人尽可能长时期地保持健康和坚持工作；通过向长年从事有保险义务工作的人支付养老金，以保障他们和家庭有一个没有经济顾虑的晚年生活。提供待遇所需要的巨额资金大约80%来自受保险人缴纳的保险费，20%来自国家提供的津贴，采取现收现付制，用日常国民收入来支付的养老金，其安全性不是建立在财富的基础上，而是在于这种筹资方式的持续性，即由于养老保险是义务保险，总有下一代步入职业生涯的人在缴纳养老保险费，属于代际转移支付。养老保险分为工人养老保险（全国共有23个州保险机构，此外设在汉堡的海员保险事务所和铁路保险事务所是特殊机构）、职员养老保险（联邦职员保险机构，设在柏林）和矿工养老保险（联邦矿工联合会，设在波鸿）三种。工人和职员养老保险中的养老金有这样几种：丧失职业能力养老金、丧失劳动能力养老金、老年养老金、寡妇养老金、鳏夫养老金、孤儿抚恤金。

2. 医疗保险

德国的医疗保险已经有一百多年的历史，其间的法律规定历经修改，但它的核心内容和任务始终没有改变。德国医疗保险的任务是保持、恢复或改善受保险人的健康状况。受保险人应该通过有意识的健康生活方式，通过疾病预防和治疗以及康复，避免和战胜疾病以及残疾。医疗保险机构通过解释、指导和提供待遇来支持受保险人，使受保险人保持健康的生活状况。在德国，自医疗保险制度建立以来，参加保险的人数在不断增加，这主要是由于法律将受保险人的范围从原来的产业工人逐步扩大到几乎所有从事雇佣劳动的就业者。医疗保险的服务项目包括健康与预防疾病、疾病的早期诊断、医治、重病护理、妊娠及哺乳服务等。由于德国的医疗卫生政策不是由国家或联邦政府规定，而是由各州根据宪法的有关规定确定本州的医疗卫生政策，因此医疗保险的保险费率在各州也是不一样的，自愿参加保险的人员，其医疗保险费率由各医疗保险机构根据自己的章程自行决定。雇员应承担的50%义务保险费由雇主直接从工资中扣除，雇主再补足另一个50%，然后将全部的医疗保险费连同以同样的方式筹集的养老保险费和失业保险费交给作为社会保险费用代征机构的医疗保险机构，医疗保险机构再将养老保险费和失业保险费划拨到相应机构。医疗保险机构按地区和行业分为：地方医疗保险机构（58个）、手工业医疗保险机构（137个）、企业医疗保险机构（682个）、补充医疗保险机构（15个）、海员医疗保险机构（1个）、矿工医疗保险机构（1个）、农民医疗保险机构（20个）。所有医疗保险机构在财政和组织机构上都是独立的，但在国家的监督之下。这种自我管理实体通过其内部机构来运作，这些机构就是管理委员会和理事会。

3. 护理保险

德国在20世纪90年代末建立了护理保险，其目标是从法律上和经济上改善护理保障。护理保险中的受保险人原则上是法定医疗保险中的所有受保险人，包括共同保险的家庭成员，几乎90%的公民参加了护理保险。护理保险机构设在疾病保险机构中，以此避免建立新的组织和出现过高的管理费用。根据加权评估需要护理者的移动能力、认知和沟通能力、行为与心理问题、自理能力、应对与独立处理由疾病或治疗而产生的需求和压力、安排日常生活与社会交往来衡量自理能力，德国的护理等级目前分为五个级别。等级越高，需要护理者对护理服务水平的需求程度和相应的护理费用也越高。

4. 失业保险

《社会法典》首先对劳动促进的目标和任务做了规定，这就是：联邦劳动厅通过提供劳动促进待遇支持劳动市场调整，在人们进行培训和寻找工作时，就劳动市场及其发展变化给予指导，充分利用空闲工作岗位和减少人们对一种职业的歧视。劳动促进和失业保险的待遇，在雇员方面主要有：就业指导、介绍培训和介绍工作、职业培训补助金、残疾人参与职业待遇、失业保险金和失业救济金等；在雇主方面有劳动市场指导、介绍培训和介绍工作、劳动能力降低雇员参加工作时的工资补贴、培训补贴等。所有从事有劳动报酬的工作的人和参加职业培训的人都需要参与失业保险。该保险的经费来源于雇员、雇主缴纳的保险费，税收收入和联邦政府的拨款。联邦劳工局是就业与失业保险的承担机构。

5. 社会救助

1860年，德国制定颁布了第一部《社会救济法》，建立了带一定济贫色彩的国家社会救济制度，因此它还算不上现代意义的社会救助。1961年，德国颁布了《社会救助法》(BSHG)，该法案赋予了公民获得最低生活保障待遇的权利，强调社会救助要满足贫困人群的生活保障需要和生命尊严需要，这标志着德国现代社会救助制度的确立。德国的现代社会救助制度规定最低生活标准由联邦政府劳工和社会局统一制定，除了考虑食品费、生活费、燃料费以及杂费等日常生活费外，还包括代为缴纳医疗、养老保险费、支付丧葬费等，各个城市根据联邦政府制定的标准，确定各自的保障标准，相互间差距不大，政府制定标准主要参考家庭月净收入、人均消费水平、家庭月实际支出这三项指标。根据保障对象的不同情况还要确定不同的标准，一般将其划分为一般保障对象和特殊保障对象，特殊保障对象的救助金要高一些；保障资金主要来自政府的工资税和燃油税，地方政府承担大部分，联邦政府设有调剂金对救助人数多的地区给予补助；管理上由各地方政府负责。20世纪80年代开始，随着德国失业率的升高和收入不平等程度的提高，贫困人口开始增多，这使得领取社会救助的总人数越来越多。为此，这段时间政府不得不出台许多控制措施，以对社会救助制度进行改革：一方面，政府加强对受助者资格的要求和工作要求，诸如设置各种工作福利项目，并从1996年开始对于拒绝参与工作福利项目或拒绝接受工作介绍的申请者减少1/4的救助金；另一方面，社会救助制度开始排除一些潜在受助群体，比如1993年，寻求庇护者被从有资格申请社会救助的人中排除了，他们可以加入一种新的救助计划，这种新型救助的待遇低于社会救助设定的最低生活保障水平。进入21世纪，失业问题继续困扰德国，有专家指出这是因为德国的社会救助政策和劳动力市场政策的结合不充分造成的，社会救助的主要关注点集中在救助待遇的水平上，特别是对那些有多个孩子的家庭，社会救助可能使他们失去工作的积极性。于是，关于社会救助改革讨论的核心问题就是社会救助与工具测量型的失业保险的结合问题，这项改革就是颇有争议的"哈茨四"改革方案。2003年12月19日，德国联邦议会通过了"劳动市场现代服务第四法案"，将失业救助金与社会救助合二为一，该法案规定为求职人员建立基本保障，并将其归入《社会法典》。因此，"哈茨四"改革方案主要是建立了一种新的基本保障方式：所有具备就业能力（是否具备就业能力的标准是每天至少可以从事三个小时的就业活动）的享受救助人员，不再按失业救助和社会救助分别管理，而是将这两种救助合二为一，统称为求职人员基本保障，俗称"失业保险金二"，为求职人员的基本生活和安置提供统一的待遇，资金来源渠道保持不变，仍然从税收中列支，享受的条件还是根据最低生活需要。从2005年1月1日起，原来享受社会救助的人员如果具有就业能力的都按照"哈茨四"的规定领取"失业保险金二"，其是统一的待遇标准，领取者需要接受较为严格的家计调查，社会救助和失业救助金合二为一之后，总体待遇已经大为降低。改革后，社会救助则仅限于那些每日没有能力工作三小时的失业者和其他特殊救助对象。这次颇受争议的改革，表明失业者不再是单纯的公民基本权利的享受者，政府开始承认他们必须承担促进社会经济发展的义务，并希望通过这种理念的改变促使失业者不再依靠社会救助而是重返劳动力市场。

6. 社会福利

德国的社会福利主要包括家庭补助、住房补助、教育福利、老年福利、儿童福利等。此外，还有庞大的社会服务系统。

家庭补助的重点是提供子女津贴、养育津贴和养育假，以此帮助家庭减轻由于养育、抚养和教育子女而出现的经济上的特别负担。子女津贴向居住在德国、有一个或几个子女的人支付。子女津贴从联邦资金中依申请向主要抚养子女的父母一方支付。提供养育津贴旨在减轻父亲或母亲的负担，使父母在孩子出生后的头两年能够以适当的方式照料和养育子女。作为雇员的父亲或母亲有三年养育假权利，父母在为期三年的养育假中，最多可以轮换三次。在养育假期间，雇主原则上不能解雇。

住房补助是按照联邦住房津贴法的规定，住房津贴是对有合法要求者的租金或者由于个人购房而造成的经济负担的一种补贴。通过提供住房津贴，使租金和购房负担不要超过家庭或者单身者的经济承受能力。住房津贴只向收入比较少的家庭提供，对住房津贴的标准有决定意义的因素有家庭成员的人数、家庭收入、住房费用、住房所处地段的租金标准、房屋的年龄和设施。

教育补助是在免除中小学和高等学校大量费用的情况下，如果在校学生生活费和教育所必需的费用没有保障，他们可以申请教育补助。补助向中小学生提供补贴，大学生可以获得半额补贴和贷款，贷款是无息的，在大学毕业之后偿还。

（三）简要评述

与英国相比，德国的社会保障制度遭到的批判似乎比它受的肯定要少得多，这与德国对社会保障制度的安排及取得的实践效果有很大关系。德国的社会保障有如下特色。

第一，社会保险制度完备，权利均等。一方面，德国是世界上最早建立社会保险制度的国家，包括养老、工伤、医疗、失业和生育保险制度，还率先建立了护理保险制度，是世界上社会保险制度安排最全面的国家；另一方面，虽然德国的社会保险制度未完全统一，但却能最大限度覆盖有需要的劳动者及其家属，几乎所有国民都能够得到相应的社会保障。

第二，保险金由雇主、雇员和国家共同负担。德国一直坚持社会保障责任分担的原则，在保险资金筹集上，雇主、雇员与国家承担相应的义务，且政府、雇主和个人分担的差距已经接近，是政府责任、雇主责任和劳动者个人责任的较为完美的结合，这种三方责任负担或许是德国社会保障制度可持续发展的重要条件。

第三，制度稳定，发展积极。德国社会保障制度自1881年创立以来直到现在，几经修订和完善，但基本的原则和制度框架却保持了稳定，采取了积极但不激进的改革发展方式，这是十分理智的改革姿态，不仅没有损害制度反而使制度获得了新的发展。

第四，对社会保险实行自治管理。在德国社会保险制度安排中，受保者和雇主实施自治管理是显著特色。在各类承办社会保险事务的机构中，均设置由受保者代表和雇主代表组成的代表大会和董事会，并负责决定社会保险承办机构的财政预算与人事安排，由董事会提名并任命承办机构的经理，负责社会保险机构的日常事务，一些大的社会保险承办机构还往往设有一些分支机构，而政府通过劳工与社会事务部等起一般监督作用。这种自治管理体制减轻了政府的管理职责，体现了劳工和雇主的协作，而政府能够以超脱的身份来制定社会保险规则并监督这些规则的落实，是一种值得肯定的社会保险管理模式。

第五，德国社会保障也存在一定问题。如社会保障支出增长较快，政府财政负担加重，在医疗保险等领域存在"吃大锅饭"现象，并在一定程度上加剧了国家机构的官僚化等。

三、美国的社会保障制度

（一）发展线索

美国的社会保障制度发展大体可划分为以下几个阶段。

第一阶段是早期和近代美国的社会救济。南北战争时期，伤残军人与退伍军人的保障措施得以产生，美国立国后也有一些州政府采取有关社会救济措施，直到1865年，联邦政府才第一次担负起照顾穷人的责任，当时联邦政府成立的福利机构是自由民局，其基本职责是给穷人解决衣食住行的民生问题。可见，美国近代社会保障制度是以南北战争为背景的救助型制度。

第二阶段是现代社会保障制度的确立和发展时期。经济危机背景下，面对社会日益严重的就业压力，罗斯福政府在推行"新政"的同时，也开始实施了一些社会救济措施：1933年颁布了《民间护林保土队救济法》；1934年颁布了《铁路职工退休法》；1935年颁布了《瓦格纳－克罗塞铁路职工退休法》。当然对美国社会保障制度具有里程碑意义的就是1935年8月14日通过的《社会保障法》。1935年颁布的《社会保障法》是一部以老年保险、失业保障和未成年人保障为核心内容的综合型社会保障法律，为现代美国社会保障制度的确立奠定了基础。第二次世界大战后直到20世纪70年代，虽然是新自由主义和新保守主义交替执政，但美国历届政府基本都是在罗斯福政府1935年颁布的《社会保障法》的基础上不断拓展，这是美国社会保障制度走向发展完善的时期。

第三阶段是社会保障制度安排的调整时期。20世纪70年代后，从尼克松政府开始进行调整。尼克松总统上台后，试图利用美国资产阶级自由主义的困境，对经济、社会福利和政府体制进行重大调整为美国社会摆脱新政式国家垄断资本主义的危机寻找一条保守主义的出路。尼克松认为"为了帮助穷人，联邦主办的各种新计划与新机构花了好几十亿美元，可穷人却经常看不见这笔钱，因为这笔钱都用来支付社会工作人员的工资以及那个庞大的对付贫穷的新官僚机构的事业管理费了"，因此他在经济上几度采取反凯恩斯主义的政策；在社会福利事业上削减"伟大社会"的项目，并提出取代联邦社会救济的家庭援助计划，在政府关系上主张改变权力集中于华盛顿的流向，实行所谓"新联邦主义"，目的是缩小联邦政府干预社会福利的规模；大幅度削减社会福利的支出；增加州和地方政府在社会保障方面的责任。乔治·布什政府基本延续了里根政府的保守主义福利保障政策，并无多少实际变化。1996年，克林顿签署了《社会保障改革法案》，从而正式揭开了自1935年《社会保障法》颁布以来规模最大的改革序幕。总的来说,克林顿的改革已不再是 1935 年的新政,它针对的主要对象不是最下层的民众,而是大部分中产阶级,而且主要关注家庭福利方面。在金融危机背景下上台的奥巴马在选举时向民众承诺将为美国带去改变,而其对社会保障制度的改革则从医疗保障体系入手,他对美国当今资金消耗巨大、效率低下和覆盖面有限的社会医疗保障体系实施了改革。时至今日,美国的社会保障制度仍在改革和调整当中。

(二)体系框架

美国社会保障的体系结构以社会保险制度为主,以社会福利和社会救助为补充,但又和德国体系结构存在差异。为了更加清晰地反映美国的社会保障体系结构,有如下结构分类法。

第一,将整个社会保障体系分为公共项目和私人项目两大类。前者包括转移补偿、社会服务和特别团体保障,后者包括保险、慈善转移支付和私人社会服务。这种分类是以经办机构的公私营性质为依据的,从而超过了国家正式制度安排的范围,并与传统分类存在差异。见表 4-1。

表 4-1 美国社会保障体系结构

公共项目	转移补偿项目	社会保险	老年、遗属、残疾保险,失业保险,工伤保险等
		税收转移补偿	社区发展和住房,健康与福利,教育与人力,州与地方援助等
		公共援助	老年援助,永久性残疾人援助,家庭援助,一般援助,美国救援计划等
		健康转移补偿	老人医疗照顾援助,老人医疗补助等
		住房转移补偿	公共住房,房租补助,住房贷款,农村住房等
		食品转移补偿	食品券计划、儿童哺乳计划等
	社会服务项目		公共援助中的社会服务,儿童福利,邻里服务中心,职业补习,社会卫生服务,雇员服务,地区重建,人力发展和训练,工作俱乐部,邻里青年俱乐部,生活体验项目
	特别团体保障	退伍军人	退伍军人补偿金,生活津贴,生活保险,健康服务,职业补习,未成年儿童教育援助,军人教育和训练议案,为退伍军人提供关键医疗保健服务和福利
		军人	住房保障,消费保障,健康保障,保险与抚恤等
		农民	农场价格支持,信贷,保险,农业雇佣劳力
		印第安人	教育保障,就业保障,健康保障
私人项目	保险		人寿保险,补充失业福利金,年工资担保,志愿抚恤计划,健康保险
	慈善转移支付		慈善事业,赡养费和儿童支持
	私人社会服务		咨询服务,娱乐服务,训练和重修,健康照顾,代理服务,社区协调项目

资料来源:郑功成. 社会保障学 [M]. 商务印书馆,2003:287-288;美国政府相关网站资料。

第二,将整个社会保障制度划分为三大类,即社会保险、社会福利与社会救助。其中：社会保险包括养老保险、遗属保险、残疾保险、失业保险、工伤保险等，它是最重要的社会保障系统；社会福利包括老年福利、妇女儿童福利、残疾人福利、教育福利和住房福利；社会救助包括家庭补助计划、食品券和救济金等。此外，还有面向军人、退伍军人及军属的军人保障项目和包含公共卫生、交通安全及自然环境保护等内容在内的社会环境保障项目。可见，美国的社会保障制度安排是一个很庞大的系统。

(三) 简要评述

从美国社会保障制度的建立和发展来看，可以发现其具有下列特色：一是国家干预，这主要是社会保障制度自身要求所致。二是责任分工明确，地方与民间力量受到重视。从联邦政府20世纪30年代强势介入社会保障领域到20世纪90年代将部分社会保障责任交由州和地方政府承担，表明了美国已经将地方责任看成了国家推行社会保障制度的重要力量，而中央政府与地方政府的责任由法律来划分和规范更是一种值得推广的经验。同时，各种民间力量受到政府的高度重视，并在社会保障领域尤其是医疗保险、社会服务等方面发挥着十分重要的作用，从而对提高官方系统的效率和满足国民多方面的社会性保障需求起到了良好的补充作用。三是制度安排的结构具有分散性，同一性质的保障因受益群体不同而确立不同的制度，这一点与德国、英国等国家有所区别。四是强调效率，运用选择性原则。这很大程度上是效率至上的观念影响了美国社会保障制度安排的普遍性。

四、新加坡的社会保障制度

(一) 发展线索

新加坡的社会保障制度建立于20世纪50年代。1953年通过《公积金法案》，1955年成立中央公积金局并颁布了《中央公积金法》。新加坡政府1957年开始正式实行中央公积金制度。建立中央公积金旨在为雇员在退休时或不能工作时提供经济上的保险。新加坡的公积金制度是一种完全积累形态的保障制度，在世界社会保障史上无疑是一个创举。

经过五十多年的运作，中央公积金制度已成为新加坡全民社会保障制度。范围不仅包括社会保障范围，还涉及住房、保健、教育、投资等方面。按公积金法规定，凡工薪收入者，无论是公务员、职员，都要参加中央公积金计划，向中央公积金局（Central Provident Fund，简称CPF）按规定足额缴纳公积金，个体商贩也要参加该计划。公积金由雇主和雇员共同缴纳。

(二) 体系框架

新加坡社会保障制度的体系结构比较简单，以公积金制度及其扩展计划为主体，同时还有一些其他制度来弥补公积金制度的不足。其体系框架由下列几个部分构成：

一是中央公积金制度。参加中央公积金的成员都有三个账户：普通账户（可以购买保险、房屋和投资），特殊账户（不能随便支用且只能作为养老金和紧急财务用途）和医疗账户（医疗住院）。72.5％为普通账户，可从中提款用于购房、教育甚至个人投资。按规定，成员可以用公积金的存款投资于股票和证券，该股票和证券是中央公积金局经有关专家推存且认为风险较低的，投资所得的红利和利息计入本人账户，以作为养老基金，退休后才可以使用。17.5％为医疗账户，主要用于为自己以及作为新加坡公民或永久居民的配偶、子女、父母和祖父母支付住院或门诊费用。10％为特别账户，退休前不能拿走，专用于养老。主要用于老年生活费和特别急需之用。成员到55岁可以一次性提取。以月工资高于750新加坡元的新加坡公民或新加坡永久居民（第3年起）为例，2023年9月1日后的新加坡中央公积金费率见表4-2。

表4-2 中央公积金费率规定

雇员年龄（岁）	雇主缴纳	雇员缴纳（占工资％）	综合缴纳（占工资％）	向各个账户的分配情况		
				普通账户	特殊账户	医疗账户
35及以下	17	20	37	62.17	16.21	21.62
35～45	17	20	37	56.77	18.91	24.32
45～50	17	20	37	51.36	21.62	27.02
50～55	17	20	37	40.55	31.08	28.37
55～60	14.5	15	29.5	40.69	23.72	35.59
60～65	11	9.5	20.5	17.09	31.7	51.21
65～70	8.5	7	15.5	6.46	25.8	67.74
70以上	7.5	5	12.5	8	8	84

数据来源：新加坡中央公积金委员会，https://www.cpf.gov.sg/member.

二是公务员社会保障，包括养老保险和福利待遇等。

三是雇主责任制，即国家强制雇主必须投保雇主责任险，以便为劳动者提供工伤保障待遇。

四是其他保障计划，如保健双全计划（有公积金局操作的自愿型低价医疗保险）家庭保障保险计划（受保者终身残疾或死亡时为其家属提供生活保障的福利性计划）。

（三）简要评述

作为一种独特的制度安排，新加坡社会保障制度具有的最大特色是政府并不承担或尽可能不直接承担社会保障责任，而由雇主与国民分担社会保障责任，这与城市国家、经济发达和华人社会传统的家庭保障关系密切。新加坡社会保障制度的贡献主要有以下两方面：一是减轻政府责任的并强化雇主与雇员责任的条件下，仍实现了社会稳定、增进国民健康的社会保障基本目标。二是增强了政府宏观调控能力，促进了经济发展尤其是住宅建设等的发展。新加坡公积金制度的不足在于缺乏互济功能，若非新加坡属于城市小国，若非新加坡的经济发展水平高，若非新加坡还保留着华人的家庭保障传统，该制度能否延续至今还是一个疑问，只能说新加坡选择了与其自身国情相符合的社会保障制度安排。

第三节 中国的社会保障制度安排

一、发展线索

就社会保障制度的源流而言,中国社会保障制度的历史特别久远,在西周时期政府就开始承担救灾济贫的责任,并得以延续下来。然而,现代社会保障制度在中国的产生却比西方发达国家甚至一些发展中国家还要晚。1951年,《中华人民共和国劳动保险条例》标志我国建立了包括养老、工伤、医疗、生育保险在内的社会保险制度,经不断扩展几乎覆盖城镇居民,此外救灾救济和国家福利计划得到确立,城镇居民能够享受到全面的保障。在农村,农村集体分配中包含福利分配的份额,还有带有中国特色的合作医疗与五保制度。此后,尽管社会保障制度经历了一些波折,但这套与计划经济体制相适应并由国家保障制、单位保障制和乡村集体保障制组成的社会保障制度仍然保持了相对稳定和完整性,为社会稳定起到了重要的维系作用。这种制度的特点在于,它以国家为直接责任主体,以就业保障为核心,劳动分配和福利分配相结合,并按城镇与乡村二元化方式进行设计和实施,覆盖全部社会成员。

20世纪80年代,中国推行经济改革,市场经济体制成为最终目标模式,传统社会保障制度因丧失了计划经济与乡村集体经济的基础,加之自身的一些缺陷,成了改革的对象。改革的目标在于重新确立与市场经济相适应的社会保障制度,同时防止这种制度安排的负面影响。目前,与社会经济发展相适应、多方责任共担、社会化的新型保障制度已基本建立并定型,但仍在改革与发展中。

二、体系框架

中国社会保障制度的体系框架已经从传统转向了新型体系,制度安排也发生了巨大变化,新型体系摒弃了原有制度的封闭性和受益者的身份性,体现了新制度的社会性和平等性,见表4-3。

表4-3 中国社会保障制度的体系结构

传统体系	国家保障制	机关事业单位工作人员退休制度,公费医疗,工伤及生育保障,国家救济,国家福利事业,军人保障,物价补贴,住房福利,教育福利等
	企业保障制	职工劳动保险(含退休保险、医疗保险、工伤与生育保险等),职工福利,职工生活困难补助等
	乡村集体保障	农民合作医疗,五保制度,军属优待,集体救济等

续表

新型体系	社会保险	养老保险，医疗保险，失业保险，工伤保险，生育保险
	社会救助	受灾人员救助，特困人员供养，低保，临时救助，住房救助，就业救助，医疗救助，教育救助
	社会福利	残疾人福利，老年人福利，妇女儿童福利，教育福利，住房福利等
	军人保障	军人社会保险，军人抚恤，退伍军人安置，军人福利，军属优待等
	其他制度	公务员医疗补助、住房公积金、社会保险经办制度等

三、简要评价

中国的新型社会保障体系目前还尚未完全定型成熟，对其评价较为困难，能够概括的是：中国的社会保障制度正在按照社会主义市场经济的要求进行调整，已经基本定型，在政府承担责任之外，民间和自我保障的作用日益受到重视，尽管我国社会保障制度未来仍会调整与改革，但是上述新型体系框架不会有太大变化。

第四节　来自国际的影响

一、影响的途径

社会保障属于国内制度安排，属于一国内政，但是这种属性并不意味着社会保障制度安排不接受他国或来自国际社会的影响。国际影响的途径主要有以下几种途径。

第一，殖民扩张。早期社会保障领域的国际影响，是随着帝国主义侵略和殖民地政策的实施而出现的。如美国曾经是英国的殖民地，其早期济贫制度就深受英国的影响。在20世纪40年代以前，社会保障制度作为社会文明进步的重要象征，在殖民统治的条件下往往是殖民者意志的体现，第二次世界大战后，情况发生了很大变化，很多殖民地获得独立，殖民者的权威亦大大削弱，从而使社会保障制度安排完全由殖民统治者决定的时代成为历史。不过，有过殖民历史的国家的社会保障制度大多能够找到殖民统治者的烙印，这反映了殖民扩张是某些国家社会保障制度安排的重要甚至决定性影响因素。

第二，制度示范。社会的发展进步和生产方式、生活方式的改变，往往带来各国共同面临的一些社会问题，从而构成了推动各国建立社会保障的基本动因，在具体的制度安排上，一些先行试验的国家往往成为其他国家仿效的榜样。例如，德国建立社会保险制度后，为其他进入工业化行列的国家提供了示范，从而不仅使社会保险制度在西方发达国家成为普遍性的制度安排，而且越来越多的发展中国家也在效仿；英国的福利国家建成后，也迅速被北欧和西欧国家学习；新加坡的公积金模式建立后，也被南亚一些国家还有拉丁美洲的国家学习与借鉴，由此可见，制度示范客观上构成了一国社会保障制度安排中来自外部的最大影响，这种影响是非强制性的，也是单方面的，示范国不能强制他国接受，而效仿国完全出于自愿接受并可进行改进。共同的政治制度、经济体制乃至思想意识形态和当政者相同的执政方略，均是导致某种制度安排风靡一时的基础条件。

第三，共同协议。一些国际性组织或国家与国家之间，通过订立某种有关社会保障制度安排的协议，进而影响到参与国家的社会保障制度，也是国际影响的一种日益重要的途径。例如，联合国制定的人权宣言，国际劳工组织制定的社会保障最低标准公约等，均是成员国在确立国内社会保障制度安排时应采纳的内容；国家和国家之间，也可以就共同关心的社会保障问题开展协商并达成某些双边或多边协议。共同协议是在自愿参与和平等协商的基础上确立的共同准则，它对参与国或协议国有同等的约束力。

第四，其他途径。除上述三种途径外，非政府间组织的合作与推动也是一条影响途径，如国际社会保障协会、国际社会福利协会、国际社会工作协会、国际红十字会等非政府国际性或区域性组织，为国家间开展社会保障领域的技术合作与援助，以及信息交流提供了桥梁和方便。

二、国际组织

国际组织对一国社会保障制度安排的影响重大，对发展中国家尤其如此。纵观世界，对社会保障制度安排有影响力的国际组织通常有三类：一是政府间组织，其职责是制定共同准则，协调各国行动，如国际劳工组织、世界卫生组织等；二是非官方社会团体，它又可以分为非政府社会保障协作组织和非政府社会保障学术组织，前者如国际红十字会等，后者如国际社会保障协会等，职能主要是沟通信息和技术援助，共同探究社会保障制度安排缓和技术问题的解决途径、措施等；三是国际经济组织，职责主要是促进全球经济发展为基本目标，社会保障并非这类组织的正式业务，但可以利用其影响力对一些国家的社会保障制度产生事实上的影响，如世界银行。

一般而言，在平等互利的条件下，国家组织的影响在大多数情形下都是积极的、有效的，对于促进各国的发展进步起到了重要作用，但是其作用并非总是积极的。一方面，因各国经济、政治、文化等差异大，发展不平衡，国际组织确定的标准使发达国家满意，但发展中国家无法接受或无法全部接受；另一方面，一些国际组织在不了解一国具体国情的条件下可能做出不利于该国发展的建议。

（一）国际劳工组织（International Labor Organization，ILO）

国际劳工组织是在1919年第一次世界大战结束后召开的和平大会上成立的，这次和平大会首先在巴黎举行，而后又在凡尔赛举行。1919年4月，和平大会通过了《国际劳工组织章程》。国际劳工组织的一项重要活动是从事国际劳工立法，即制定国际劳工标准。国际劳工标准采用两种形式：国际劳工公约和国际劳工建议书。公约是国际条约，以出席国际劳工大会三分之二以上代表表决通过而制定，此后，经会员国自主决定，可在任何时间履行批准手续，即对该国产生法律约束力，对不批准的国家则无约束力；国际劳工建议书以同样方式制定，但无需批准，其作用是供会员国在相关领域制定国家政策和法律、法规时参考。在实践中，多采用在制定一个公约的同时另外制定一个同样名称，但内容更为详尽具体的补充建议书的办法。

国际劳工组织的主要宗旨是采取国际行动使劳动者劳动条件和生活水平得到改善，促进社会经济稳定发展。强调各国政府尽可能实施强制性社会保障，实行社会援助，对全体社会成员提供医疗照顾，主要通过制定社会保障的标准，确定各成员国认为合理，切实可行的目标。

（二）世界卫生组织（World Health Organization，WHO）

世界卫生组织的前身可以追溯到1907年成立于巴黎的国际公共卫生局和1920年成立于日内瓦的国际联盟卫生组织。第一次世界大战后，经联合国经济及社会理事会决定，64个国家的代表于1946年7月在纽约举行了一次国际卫生会议，签署了《世界卫生组织组织法》。1948年4月7日，该法得到26个联合国会员国批准后生效，世界卫生组织宣告成立。每年的4月7日也就成为全球性的"世界卫生日"。1948年6月24日，世界卫生组织在日内瓦召开的第一届世界卫生大会上正式成立，总部设在瑞士日内瓦。

世界卫生组织的宗旨是使全世界人民获得高水平健康保障。世界卫生组织给健康下的定义为"身体、精神以及社会活动中的完美状态"，世界卫生组织是推进国民保健和医疗保障事业发展的重要力量。它的组织任务包括：指导和协调国际卫生工作；根据各国政府的申请，协助加强国家的卫生事业，提供技术援助；主持国际性流行病学和卫生统计业务；促进防治和消灭流行病、地方病和其他疾病；促进防治工伤事故及改善营养、居住、计划生育和精神卫生；促进从事增进人民健康的科学和职业团体之间的合作等。

（三）国际社会保障协会（International Social Security Association，ISSA）

国际社会保障协会是非官方国际性学术组织。1927年在日内瓦成立，目前已有150个国家的近400个政府机构或组织成为该协会会员。其总部设在日内瓦的国际劳工组织办公楼，并与国际劳工组织有着很紧密的联系，也是联合国经济与社会委员会的重要咨询机构。国际社会保障协会是国际社会领域规模最大最具代表性的非营利性国际组织，其主要目的是推动世界各国涉及社会保障的研究机构和政府机构的交流与合作，在社会平等的基础上，提高技术和管理水平，改进社会和经济条件，从而推动世界范围内的社会保障事业向前发展。目前，中华人民共和国人力资源和社会保障部是正式会员，中华人民共和国应急管理部、香港职业安全健康局是联系会员。

国际社会保障协会的宗旨是通过国际范围内的技术和管理经验交流，促进各国社会保障事业发展与合作。工作方式是通过全体大会及常设委员会召开的各种会议来讨论全球社会保障制度的发展问题。

（四）世界银行（World Bank）

世界银行是有重要影响的国际性金融组织，其本源之责是通过金融手段促进世界经济发展，但对于社会保障有浓厚兴趣并对一些国家尤其是发展中国家有一定影响力。其对社会保障的影响主要有两方面：一方面，通过对各种社会保障制度模式的分析，向有关国家提出建议；另一方面，在经济援助或贷款中通过附加条件来实施缓解贫困措施，此外，是积极推动社会保障改革研究，并在其中发表自己的主张。

参考文献

1. 郑功成. 社会保障学——理念、制度、实践与思辨 [M]. 北京：商务印书馆，2012.
2. 郑功成. 社会保障学 [M]. 北京：中国劳动社会保障出版社，2005.

思考题

1. 社会保障制度的功能和基本原则是什么？
2. 社会保障制度能否走向全球化？

推荐阅读

1. 郑功成. 中国社会保障制度变迁与评估 [M]. 北京：中国人民大学出版社，2002.
2. 周弘. 国外社会福利制度 [M]. 北京：中国社会出版社，2005.
3. 李超民. 美国社会保障制度 [M]. 上海：上海人民出版社，2009.
4. 姚玲珍. 德国社会保障制度 [M]. 上海：上海人民出版社，2011.
5. 郑春荣. 英国社会保障制度 [M]. 上海：上海人民出版社，2012.
6. 李健，兰莹. 新加坡社会保障制度 [M]. 上海：上海人民出版社，2011.

第五章　社会保障基金与融资

● 开篇案例

基本养老金投资困境破题

（作者：韩昊辰[①]　来源：人力资源社会保障部网站　日期：2015—09—01）

2015年8月17日，国务院颁布了《基本养老保险基金投资管理办法》，这一办法的出台，是贯彻党的十八届三中全会决议关于加强社会保险基金投资管理和监督、推进基金市场化、多元化投资运营的战略部署以及国务院工作部署，完善我国社会保险基金投资管理体制的重大改革举措。它能够为基本养老保险基金作为重要机构投资者进入资本市场投资铺平道路，也对完善我国基本养老保险财务制度设计、提高积累基金的投资收益率、防控基金投资风险、实现基金保值增值有重大意义。

长期以来，我国对基本养老保险基金投资实行严格限制，基金仅允许用于购买国债以及存入财政专户，保守的投资战略使得收益率一直维持在2%～3%，甚至低于物价水平增长率，实际处于贬值状态。当前，随着覆盖城乡的社会保障体系不断完善，养老基金积累快速增加，现行政策规定的银行存款、购买国债方式已经无法适应基金保值增值的需要。我国经济发展进入新常态，人口老龄化挑战愈益严峻，养老基金支付压力也逐步加大。因此，要在加强监管的同时，加快完善基金投资政策，拓宽投资渠道，积极稳妥地开展养老基金的投资运营，实现基金的保值增值。这不仅有利于增强制度的吸引力，调动参保积极性，扩大覆盖面；更有利于拓宽基金来源，增强养老基金的支撑能力，促进制度可持续发展。

投资管理办法的亮点可以归纳为以下几点：

（1）基本养老保险基金投资采取信托管理模式，并建立了相对完善的治理结构。投资管理办法要求，养老金基金投资委托人与养老基金托管机构签订托管合同、与养老基金投资管理机构签订投资管理合同。委托人、受托机构、托管机构、投资管理机构的权利义务在养老基金委托合同、托管合同和投资管理合同中明确规定。

（2）基本养老保险基金投资采取集中委托的方式，委托给国务院授权的机构进行投

[①] 韩昊辰，光明日报记者。来源网址：http://epaper.gmw.cn/gmrb/html/2015-08/24/nw.D110000gmrb_20150824_3-08.htm。

资运营，以提高管理和投资的规模效应。城镇职工基本养老保险实际财务统筹层次在地市级政府，基金的财务及预算管理也相应地由地市级政府相关职能部门展开。为了与未来基本养老保险基金全国统筹衔接，办法没有将当前实际财务统筹层次的基金管理单位或相应层级的政府作为委托人，而是规定各省、自治区、直辖市人民政府作为养老基金委托投资的委托人。

（3）受托机构采用直接投资与委托投资相结合的方式开展投资运作，并可同时展开实业投资和金融投资。直接投资由受托机构直接管理运作，委托投资由受托机构委托投资管理人管理运作。

（4）基本养老金基金投资采取多种方法管控投资风险，确保基金安全性。首先，投资管理办法对特定种类投资规模进行严格的比例、结构管控。其次，投资管理办法对投资管理费用进行了合理管控。如托管机构提取的投资管理费年费率不高于托管养老金基金资产净值的0.05％。投资管理机构提取的投资管理费年费率不高于投资管理养老基金资产净值的0.5％。最后，投资管理办法建立了风险准备金制度，以应对投资损失。一方面投资管理机构从当期收取的管理费中提取20％作为风险准备金，用于弥补委托投资资产出现的投资损失；另一方面受托机构按照养老基金年度净收益1％提取风险准备金，用于弥补投资发生的亏损，当余额达到养老基金资产净值5％时不再提取。

第一节　社会保障基金概述

社会保障基金是指国家依法筹集并用于保障国民基本生活和增进国民福利的专项资金。社会保障基金是社会保障制度的物质基础。

一、社会保障基金的特征

第一，强制性。社会保障制度的实施通常以国家法律法规为依据，采用强制手段加以推行，尤其是社会保险的各个项目，政策实施范围内的任何单位和个人都必须依法参加，按照规定缴纳社会保险费，且社会保险的项目、费率和社会保险津贴的给付标准等均由法律法规或有关政策统一规定。

第二，基本保障性。社会保障是全社会风险保障体系的重要组成部分。按照多支柱风险保障的理论，社会保障处于最基础的层次，因而又被称为基本保障，即社会保障制度只为社会成员提供最基本的经济保障。这意味着在社会保障基金的给付水平一般以一定时期社会成员的基本生活需要为基准，既不保障原有生活水平不变，更不能满足其所有的生活需求。

第三，互济性。作为一种国民收入再分配机制，社会保障是一种互助共济制度，所以社会保障基金也具有互助共济性。国家通过立法采用强制手段，建立转向消费基金统筹使用，作为社会成员的基本经济保障。通常情况下，收入较高的社会成员对社会保障基金的贡献较多，收入较低的社会成员对于社会保障基金的贡献则较少。在社会保障基金给付时，一般是按需分配，社会保障基金的收与支不是按照权利和义务相一致的原则。

第四，储存性和增值性。社会保障是财务型风险的一种处理机制，国家通过这种机制来建立社会保障基金，以应付未来不测之风险，为社会成员提供经济保障，因此社会保障基金是一种社会后备基金。社会保障基金由于规模庞大，随时存在通货膨胀影响而贬值的风险，此外还有国家经济发展和物价水平上升都在客观上要求社会保障基金不仅要注重其安全性，也要注重基金的增值。

二、社会保障基金的功能

（一）保障基本生活，促进社会稳定

劳动者出现老、弱、病、残、孕以及丧失劳动能力的状况，是任何时代和任何社会制度都难以避免的客观现象。在现代社会，随着生产的高度社会化、劳动分工的发展及竞争的加剧，风险因素更是日益增加。社会保障基金作为社会保障制度的物质基础，能够使得国家和社会有能力向社会保障受益人提供帮助，使得其有基本的生活保障，减少社会不稳定因素，实现社会安定。

（二）保证社会劳动力再生产的顺利进行

在促进经济发展和社会进步的各种要素中，劳动力是最重要的因素，因此，促进劳动力再生产是人类文明进步的关键环节。社会保障制度是社会劳动力再生产顺利进行的重要保证，而社会保障基金又使得这种保证得以落实。

（三）调节收入差距，实现公平分配

由于人们在劳动能力、把握机遇等方面存在差异，如果完全按照市场规则，极易出现马太效应，一些社会成员的生活会出现困难，还有的社会成员在遭遇风险事故时，其个人乃至家庭会陷入困境。如果对这种分配不加以适当调节，就会激化社会矛盾。国家通过法律法规征集社会保障基金，分配给收入较低或遭遇风险的社会成员，有利于实现社会公平，促进社会和谐。

（四）调节社会经济，稳定社会环境

经济的发展需要稳定的社会环境，如果社会没有一个"稳定器"，那么就极有可能出现社会矛盾。社会保障基金能够使得社会保障措施得以实现，进而给经济发展提供安定的社会环境；此外，利用社会保障杠杆，可以在通货膨胀时把一部分消费基金转化为社会保障基金，而在通货紧缩时则将社会保障基金转化为消费基金，可以增加消费，促进经济发展；社会保障基金可以转化为生产建设资金，进入资本市场，促进经济的发展。

三、社会保障基金的分类

（一）按照基金来源分类

按照基金来源分类，社会保障基金可分为财政性社会保障基金、社会保险基金和社会福利基金等。

财政性社会保障基金来源于国家税收，通过经常性预算和财政拨款的形式形成，直接体现国家在社会保障方面的责任。对社会保险实行现收现付制的国家，财政性社会保障基金会因社会保险基金的加入而异常庞大，如西欧、北欧国家财政预算的30%～50%都用于社会保障开支；在社会保险基金独成系统的国家，财政性社会保障基金的规模大为缩小。以我国为例，我国社保基金在财政系统之外运行，政府财政直接承担的社会保障拨款责任只限于救灾、济贫、军人保障、官办福利事业等。

社会保险基金来源于按一定比率征收的社会保险费（税），一般来说由三方负担。对社保基金而言，不同的国家采取了不同的管理模式，有纳入国家财政管理，如新加坡，设有中央公积金管理局；也有独立于财政系统之外的，如智利的私营基金公司。

社会福利基金在我国是社会保障基金的一部分，它是一种混合型社会保障基金，其中既有来自财政拨款的份额，又有社会捐献的份额。

其他社会保障基金包括住房公积金、民营保障基金和补充保障基金。

（二）按照基金用途分类

按照基金用途分类，可分为社会救助基金、社会保险基金、社会福利基金和优抚安置基金。社会救助基金还可以进一步分为救灾基金、基本生活保障金、医疗救助金、教育救助金、就业救助金等；社会保险基金可以分为养老保险基金、医疗保险基金、失业保险金、工伤保险金和生育保险金；社会福利基金可以分为住房保障金、教育保障金、残疾人福利基金、儿童福利基金、老年福利基金、慈善基金等。

（三）按照基金存储与运转方式分类

以基金存储与运转为依据，社会保障基金还可以被划分为积累型基金和非积累性基金等。积累性基金对基金投资运营的要求较高，非积累性基金对投资运营的要求相对较低。

第二节 社会保障资金的筹集

社会保障制度在实践中要求资金筹集方式应与制度模式相适应；资金筹集渠道要畅通；资金来源稳定；筹措的资金要满足社会保障需要。

一、筹资方式

（一）征税

征税的特点是标准统一、强制征收、统收统用。一方面，财政性社会保障基金必然来自税收；另一方面，实行现收现付制的国家也采取征税方式来筹集社会保险基金。征税方式是社会保障最为重要的筹资方式之一。征税方式的优点是强制性强，负担公平，利于提升社会保障的社会化程度；缺点是税收形成财政资金后只能通过年度预算安排，通常以年度收支平衡为基本目标，无法积累社会保障基金，进而难以抵抗周期型社会保障风险。

（二）征费

征费这种筹集方式一般限于社会保险，因为社会保险在现代社会保障体系中占有极其重要的地位，收支规模甚至占到一些国家社会保障制度收支规模的80%以上。其特点是在强制征收的同时具有一定灵活性，通常在国家税收系统之外设立单独的系统征收。征费时既可以采取类别费率，也可以采取综合费率；既可以混合筹集，也可以分项筹集。

（三）自由筹资方式

自由筹资方式的特点是非固定、灵活、无强制性，主要源于公众自愿参与。这类筹资方式与征税、征费的不同点在于基金的多寡取决于具体筹资方式对公众的吸引力及社会偏好和公众意愿，如发行福利彩票被许多国家采用，是完全凭公众自由参与的，补充社会保障虽然有国家政策的引导，但也是非强制的，是企业或团体自愿建立的。

总体来看，制度型的征税方式和征费方式和非制度型的自由筹资方式通常客观地并存于一国或一地区。实际上，除了少数国家或地区主要是征税方式外，绝大多数国家或地区筹集社会保障基金的方式实际上是三种方式的混合。

二、财政拨款

（一）社会保障与财政拨款

由于社会保障制度最终都有国家作为最终责任承担者，因而财政拨款成了筹措社会保障资金的一个固定的、主要的来源渠道。二者存在不可分割的关系：不管社会保障基金是否纳入国家财政预算，社保基金都会在国家的严格管理或严密控制下运行；且一些社保项目如社会救助、社会福利等则由国家直接拨款，此时国家就以直接责任承担人的角色出现。

（二）财政资金的来源

财政资金来源于税收，包括个税或工薪税、遗产税、捐赠税、利息税等。需要指出的是，这些税收不一定要全部用于社会保障基金，只是可以当作支撑财政性社会保障项目的基础。

（三）财政支持的方式

国家财政对社会保障的支持，可以概括为三种方式。一是直接拨款实施社会保障项目，如社会救助项目在各国都是由政府承担全部供款责任的，有些国家还由政府财政分担社会保险的缴费责任；二是承担社会保障运行费用，这一部分拨款虽然不直接用于受保障者，但却维护了社会保障基金的完整与安全，也是实施社会保障制度的重要经济条件；三是实行税收优惠，比如允许企业和个人在缴纳社会保险费或补充保险费时享受税前列支的优惠，允许公益慈善捐款享受免税的优惠等，这些虽然不表现为财政支出的扩大，却表现为财政收入的缩小，也可以看作是国家的财政支持。

三、社会保险费（税）

（一）社会保险基金的筹集

社会保险基金的筹集与其他社会保障系统的资金筹集有很大区别，主要表现在以下方面。一是大部分国家采取政府、企业、个人三方负担或企业个人、国家企业两方负担；二是绝大多数国家都强调权利和义务相结合；无论征费还是征税，都具有强制性；尽管政府对社会保险（主要是养老保险）大多负有"补亏"之责，但客观要求社会保险基金具有自我平衡、可持续发展的能力，见表5—1。

表5—1 主要国家社会保障缴费比例

缴费主体	个人缴费比重	企业缴费比重	政府支付比重
瑞典	不缴	全缴或比例很高	比例高
英国	比例低	比例高	比例高
德国	占1/2以下	占1/2以下	比例较高
法国	比例低	比例高	比例高
美国	占1/2	占1/2	比例低
新加坡	占1/2或1/2以上	占1/2或1/2以下	比例低
智利	全缴	不缴	比例极低
阿根廷	比例低	比例高	比例高
澳大利亚	不缴	不缴	全缴
巴基斯坦	不缴	全缴	不缴
中国	占1/2以下	比例高	比例低

资料来源：李明. 社会保障与社会保障税[M]. 北京：中国税务出版社，2000.

（二）征收方式

征税制和征费制各有特点。一个基本的事实是中国这样一个发展中大国采用征费的方式也取得了社会保障事业的巨大发展，因此采用征税还是征费的方式取决于社会保障的制度模式，这在理论和实践政策中都会表现出极大的差别，见表5-2。

表 5-2 保险费和保险税的比较

角度	保险费	保险税
征收方式	依法强制征收	依法强制征收
资金性质	劳动者公共后备基金	政府财政资金
适用的制度模式	部分积累或完全积累型	现收现付型
个人的权利与义务	清晰对应	模糊或非对应
与财政的关系	保持适当距离或分离状态	与政府预算一体化
与个人账户的关系	兼容	不兼容
政府扮演的角色	最后出场与责任分担角色	直接出场与完全责任角色
筹集的资金	可以积累或基金制	不能积累或非基金制
征收标准	允许差别	必须统一平等
保险对象范围	可选择性与阶层性	普遍性或全面性

（三）筹资比率

纵观世界各国的筹资方案与具体费（税）率标准，主要有三种方案：综合费（税）率、综合分类费（税）率和分项目费（税）率。

综合费（税）率即不分社会保险的项目，采取集合、统一的费（税）率，一笔统一资金；综合分类费（税）即将几个险种的费（税）率综合在一起，对个别项目确定单独适用的费（税）率，如法国将疾病、生育、老年、残废、死亡合并在一起，其余险种分别征收；分项目费（税）即不同的险种有不同的费（税）率，如我国的社会保障按照养老、医疗、失业、工伤、生育等分项目征收是典型的分项目费（税）筹资方案。

（四）对社会保险费（税）的计算

国际上通行的主要有薪资比例制和均一制。薪资比例制是按劳动者的薪资的一定比例向企业主和劳动者个人征收社会保险费（税），包括企业与劳动者同额比例费（税）率制、差别比例费（税）率制，以及对低收入者少征费、高收入者多收费的累进费（税）率制。均一制是不论薪资多少、不论职位高低，对任何人都设置相同的社会保险费（税）率。

（五）养老保险财务模式

养老保险是社会保障体系中开支最大的项目，社会保险乃至整个社会保障制度的财政状况是否良好，在很大程度上取决于养老保险制度的财政状况是否良好。因此，各国均对养老保险的财务模式给予高度重视。概括起来，世界各国的养老保险财务模式主要有以下三种。

1. 现收现付式

现收现付式也称为非基金式或纳税式或统筹分摊方式。该模式不考虑资金储备，只从当年或近两三年的社会保险收支平衡角度出发，确定一个适当的费率标准向企业与个人征收社会保险费（税），其特点是以支定收，实行初期因支出规模小而费（税）率较低，以后则会随着支出规模不断扩大而提高，在实质上体现着养老保险负担的代际转移。其优点是收支关系简单清楚、管理方便、无资金贬值的风险与资金保值增值的压力；缺点是因各期支付额不同而造成费（税）率波动大，给企业的成本核算带来负面影响，养老金的完全代际转移不仅使得劳动者社会保险的权利与义务关系难以得到准确体现，而且还容易造成劳动者代际矛盾激化。

2. 完全积累式

完全积累式也称为基金式或总平均保险费式或预提分摊方式。该模式是在对有关社会经济发展的指标（如退休率、伤残率、通货膨胀率等）进行宏观上的长期预算后，从追求养老保险收支的长期平衡角度出发，确定适当的费率标准，将养老保险较长时期的支出总和按比例分摊到整个期间并向企业与个人征收，同时对已筹集的养老保险基金进行有效的运营和管理。这种模式的特点是强调长期平衡，费率较为稳定，能够积累起养老保险基金。其优点在于能够在一定程度上预防人口老龄化的冲击，并且使得资金收取能够与企业的经济条件相联系，劳动者的权利与义务关系紧密。其缺点在于固定的费率标准难以适应经济的发展变化，通货膨胀导致基金贬值风险的客观存在使得资金的保值增值压力倍增，同时因为需要对每个企业和劳动者分别立账且需经历多年，从而使得管理工作难度倍增。对无积累国家而言，这种模式筹集养老保险资金意味着要让企业和劳动者既承担对自己未来养老金的供款之责，又要承担对已退休或即将退休的劳动者的供款之责，偿还旧债和预筹新款的压力将使得国家和企业均难以承受。

3. 部分积累式

部分积累式也称为部分基金式、混合式、阶梯式。尽管现收现付式与完全积累式都有自己的特点和长处，但分别采用又都存在着难以逾越的困难。因而，越来越多的国家采取兼具以上两种筹资模式特点的混合式筹资模式。该模式根据分阶段以收定支、略有结余的原则确定征收费率并征收社会保险费（税），目标是保持养老基金在一定时期内的收支平衡。其特点是费率具有弹性，可根据养老金支出的需求分阶段地调整费率。其优点在于既能满足一定时期内的养老金保险基金支出，又能有一定的资金积累，既不会超过企业与劳动者个人的经济承受能力，又因阶梯时间不太长而容易预测，资金面临的保值增值压力不会太大。

表 5-3 养老保险筹资模式的比较

模式	定义和特点
现收现付式	以近期内横行收支平衡为原则，以支定收，争取略有结余 优点：计算方法简便，能及时调整缴费比例 缺点：容易引起代际矛盾，难以应对老龄化，诱发提前退休，减少个人储蓄
完全积累式	以远期纵向收支平衡为原则 优点：初期筹资见效快，在较长时间里，收费率保持相对稳定；有很强的储蓄功能，能防止老龄化；融入个人意识，激励性好 缺点：基金储蓄时间长，易受物价和通货膨胀影响；预期收付平衡很难保证
部分积累式	把近期内横行收支平衡原则与远期纵向收支平衡原则相结合 优点：初期的缴费率高于现收现付、低于完全积累，相对较为稳定，作用力度较为温和 缺点：确定合理的费率存在难题（既要满足现时，又要适应未来）

中国实行的养老保险社会统筹和个人账户相结合的模式有别于上述模式。该模式中，社会统筹和个人账户相结合，实际上是将现收现付式和完全积累式结合在一起，是将归属于全体劳动者的公共基金和归属于个人的私人所有的基金结合在一起，从而是具有创新意义的一种尝试。不过该模式受中老年职工过去没有任何养老金积累等因素的影响而面临考验。

四、其他资金

财政公款和社会保险费（税）的征收构成了整个社会保障基金的主体，社会保障基金还包含着发行福利彩票、募捐、服务收费、基金运营收益和国际援助等渠道筹集来的资金。

发行福利彩票。根据相关规定，一般而言按照规定福利彩票的返奖率不能低于发行额的50%，筹集的福利资金不低于30%，发行成本不高于20%。这是一种完全由公众自由决定是否参与的筹资渠道，所募集的资金一般用于兴办各种社会福利事业，包括老年人、儿童、残疾人及其他困难群体的帮扶事业。

募捐。募捐以爱心为道德基础，自愿捐献，由民间慈善机构负责征集资金并用于社会福利事业。募捐受到政策引导方向、社会成员收入、道德规范乃至社会观念等诸多因素的影响，是慈善事业生存和发展的基本手段。

服务收费。基于服务的范围、对象和接受服务者的经济能力，部分社会福利事业通常采取收费方式来筹集部分资金，如养老院还可以收养有退休金或者有能力自付费用的老龄者，但是由于不以营利为目的，所以费用低廉。

基金运营收益。由于社会保障基金需要考虑保值增值的问题，所以基金的运营问题是一个极其重要的问题，基金运作所创造的收益是各国社会保障资金日益重要的来源。

国际援助。某些较大规模的恶性事件，其影响可能会超越了国界，此时国际上出于人道主义援助会对缓解这些严峻问题显然有所帮助。但其只是在特定条件下筹集有限的社会保障资金的补充渠道。

第三节 社会保障基金管理与保障待遇

一、基金管理

（一）社会保障基金管理的目标与原则

社会保障基金是社会保障之本，基金的管理则构成了社会保障制度运行的核心环节，从基金的筹集、储存到待遇给付都要有严格规范的管理。基金管理的目标一是为了确保基金完整与安全；二是防止基金贬值，实现保值增值，满足给付需求，避免支付危机；三是保持高效率，使得基金使用效率得到提升。

基金管理需要遵循如下原则。一是依法管理，保障运行；二是专款专用，不同项目间的资金不允许相互串用；三是收支分离，社会保障基金的征收系统与支出系统应保持分离，如财政系统负责征收，社会保障系统负责支出；四是预算管理，社会保障基金应按需编制中、长期收支预算；五是杜绝漏洞，严格遵守社会保障基金的收支手续和责任制度。

（二）基金管理模式

一方面，政府作为社会保障制度最重要的责任主体，需要直接出面管理基金，故基金通常由财政部门、社会保障主管部门等进行管理；另一方面，许多国家高度重视发挥自治机构与半自治机构的作用，如法国工会除协调雇主与雇员之间的关系外，还承担着社会保障管理的职责。尽管各国基金管理的模式不一致，但概括起来，就是官民结合、分类管理。

（三）政府预算管理

政府预算管理包括财政性社会保障基金的预算管理与社会保险基金的预算管理，在此基础上社会保障基金管理的方式又可以细分出以下四种类型。

第一，基金预算，分为两种情形。一种是与国家财政相联系的基金预算，以美国为代表，基金预算独立于政府公共预算之外。其优势是透明度高，能够及时反映社会保障基金的运行状况；不足是政府参与度低，容易失去控制。另一种是与国家财政完全分离的基金预算，新加坡的中央公积金制度为此种方式的代表。其优势是能够实现自我平衡，对政府财政威胁较小；其不足之处在于忽视了社会保障的互济性，且易受通货膨胀的影响。

第二，政府公共预算，福利国家通常采取这一种管理方式。将社会保障资金全部纳入国家财政预算，同政府其他收支混为一体，管理简单，且没有保值增值压力。但是只采用现收现付方式，不能进行基金的积累。

第三,"一揽子"社会保障预算。把来自社会保险基金的收支和来自政府公共预算安排的社会保障收支混成一体,能够全面反映社会保障基金的收支、结余、投资等情况,有利于社会保障事业的协调发展,也能够体现社会保障的整体水平。但是这也导致了编制复杂、部门之间利益难以协调等问题。

第四,政府公共预算下的二级预算。将社会保障资金收支从政府公共预算中单独划出,通过编制子预算的方式来反映。这种方式下社会保障基金相对独立于政府公共预算,对资金的情况能够较为明确的反映,不过也可能导致社会保障预算管理权限不清的问题。

(四)中国社会保障基金的管理

中国政府的行政架构决定了对社会保障基金采取的是财政总监督下的部门分管体制,行使基金管理职能的部门主要有民政部、人社部、财政部、卫健委、教育部等以及一些半官方机构,民间团体也在自己职责范围内行使着一些对资金的职权,见表5-4。

表5-4 中国社会保障基金管理部门职责

部门或机构	负责范围
民政部	救灾救济基金、国家福利基金、优抚安置基金
人力资源和社会保障部	养老、医疗、失业、工伤、生育保险基金
财政部	部分财政性保障基金,参管社会保险基金及民政部管理的社会保障基金
住建部	住房公积金
教育部	教育福利基金
卫健委	公共卫生基金
自治或半自治机构	职工福利基金、残疾人福利基金、慈善基金等
全国社会保障基金理事会	战略性全国社会保障基金

二、保障待遇

(一)保障待遇的分类

现金援助、实物供应和劳务服务同时构成了社会保障待遇给付的主体。现金给付随着社会保险制度的确立而成为社会保障待遇中最重要的部分,包括通常所说的"五险一金"以及各种津贴;实物给付可以看作是最古老的给付方式;劳务服务是随着社会福利的发展而不断发展而来的,如医疗保健服务、老年人照料服务、教育等。虽然现金给付方式仍是最主要的待遇给付方式,但是比起现金,实物和劳务服务更不容易产生"福利依赖"。

(二)给付原则与程序

待遇给付直接面向全体社会成员,任何差错的出现都可能导致对受保障者法定权益被侵害。因此，确定相应的原则与规范的程序是很有必要的。在原则方面，即要坚持依法办事，按程序进行，坚持公开、公正和按标准给付，杜绝浪费、堵塞漏洞，反对官僚主义。同时，借助社会力量，实现社会化服务，是实现社会保障待遇给付高效率化和方便化的基本原则，应当高度重视。

（三）社会保险待遇及其给付

社会保险是现代社会保障体系中最重要的子系统，以现金给付为主，服务给付为辅。虽然各项社会保险项目的性质一致，但是待遇给付方面却有较大差异。在内容方面，养老保险待遇包含了养老金、丧葬补助和遗嘱津贴等，失业保险包括失业保险金、医疗补助及技能培训等，医疗保险待遇包括医疗费报销和医疗服务等，工伤保险待遇包括医疗、死亡和伤残抚恤、收入补助等，生育保险包括生育津贴、生育和医疗费用等。此外，在实际运行中，不同的机构承担着不同险种的待遇给付。比如养老金的发放是由各个银行网点所承担的；失业保险的给付与劳动管理工作机构有关；工伤、医疗、生育保险除了社会保险机构直接出面外，还需要医疗机构的参与。

（四）社会救助待遇及其给付

社会救助是现代社会保障体系的基础部分，包括救灾、济贫等项目。虽然救灾济贫包括现金救济、实物救济等内容，但是救灾表现出突发性、临时性的特点，济贫则表现出稳定性、长期性等特点，因而社会救助的待遇给付大致可分为救灾和济贫两种类型。救灾以灾害袭击及所受到的损害程度为受助标志；济贫则是在家庭经济调查基础上以低于政府确定的贫困线为标准进行给付。在不同的国家，社会救助待遇可以由一个系统来承担，也可以由两个或多个系统来承担。

（五）社会服务的有效提供

社会服务是社会福利待遇的主体内容，其资金来源于财政支持、自筹经费和服务收费，主要包含三个层次：一是纯粹的福利服务，特征是受助方免费，如福利机构提供的养老院、孤儿院等；二是具有福利性的低收费服务，对受助方收取费用，不过费用低廉，不以营利为目的；三是交易性的社会服务，遵循市场规则，等价交换，以营利为目的。

由于政府不可能完全满足每一个社会公民的需求，因此需要引导非官方系统的社会服务团体参与社会服务，为社会服务注入新生力量。

第四节 社会保障基金的储存与运营

一、基金储存和基金制

（一）基金的形态

社会保障基金形态可分为三部分：一部分以个人消费基金的形态，被分配或支付给受保障的社会成员；一部分以社会消费基金的形态，体现在社会保障服务设施上；一部分则以后备基金的形态被储存起来，并最终用于社会保障基金。

（二）基金制

现收现付制的基金存储一般是为了应付即期与下期支付的需要，采取基金制的基金存储则是为了实现社会保障制度长期、稳定的收支平衡和良性运行。基金制的存储才真正完整地体现了社会保障基金存储的目的与价值。

基金存储的根本风险，不在于基金的安全问题而在于基金的贬值可能。基金的安全问题固然值得重视，但其在一定程度上是可控的，通过建立完善的监管体系有望解决。而基金的贬值问题却超出了社会保障系统的监控能力和范围，而且基金储存时间越长，基金贬值的风险越大，因此需要更加重视。

二、基金运营

（一）目的与条件

注重基金制的目的，在于应付人口老龄化所导致的社会保障支付规模的日益扩大，并逐步实现社会保障负担由代际转移向自我保障方向转化。但若储存的基金因通货膨胀等因素的影响而贬值，则基金制带来的好处就不复存在，反而不如现收现付制。总而言之，基金运营的目的在于努力实现基金的保值增值。

基金制被许多国家所选择，但是开展基金运营需要具备相应的条件：一是有可供运营的社会保障基金，积累的基金要有一定规模；二是有健全的资本市场，确保基金运营安全的基础性条件；三是高效率的运营机制，确保社会保障基金具有赢得较高投资回报率的外部条件；四是通货膨胀率被控制在一定范围内。

（二）基金运营与资本市场

资本市场是社会保障基金运营的场所，社会保障基金又是资本市场的主要投资者，二者之间关系密切，因此，相互利用、相互促进应成为处理两者关系的基本出发点。

一方面，资本市场既为社会保障基金的商业运营提供了场所与机会，同时也让社会保障基金承担了它所具有的所有风险；另一方面，作为资本市场的主要投资者，社会保障基金不仅是实力雄厚的机构投资者，而且是长期、稳定的投资者，从而必然会对资本市场的结构、稳定性、金融创新和效率产生重要影响。

社会保障基金对资本市场的主要影响途径包括一是长期的强制储蓄计划，能够有效地增加了资本市场的总供给；二是特定的投资者，它对本身的资产组合具有特定的选择偏好，进而影响到资本市场中其他投资者的资产组合及其分布；三是政府管制下的机构投资者，既要在政府严格监控下不断地想方设法避免投资绩效的恶化，又可能因机构之间缺乏充分的信息交流等而出现盲动，进而影响到资本市场的稳定性。

（三）基金运营模式的选择

集中垄断式运营模式。政府系统或政府授权的公营机构集中运营社会保障基金，基金高度集中，具有垄断性。其优势在于集中管理具有规模经济效应，可以降低成本，也可以兼顾社会公平。其不足之处在于容易引起政府失灵，导致效率低下，也易因政治压力而朝令夕改。

分散竞争式运营模式。由政府根据法律规范的资格条件确定多家符合条件的私营机构来运营社会保障基金，允许机构间竞争，基金管理分散，有竞争性。其优势在于能够尽可能避免政治因素，使得投资最优化，投资效率高。其不足之处在于投资所需条件较严苛，管理成本高。

（四）基金运营方式

第一，基金存入金融机构或购买国家及地方政府发行的债券。其优点是简便易行、安全可靠；其缺点是投资收益偏低，是一种间接的、被动的、保守的却又必要的投资。

第二，基金管理机构直接从事商业证券投资和实业投资，如购买股票、兴建公共设施等。能获得较高的利润回报，但同时存在风险较大、过程复杂的缺陷，是直接的、激进的、风险型的投资。

第三，委托投资，将社会保障基金委托给专门的投资公司进行投资，所获得的利润按委托投资合同的规定共同分享。特点介于以上两种投资方式之间，属于平稳性投资。

三、投资管制

（一）管制的目的

社会保障资金投资和私人投资有所不同，社会保障基金属于社会公共后备基金，是受保障者集体所有。所以为维护公众利益，不论采取何种方式运营社会保障基金，都需要进行投资管制，其目的在于控制风险、确保社会保障基金的安全性和收益性。

对投资进行管制的根本目的在于控制投资风险，确保社会保障基金在商业运营中的安全性和收益性。从政府和公众的角度出发，既想要投资风险最小，又想投资受益最大，管制的办法是矛盾妥协的结果。通过观察其他国家对社会保障基金的投资管制可以发现，凡是公营系统运营的，对安全性的要求要比收益性要求高；凡是私营系统运营的则更注重基金的收益性。最佳选择是将投资风险控制在可控范围内,并尽可能地实现投资收益的最大化。

(二)法律规范与政策限制

一般的投资者在遵守国家投资政策的前提下,对投资方向、投资结构、投资区域以及投资规模等都拥有自由选择的权利。社会保障基金的运营除了接受市场有关投资的法律及政策规范外,还必须有国家层面的法律、政策规范来约束。因此,国家必须制定相关的法律与政策对其进行严格而具体的规范,这些法律规范通常只适用于社会保障基金。

在立法形式上,社会保障基金的运营既可以在一般的社会保障立法中加以体现,也可以在一般社会保障立法之外制定专门的法律、法规或者政策来进行规范。在对基金投资规范的内容上,法律政策的内容主要是对社会保障基金投资渠道、投资结构与投资比例进行基本的规范和原则上的要求;这些规范和要求通常要与当地当时的社会经济发展状态尤其是资本市场相适应,并在修订中不断完善;同时要对投资风险高度关注。社会保障基金的投资指的是养老保险基金的投资。在我国虽然养老金产品市场发展快速,不过养老金产品以固定收益类和权益类居多,特色的养老金产品较少,养老产品同质化情形严重。2013年年底,人力资源和社会保障部颁布《关于扩大企业年金基金投资范围的通知》《关于企业年金养老金产品有关问题的通知》,鼓励养老金产品的优质化、多样化。

(三)政府监管

政府作为社会保障的最终责任主体,负责管制社会保障基金运营职责的具体执行。一方面,市场机制存在着失灵的现象,完全的资本市场是不存在的,因此政府进行干预以弥补市场的不足,保证社会保障基金的安全是完全必要的;另一方面,政府过多的干预所导致的后果可能与干预的初衷适得其反,因而政府的管制也应该受到一定的限制,受到法律的约束。

政府对社会保障基金运营的管制主要体现在一是根据社会保障法律及社会保障基金投资法律,制定可供操作的、完善的基金运营规则;二是通过财务审查或投资审查来纠察基金运营中的失范行为。一些国家还通常建立由政府代表、雇主代表与雇员代表组成的社会保险基金监督机构。

政府管制的目的与社会保障基金投资立法的目的是完全一致的,在不同国家或不同的运营模式下有不同的表现。一般来说,采取公营系统集中垄断式运营的国家,政府管制更为严格,会迫使社会保障基金更多地投资于政府债券或贷款给业绩不良的国有企业。采取私营机构分散竞争性运营社会保障基金的国家,政府管制会有所放开,运营机构在法律、政策规定的投资渠道、投资结构和投资比例范围内享有更多的投资自由。

参考文献

1. 郑功成. 中国社会保障发展报告 2016 [M]. 北京:人民出版社, 2016.

2. 郑功成. 社会保障学——理念、制度、实践与思辨[M]. 北京：商务印书馆，2000.

3. 林义主. 社会保险基金管理[M]. 北京：中国劳动出版社，2001.

4. 丁建定. 社会保障概论[M]. 上海：华东师范大学出版社，2006.

思考题

1. 中国实行的养老保险财务模式属于现收现付式、完全积累式或部分积累式三种模式中的一种吗？
2. 如何解决贫困陷阱和失业陷阱问题？
3. 社保资金大案频频出现的原因是什么？如何规避类似的事件继续上演？
4. 征税比征费会增加社会保险资金筹集的强制性么？

推荐阅读

1. 郑功成. 中国社会保障发展报告2016[M]. 北京：人民出版社，2016.
2. 林义. 社会保险基金管理[M]. 北京：中国劳动出版社，2001.
3. [美]劳伦斯·汤普森. 老而弥智——养老保险经济学[M]. 孙树菡，等译. 北京：中国劳动社会保障出版社，2003.

第六章 社会保障法制与管理

● 开篇案例

社保立法，蹒跚 16 年的民生期盼

（作者：周泓洁[①]　来源：法制生活报　日期：2010—11—26）

《社会保险法》（以下简称《社保法》）历时 3 年，经 4 次审议，艰难降生，将在"十二五"开局之年启航。届时，养老、医疗保险将实现异地"漫游"、基本养老保险将确立"全国统筹"目标、百姓"保命钱"不落空……

曾被逼仄的"社保"

"就像消防通道被小商贩挤占一样，除了现实中面对排队的烦恼，制度上的不畅更要命。"一个星期前，刘奇在安顺市西秀区中华北路自家的商店门前接受记者采访时，对不远处的社保局"说三道四"。刘奇的弟弟刘毅、弟媳张秀云在西秀区一家机制砖厂务工 3 年了，在周而复始的样板戏式的劳动中，他们如履薄冰。每天回到家里，看到国内国外、这厂那矿发生安全事故的电视画面触目惊心。他们担心这样的命运哪一天会落在自己头上，因为他们没有"社保"。刘奇的赘述，愈发令人后怕。待在一旁的刘毅、张秀云两夫妇终于按捺不住，他们冒着失去工作机会的风险，打消了平日里对"老板"的恐惧，决定向劳动部门一倒苦水。劳动部门联合多家部门介入后，他们终于如愿以偿。25 日，记者接到刘奇的电话称，这个向来以"告不倒"之类的言辞施行管理的砖厂已被勒令为员工购买"五金"，并就存在的安全问题限期整改。

众所周知，长期以来，中国的社会保障立法主要散见于一些行政法规、规章和政策中，制定的主体主要是国务院各部委。并且，其中大部分都是以部委"通知""暂行规定"或"办法"的形式发布的行政规章。社保基金监管的法律层次非常低，权威性不足，法规之间缺乏衔接，根本就没有建立起基本的社保基金投资管理制度体系。对此，省人力资源和社会保障厅副厅长孙保华曾表示：完善的法律体系是社保基金法律监管主

---

① 周泓洁，《法制生活报》记者部主任。来源网址：https://kns.cnki.net/kcms2/article/abstract?v=pVWNQl4Rae-4UKzAShWZhyfP9-2g6wKpsPy2R6cCfPO_8mNfE10b9oaiag0k9jIM-c24c7rkNv_q5Zq0cyPYfeY1UFraeo_fJXUmxfK8zYc6b7fDQim9xyQrRC_4B1jeNC16gqC5zTRG7gEK6qHr1GbhbMQgN-j&uniplatform=NZKPT&language=CHS。

体依法监管的依据,是社保基金法律监管有效运行的前提和基础。之前出台的相关社会保障制度,因不够完善,或多或少都存在这样那样的制约因素。因此,大家对一部可填补我国在社会保障领域立法空白的法律文件的期许的程度,不言而喻。

蹒跚 16 年,艰难降生

今年10月25日至28日,十一届全国人大常委会第十七次会议第四次审议,高票通过了《社会保险法》。至此,这部从2007年底就提请全国人大常委会进行审议的法律,《社会保险法》终将启动。而据悉,《社保法》早在1994年就列入国家立法规划,至今已经16年。"或许刘毅夫妇就是看到了这个曙光,才壮胆前行,为他们及与他们一起受'苦'的工友们讨回'公道'的。"贵阳市法律援助中心知名律师喻刚说,受文化素质的影响,法律意识淡薄,省内较多厂矿企业职工维权意识也一度低落。同时,我国社会保障制度在经历多次修修补补不断完善的过程中,宣传及普及的力度又时强时弱,受这一系列因素的钳制,也给很多企事业单位提供了酝酿逃避责任的温床。"从此,我们或将迎来社会保障制度的大变革。"在记者随机采访中,贵阳市某事业单位职工姚应斌这样说。

第一节 社会保障法制概念

一般意义而言,社会保障法制是指调整一个国家或地区的社会保障关系的法律规范的总和,它包括国家立法机关制定的社会保障法律和国家行政机关颁布的社会保障法规、命令和条例等。对社会保障而言,法制系统是统率性、规范性的,是最高层次的系统,也是最基础的系统,是社会保障制度良性运行的保证。

先立法,后实施,是社会保障制度的内在要求。这不仅是因为社会保障制度本身是一项法制化事业,而且因为社会保障制度实质上是一种再分配,这就涉及不同的利益群体之间的博弈,也只有在取得多数人或绝大多数群体的认同之后,社会保障制度才能正常运行,这个认同以社会保障法律的形式体现出来。

强调行政管理的重要性,是因为社会保障属于公共领域,是以政府为主要责任主体的强制性事业,这是市场机制无法调整的领域,必须依靠行政权力介入才能完成特定任务,法律制度的细化,制度运行的指导,对社会保障财政的监控,都离不开行政管理。因而也可以这样说,社会保障的强制性主要是通过政府行政权力的具体介入来体现的。

第二节　社会保障法制的一般理论

一、基本观点

我们先阐述对社会保障法律制度的四个基本观点，即社会保障法制系统是一个独立的法律部门、一个规范性系统、一个分工协调系统和一个多层次系统。

社会保障法制系统是一个独立的法律部门。社会保障项目的设置是以解决特定的社会问题为前提，其实施过程的强制性决定了完整的社会保障法律制度是其健康发展的前提和保证；社会保障对象的广泛性和实施范围的全民性、内容的丰富性与涉及关系的复杂性、问题的特殊性和解决问题的重要性等，又决定了社会保障法律制度既不能被其他法律部门所包容，也不能与其他法律部门相混淆。因而社会保障法律制度是一个独立的法律部门。其独立性表现为一个国家或地区社会保障方面的立法是从社会保障问题的需要出发，并逐步地走向齐全完整、自成体系。

社会保障法制系统是一个规范性系统。在社会保障立法中，国家、社会、企业、个人及有关各方在社会保障活动中负有何种职责，应该做什么，社会保障的具体项目、实施范围、资金筹集、待遇标准、计算方式等，均由法律制度严格而又具体地进行规范，有关各方均需依据法律的规定履行其职责与义务，同时享受法律赋予的权益。社会保障立法不应存在模糊不清或矛盾的内容，要使用规范性文字和尽可能通俗的语言对社会保障事物进行严密的、具体的规范。

社会保障法制系统是一个分工协调性系统。由于各国社会保障制度均是由多个子系统和众多具体项目组成，内容繁杂、规模宏大，无法用一部法律系统规范全部事务，所有国家都会用总括与分工的原则来制定多部社会保障方面的法律制度。在社会保障法律与法律之间、法律与法规之间、法规与法规之间，存在着分工即各自规范某一类或某一项社会保障事务，彼此之间有必然需要相互协调。举例来说，国家立法机关同时制定多部社会保障法律应当既不重复交叉又能相互配合，构成一个完整的社会保障法制系统。在社会保障法律与实施细则之间，亦存在规范与具体规范的协调问题，后者不能与前者相矛盾。

社会保障法制系统是一个多层次结构系统。首先，社会保障法制系统不是由一部法律或同一层次的法律构成的，而是由一定数量的法律、法规、命令、条例等构成的多层次系统。其中最高层次是宪法层次，这是对国民权益保障的规定或直接对社会保障制度的原则规范，是建立社会保障法制系统的依据。其次，国家立法机关通过的社会保障法律可以适用于社会保障领域的其他法律，它们是建立社会保障制度的基本依据，从而居于第二层次。再次，由国家行政机关颁行的行政法规及有关社会保障法律的实施细则，是社会保障制度的具体实施依据。最后，地方立法机关或地方行政机关也可以制定适用于本区域范围的地方性社会保障法规，当然，这些法规要在全国性的社会保障法律、法规的指导下制定，属于社会保障法律制度的最低层次。

二、理念、原则及内容

（一）立法理念的嬗变

基于法律是立足于一定立法理念基础之上且是社会发展到一定阶段的产物这个基础，考查社会保障立法就绕不开立法理念的嬗变。这里我们将社会保障立法的理念的发展阶段分为四个阶段。

1. 济贫法阶段

以1601年英国颁布的《济贫法》为起始标志，直到19世纪80年代社会保险法律产生为止。在这一阶段，立法理念在于救济与矫治贫民，立法的内容局限于救济事务，通过的立法被冠以《济贫法》名称，提供救济者处于恩赐者地位，接受救济者却必须以牺牲尊严并接受奴役为代价。总的来说，该阶段立法以惩戒性"矫治"观念作为立法的基本理念。

2. 现代社会保障立法产生阶段

以19世纪80年代德国颁布世界上第一批社会保险法律为起始标志，直到20世纪40年代第二次世界大战结束时为止。德国率先在19世纪80年代进行了一系列社会保险立法。美国于1935年颁布了综合性的《社会保障法》，这是世界上首部规范多项社会保障事务的法规，具有综合性特点，在社会保障立法史上具有重要意义。这个阶段，由于社会主义思想的传播和工人运动的蓬勃发展，各国政府认识到对有必要采取措施缓和劳资矛盾，但其动机是为了维持社会稳定，此时社会立法理念主要是"怀柔"。

3. 现代社会保障立法成熟阶段

第二次世界大战以后，随着社会经济的进一步发展和立法理念的变化，社会保障立法进入了定型和成熟阶段。这一阶段的社会保障法制建设是以整体形式和独立法律部门的面孔出现的，国民享受社会保障不仅成为一项基本的法定权益，而且扩大到享受现代文明进步的成果。

4. 现代社会保障立法的完善与发展阶段

20世纪70年代以后，社会保障立法进入完善与发展阶段。在立法观念上，追求协调发展与可持续发展逐渐成为基调；在国家责任与个人责任的关系上，主张个人及家庭尽自我保障责任。社会保障理念开始突破社会稳定与社会公正，而谋求与经济发展相结合的新价值，社会保障制度亦由以前的临时应急措施而变成一种长期稳定协调发展战略。

（二）立法的本质与原则

现代社会保障立法实质上是社会成员的生存权利保护法和国民安全法，同时也是社会稳定法和社会调节法。在立法中需要遵循以下基本原则。

1. 普遍性与特殊性相结合原则

社会保障立法应该考虑全体社会成员的利益和需要，能够适用于全体社会成员；同时又必须承认社会成员之间的非同质性，即不仅存在阶层差异，也有个体差异，因此要针对不同的社会成员制定内容有别的社会保障法律。

2. 权利与义务相结合原则

权利和义务是现代社会保障制度中的一对基本的法律范畴。社会保障立法必须摒弃以往单纯强调被保障者权利而忽略其义务的做法，代之以权利与义务相结合，如在社会保险法制中强调劳动者承担相应的供款义务；社会福利中强调社会成员的缴费义务等。这些规范是社会保障制度正常运行的重要条件和客观保证。

3. 与社会经济发展水平相适应原则

在社会保障立法实践中既要充分考虑社会经济发展对社会保障的客观要求，又要客观估量所处时代的经济承受能力，以维护社会保障制度的正常运行为根本目标，结合短期利益与长期利益，体现出社会保障与生产力发展水平相适应，与经济、社会相互协调、相互促进的原则。

4. 公平优先原则

社会保障追求的主要是社会公平，那种认为完全积累制是社会保障发展的主要趋势的认识是错误的，要看到社会保障对互济互助的需求。因此，在立法的过程中可以遵循将公平和效率相结合的规则，而通过立法所确立的社会保障制度却要更多地考虑社会公平问题，这是现代社会保障制度之所以成为社会长期稳定发展机制和经济长期发展的维系、润滑、保障机制的根本要求。

5. 集约立法原则

在社会保障制度建设初期，一般是以分散立法的形式出现，但过于分散的法治建设不仅不利于社会保障制度的正常运行，也给社会保障项目的具体实施带来了诸多不便。因此，在社会保障法律部门作为一个独立法律部门的前提下，在尊重各国现有的立法格局与立法传统的基础上，由分散立法向适当集约立法再向集约立法发展应当是一种不可逆转的趋势。这并不意味着所有国家都由一部社会保障法律或法典来规范全部社会保障事务，至少每部社会保障法律或法令能够规范一个性质相同或相近的社会保障子系统。

6. 原则性与灵活性相结合原则

一方面，强调公平是社会保障制度的内在要求，它必然且只有通过社会保障法律制度的统一性来具体体现；另一方面，不同国家由于不同利益群体的诉求客观存在，不可能对社会保障方面实行统一的法律规范。原则性方面，统一规范社会保障或各子系统的宗旨、性质和基本模式明确社会保障的责任主体、管理体制和实施对象等，普遍适用于全国；灵活性方面，在社会保障个别项目的设置、标准的确定、组织的实施等由各地根据具体情况进行确定。

（三）立法的基本内容

社会保障法是一个内容丰富的法律，所调整的是各种特定的社会保障关系，具有自己独特的主体、客体与专门内容。

在社会保障法的调整对象方面，社会保障所调整的是社会保障法所规范的各种特定的社会保障关系，主要是国家或政府、企业或集体和社会成员在社会保障中所发生的各种社会经济关系。社会保障法的调整对象主要有：国家与国民之间的关系，中央政府与地方各级政府与全体社会成员之间的关系，要明确政府在社会保障中的职责和社会成员享受的社会保障权益等；社会保障实施机构与政府之间的关系，包括管理与被管理的关系、财政关系等；社会保障实施机构与社会成员之间的关系，是社会保障待遇提供者和享受者之间的关系，是社会保障项目最主要的实践范畴；社会保障机构与企业、社会团体单位之间的关系，是征集社会保障资金和提供社会保障资金的关系；企业、社会团体及官方机构与劳动者个人之间的社会保障关系，实质内容是保证劳动者的权益，规范用人单位履行对劳动者的责任等；社会保障运行过程中的管理体制，即社会保障管理机构的设置及其与其他部门的关系；社会保障运行过程中的监督机制；包括监督机制的建立以及各种监督机构的职责、权限划分以及协调性等；其他社会保障关系，如社会保障子系统之间、项目之间的关系，社会保障基金和国家财政资金的关系等。

在社会保障法的主体与客体方面，社会保障法的主体，是指在社会保障活动中，依法享受权利与承担义务的当事人，包括国家或政府、社会保障实施机构、企业、社会团体及官方机构、城乡居民及其家庭（尤其是劳动者）。社会保障法的客体，是指各关系主体的权利义务共同指向的目标。从社会保障制度的实践内容来看，它的客体是指社会保障规定项目和范围内的各种物质利益和自然人。

第三节 社会保障立法实践

一、发展脉络

国家对灾民与贫民的救济活动在很早以前就已经出现。但是用法律或者法令的形式来规范救灾救济等传统社会保障事务，却是自17世纪处于自然经济向商品经济过渡时期的英国开始的。根据社会保障立法理念的嬗变和各国社会保障立法的具体实践，可以将社会保障立法发展进程大体上划分为四个阶段：济贫法阶段、现代社会保障立法产生阶段、现代社会保障立法成熟阶段和现代社会保障立法完善、发展阶段。

（一）《济贫法》阶段

以1601年英国颁布《济贫法》为起点，直到19世纪80年代以后社会保险法律产生为止。《济贫法》将已有的惯例用法律的形式固定下来，由政府划出一条贫困线来施行社会救济，但是由于官方认为懒惰而不值得救助的穷人，仍然会遭到惩治。随后的荷兰、瑞典等一些国家也相继颁布类似的法律。这一阶段立法的理念是救济与矫治贫民，立法内容局限于救济事务，接受救济的人以牺牲尊严并接受奴役为代价，是对旧式慈善事业的规定。

(二) 现代社会保障立法产生阶段

以 19 世纪 80 年代德国颁布世界上第一批社会保险法律为起点，直至 20 世纪 40 年代第二次世界大战结束为止。继德国成为世界上第一个建立起现代社会保险制度的国家后，欧洲、拉丁美洲、大洋洲等地区国家掀起了社会保险立法高潮，虽然不可否认其中的"怀柔"因素，其确立了国家在社会保障国民生存权益方面的责任，促使社会共同承担责任机制形成并确立。而且，这些立法以维护人的尊严为前提，立法内容主要集中在社会保险领域，重在解除受保障者后顾之忧，使得社会成员生存保障上升为合法权益。也正是在这种意义上，社会保险立法的出现，真正意味着现代社会保障立法的产生。

(三) 现代社会保障立法成熟阶段

第二次世界大战之后，社会保障立法逐步成熟。一是立法的理念不再是单纯的社会稳定观念，引入了社会公平观念与普遍性原则；二是从 20 世纪 40 年代后期到 20 世纪 70 年代，不仅工业化国家进入了社会保障立法的又一次高峰，一些发展中国家也纷纷制定社会保障法律；三是立法的内容不仅仅局限于社会保险，而是扩展到了整个社会保障领域；四是一些国际组织大力推动社会保障制度的建设与发展；五是一些工业化国家根据发展的需要进一步修订、充实了以往的社会保险法律，发展中国家也能够借鉴发达国家立法经验，在此基础上制定适用于本国国情的社会保障法律。这一阶段的社会保障法制建设，是以整体形式和独立法律部门的面孔出现的，国民享受社会保障不仅成为一项基本的法定权益，而且扩大到享受现代文明进步的成果。

(四) 现代社会保障立法的完善与发展阶段

20 世纪 70 年代以后，工业化国家在社会保障立法的基础上，针对社会保障制度发展中出现的问题，开始探索社会保障制度的改革途径，寻求更加完善的社会保障制度。而发展中国家面对的则是制定新的社会保障法律和根据社会经济发展和国民对社会保障的需求进一步修订、完善已有的社会保障法律。具体而言，在立法理念上，追求协调发展与可持续发展逐渐成为基调；在国家责任与个人责任的关系上，主张个人及家庭尽到自我保障责任。总的来说，20 世纪 70 年代以来，大多数国家和地区社会保障立法均进入自我完善并与整个社会经济协调发展的时期。

二、国外概要

(一) 立法模式

我们可以将全球的社会保障制度划分为以下四种模式。

1. 单一立法模式

国家按照高度集约的原则制定高度综合的社会保障法律，规范各种主要的社会保障事务，如美国基本上以综合的社会保障制度立法即《社会保障法》为基本依据，其他社会保障法律极少,可称为单一模式。

2. 母子法模式

国家制定一部社会保障基本立法或者法典作为社会保障法律体系的最高原则规范,在基本法之下再制定各项专门的社会保障法律以分别规范各有关社会保障事务,基本法是母法,专门法是子法,基本法对专门法起到统驭作用。

3. 平行立法模式

国家根据社会保障子系统及其项目的需要,同时制定互不统帅、相互平行、相互协调的多部社会保障法律,分别规范某一类别的社会保障事务,比如《社会保险法》《社会福利法》《社会救助法》等。

4. 专门立法与混合立法并行模式

国家既制定部分有关社会保障方面的专门法律,同时又将另一些社会保障事务纳入其他部门法律体系中进行规范。

上述模式中,第一、二种较少采用,第三种模式是大多数国家在社会保障法制建设中采用的立法模式。

(二)部分国家社会保障立法一览

国外社会保障法制建设,由于立法历史较长,法制建设也最为完备,对此可以通过对部分国家的社会保障立法状况进行列表来反映,见表6-1。

表6-1 国外社会保障法制建设对比

国名	立法内容及时间
德国	《疾病保险法》(1883年首次立法,现行立法为1911年,后经过多次修正);《工伤保险法》(1884年首次立法,现行立法为1963年,后经过多次修改);《老年、残疾、死亡保险法》(1889年首次立法,现行立法为1911年,后经过多次修改);《失业保险法》(1927年首次立法,现行立法为1969年);《手工艺者养老金法》(1938年立法)《家庭津贴法》(1954年首次立法,现行立法为1964年)。《农民老年救济法》(1957年立法)《护理保险法》(1995年立法);《劳动促进法》(1969年立法,1989年修订),此外还有《官员供养法》《职员工人保险法》等专门规范官员及在政府机构中任职的职员的养老保险等。1995年《护理保险法》生效,《现代劳动力市场服务法案》(2002、2003年立法);《劳动力市场改革法》(2004年立法);《护理继续发展法》(2008年立法)
法国	《工伤保险法》(1898年首次立法,现行立法为1946年,后经过修订);《失业保险法》(1905年首次立法,现行立法为1967年,后经过多次修改);《老人保护法》(1991年通过);《养老保险法》(1910年首次立法,现行立法1945、1967、1971、1975、1980年);《疾病与生育保险法》(1928年首次立法,现行立法为1945、1967、1971、1974、1978年);《家属津贴法》(1932年首次立法,现行立法为1946年,1994年修订);《公务员及军人退休金法》(1964年通过,后经过多次修改);《医疗保健法案》(2014年立法)

续表

国名	立法内容及时间
英国	《工伤保险法》（1897年首次立法，现行立法为1992年）；《老人年金保险法》（1908年首次立法，现行立法为1992年制定有关老年、残疾、死亡保险的综合立法）；《疾病与生育保险法》（1911年首次立法）；《失业保险法》（1911年首次立法，现行立法为1992年）；《家庭津贴法》（1945年首次立法，现行立法为1992年）；《国民保健法》（1946年首次立法）；《国民保险法》（1944年通过，1946年修改首次立法）；《国民救济法》（1947年首次立法）；《公务员退休年金法》（1972年首次立法，1978、1992年进行修订）；《2008年英国养老金法》；《健康和社会保健法案》（2012年立法）
瑞典	《退休养老金和残疾养老法》（1913年立法）；《国民年金法》（1913年首次立法，现行立法为1962、1976年）；《工伤保险法》（1901年首次立法，现行立法为1976年，2005年修订）；《国民保险法》（1926年首次立法）；《失业保险法》（1934年首次立法，现行立法为1973年）；《全国退休法》（1946年立法）；《家庭津贴法》（1976年立法）；《健康保险法》（1955年立法）；《社会救济法》（1957年立法）；《补充退休金法》（1959年立法）；《退休金法案》（1962年立法）；《国民保险法》（1962年立法）；《就业工伤保险法》（1976年立法）；《药品补贴法》（2002年立法，2003年修订）等
美国	《工伤保险法》（1908年为联邦雇员首次立法）；《紧急救济法》（1933年立法）；《社会保障法》（1935年首次立法，后经多次修订）；《就业保障法》（1946年通过，1979年修订）；《住房法》（1949年立法）；《食品券法》（1964年立法）；《老年健康保险法》（1965年立法）；《残疾人健康保险法》（1972年立法）；《协调法》（1981年立法）；《社会保险修订案》（1983年立法）；《铁路退休工人收入法》（1983年立法）；《就业培训合作法》（1983年立法）；《联邦公务员退休金法》（1986年立法）；《克兰斯顿—高赞里兹全国买得起住房法》（1990年立法）；《公共救助改革法》（1996年立法）；联邦失业税；《平衡预算法》（1997年立法）；《儿童健康法》（2000年立法）；《患者保护与平价医疗法案》（2010年立法）；《美国纳税人缓税法案》（2012年立法）
日本	《工伤保险法》（1911年首次立法，现行立法为1947、1980、1986年）；《健康保险法》（1922年首次立法，1927年执行）；《国民健康保险法》（1938年首次立法，现行立法为1958、1984年）；《海员保险法》（1939年立法）；《雇员年金保险法》（1941年首次立法，现行立法为1944、1959、1985年）；《失业保险法》（1947年首次立法）；第二次世界大战后，日本经济高速发展，通过修订以往的社会保障法律和制定新的社会保障法律来完善社会保障制度，如《国民年金法》（1959年首次立法，1986年全面修改）、《社会福利法》《社会福利事业法》《社会福利事业振兴会法》《生活保障法》等社会福利事业法律，以及《家庭津贴法》（1971年首次立法，现行立法为1980、1985、1991、1994年立法）；同时废除失业保险法代之以《就业保险法》（1974年立法）；修订通过《年金修改法案》（1985年立法）；《护理保险法》（1997年颁布，2000年实施）；《关于厚生养老保险的法律》和《关于国民养老金保险的法律》（2000年立法）；《生活保护法》（2013年修订）；《儿童贫困对策法》（2014年立法）；《医疗保险制度改革关联法案》（2015年立法）

（三）基本评价

根据上表所述世界各国社会保障法律制度的建设，我们可以得出如下结论。

第一，这些国家的社会保障立法普遍较长。这些国家都是在19世纪末到20世纪初期开始构建社会保障法律制度，到20世纪40年代后多进入社会保障法制成熟时期，立法时间有的超过100年，立法时间短的也超过70年。

第二，都经历了或正在经历社会保障立法的逐渐完善过程。除美国、智利等少数国家外，多数国家社会保障立法都是从某一项社会保障制度开始的，其立法内容逐渐扩展;此外对已经确立的社会保障法律,也会在以后根据经济发展,国情变化进行多次修订。总的来说,各国社会保障法制建设进程是不平衡的,大都经历过从对单一、少数社会保障项目立法到综合、全面保障的立法,从保障特定职业者扩展到保障全体国民的过程。

第三,社会保障法制追求完备化。从表格中能够看出所列国家都颁布有多部社会保障方面的法律,法律制度覆盖了社会保险、社会救助、社会福利、公务员保障、军人保障等各种社会保障事务,这表明了社会保障事业是法制化事业,立法是建立社会保障制度并保证其正常运行的基本前提条件。

三、中国概要

(一) 简要回顾

中华人民共和国成立后,1950 年开始进行有关社会保障方面的法制建设,1950—1965 年可以说是中国社会保障法制建设的初级阶段,这一时期以 1949 年新中国成立前夕制定的临时宪法《中国人民政治协商会议共同纲领》中对有关社会保障问题的一些规定为依据,政务院及此后的国务院集中颁行了《救济失业工人暂行办法》《中华人民共和国劳动保险条例》及有关军人抚恤优待和机关工作人员、工人、职员退休、退职方面的全国性行政法规,如《中华人民共和国劳动保险条例》。这一时期虽然没有由国家立法机关制定的社会保障法律,但是它是中国社会保障法制建设的一个高峰时期。

"文化大革命"开始后,法制建设停滞并遭到严重破坏,最具代表性的则是 1969 年 2 月财政部颁布的《关于国营企业财务工作中几项制度的改革意见(草案)》,实质上是将具有社会统筹功能的劳动保险由此变成了自我封闭的企业保险,且这一时期并未制定过真正的社会保障法规。

随着"文化大革命"结束和党的十一届三中全会召开,社会保障法制建设得到一定的发展。1978—1989 年,国务院先后制定了《关于退休工人、退职的暂行办法》《关于军队干部退休的暂行规定》《退伍义务兵安置条例》《军人抚恤优待条例》等一批法规,基本是以解决历史遗留问题为重点。

现行社会保障类法律法规的颁布实施几乎大部分发生于社会主义市场经济体制确立之后。我国自 1992 年之后出台了大批与市场经济体制相配套的法律制度,这些法律制度中,包含若干社会保障类法律法规,从立法层面拉开了中国社会保障法制建设的序幕。经济改革的深化使得社会保障法制建设迈入正轨。不仅国家行政机关制定了多项全国性社会保障法规,国家立法机关也日益重视社会保障立法问题,并颁行了与社会保障有关的法律,从而标志着中国真正进入了社会保障法制建设时期。1994 年颁布了《中华人民共和国劳动法》,之后,我国社会保险制度改革和立法同步推进,既有综合性立法,亦有单行性立法,起步最早的是将 1993 年修订的《国营企业职工待业保险暂行规定》改名为《国有企业职工待业保险规定》,1999 年再度更名为《失业保险条例》,从"待业"到"失业"体现出市场化的步伐及改革的决心,从适用范围上由国营、国有企业逐步推展至各类所有制企业。1996 年,劳动部颁布了《企业职工工伤保险试行办法》,在此基础上,2003 年颁布了《工伤保险条例》,后于 2010 年修订。

进入 21 世纪后，若干社会保障类行政法规相继出台，如《住房公积金管理条例》《军人抚恤优待条例》《烈士褒扬条例》《长江三峡工程建设移民条例》《退役士兵安置条例》《大中型水利水电工程建设征地补偿和移民安置条例》等。这些行政法规在相关领域填补了法律制度的空白，社会保障方面的法制建设不断完善。

党的十八大以来，中国特色社会主义进入新时代，我国社会保障制度进入顶层设计的快速发展时期。新形势新任务为此时期下的社会保障法制化建设提出了更高的要求，社会保障立法向着提升统筹层次、统筹城乡，加厚底板等方向努力。

（二）主要法律、法规一览

主要法律、法规见表 6-2。

表 6-2　中国社会保障法制建设

颁布或实施时间	法律、法规名称	通过或颁布机关
1990.12.28	中华人民共和国残疾人保障法（1991 年实施）	七届人大常委会第 17 次会议
1991.9.4	中华人民共和国未成年人保护法	七届人大常委会第 21 次会议
1991.12.29	中华人民共和国收养法	七届人大常委会第 23 次会议
1992.4.3	中华人民共和国妇女权益保障法	七届人大常委会第 5 次会议
1994.7.5	中华人民共和国劳动法	八届人大常委会第 8 次会议
1994.10.27	中华人民共和国母婴保健法	八届人大常委会第 10 次会议
1996.10.1	中华人民共和国老年人权益保障法	八届人大常委会第 21 次会议
1999.6.28	中华人民共和国公益捐赠法	九届人大常委会第 10 次会议
2010.12.28	中华人民共和国社会保险法	十一届人大常委会第 17 次会议
2012.4.27	中华人民共和国军人保险法	十一届人大常委会第 26 次会议
2013.7.1（实施）	中华人民共和国老年人权益保障法（修订）	十二届人大常委会
2016.3.16	中华人民共和国慈善法	十二届人大常委会第 4 次会议
1991.6.26	关于企业职工养老保险制度改革的决定	国务院
1993.4.12	国有企业职工待业保险规定（1999 年被失业保险条例取代）	国务院
1994.1.13	农村五保供养工作条例	国务院
1999.1.20	失业保险条例	国务院
1999.1.22	社会保险费征缴暂行条例	国务院
1998.8.1	中国人民解放军军人伤亡保险暂行规定	中央军委四总部
2011.8.1（实施）	军人抚恤优待条例	国务院
2014.5.1（实施）	社会救助暂行办法	国务院

续表

颁布或实施时间	法律、法规名称	通过或颁布机关
2014.2.21	关于建立统一的城乡居民基本养老保险制度的意见	国务院
2015.1.14	机关事业单位工作人员养老保险制度改革的决定	国务院
2015.7.28	关于开展城乡居民大病保险工作的指导意见	国务院
2015.8.17	基本养老金基金投资管理办法	国务院
2022.11.4	《个人养老金实施办法》	国务院
2023.1.11（实施）	《社会保险经办条例》	国务院

（三）我国社会保障立法基本评价

1. 立法还缺乏合理的理念

制度变革过程中往往因为过度关注经济指标而迷失社会保障制度建设应当追求的社会公平、分配正义和文明进步的目标，因过度关注个人得失而崇尚利己，放弃了互助共济和公益本色，过度关注当下与短期应对而忽略社会保障制度发展应当重视的历史经验与长久稳定预期，过度关注局部与细节问题而忽视社会保障制度应当发挥的完整功能与综合效应，并且还出现了希望政府包办一切的"泛福利化"和主张个人自我负责的"反福利"等极端取向。

2. 立法缺乏统筹规划，体系结构残缺

比如有些法律是社会保障内容和非社会保障内容混在一起，但又不能作为实施有关社会保障制度的直接法律依据，而以社会保险法、社会福利法、社会救助法等为骨架的社会保障法律体系还未完全得到确立。

3. 法制建设的层次低

立法机关制定的社会保障法律少，行政机关制定的法规和地方性法规多。

4. 立法主体混乱，立法层级无序

一些需要国家立法机关制定的法律只能用行政法规代替，有的可以有国务院颁行的法规却变成了由全国人民代表大会通过的法律，为后续立法工作顺利发展造成了障碍。

5. 社会保障法制化建设与新形势新任务的要求不相适应

社保立法进程明显滞后于社会保障实践。特别是法律刚性约束不强，对违反社会保障法律法规的行为进行惩处的力度不够，影响了制度的统一性和规范性。因此，统筹城乡社会保障，除了要完善社会保障立法，还应加强社会保障司法，从立法、执法、司法、守法各环节加强社会保障工作。

中国社会保障法制建设任重道远，应该有意识地学习借鉴发达国家立法经验、统筹规划、总体设计，只有形成系统完备的社会保险法律体系，并制定一套切实可行的配套执行制度，良法立而善行，不断提升社保治理体系和治理能力现代化水平，在法治轨道上推动社会保障事业健康发展。

第四节　社会保障管理体制

社会保障管理的意义在于能够将社会保障法律制度细化并促使其得到贯彻落实，能够通过社会保障计划或方案的制定主导社会保障制度的长期发展，能够监控和纠察社会保障的具体实践以保证其健康有序运行。社会保障管理对社会保障制度而言，较之法制系统、实施系统等更具形象代表色彩，也是社会保障责任主体履行自己责任的象征。

尽管绝大多数国家均是由政府机构行使对社会保障事务的管理权，但在一些西方国家也存在着区别，以社会保险为例，在将社会保险费（税）及待遇支付直接纳入国家财政范畴的条件下，政府必须承担起对社会保险事务的直接管理责任，在将征缴的社会保险费列入单独账户的条件下，既有完全由政府机构直接管理的，也有交由半自治机构管理的，还有的交由民营或者私人机构管理。不过有一点是明确无疑的，即绝大多数国家或地区都由政府部门承担着最主要的社会保障管理责任。

一、基本原则

（一）依法管理原则

社会保障所具有的强制性和法制化决定了社会保障制度在各个环节都必须严格按照现行法律、法规规范运行，并接受全社会公开监督，社会保障管理作为整个社会保障运行机制中的一个重要环节，依法管理包括两个方面：一是管理机构及其管理岗位设置需要有相应的法律、法规作为依据，有关法律、法规对此应当有明确而具体的规范；二是管理系统必须依法运行，管理机构只能在既定的职责范围内行使权利，不能越权行事。社会保障管理的基本任务就是保证现行社会保障法律、法规的贯彻落实，是执行法治并确保法治的关键性工具。

（二）公开、公正与效率原则

现代社会保障是公共事务，支撑社会保障制度运行的财政基础是社会公共基金，实质上属于全体社会成员共有，因而社会保障制度的运行应当是透明的，社会保障管理也要遵循公开、公正和效率的原则。首先，社会保障管理机构及其职责应当通过社会成员熟知的途径加以公开化。其次，效率是管理系统运行最重要的目标之一，能否使得管理机构职责分明，成本低廉、管理资源优化配置，都是能否有效率地管理的重要因素。

（三）集中管理与分散管理相结合原则

社会保障是社会化事业，其实质是一种政府行为，政府是社会保障制度的最终责任承担者。根据世界各国的社会保障管理体制管理实践，在集中统一管理原则的指导下，政府构建的官方社会保障系统可以概括为三种模式：第一种是高度集中管理，即各种主要的社会保障事务统一由政府一个部门集中管理；第二种是有两个或两个以上的社会保障管理部门分别管理主要的社会保障事务，部分有关部门分担少数社会保障事务的管理；第三种是按照具体的社会保障项目建立相应的管理机构实施管理。上述除了揭示社会保障管理需要采取集中管理的要求外，也体现了分类管理。

（四）属地管理原则

社会保障制度的目标是社会稳定和社会公平，在运行中是一个开放的社会化系统，通常通过在一定区域内设置实施机构来完成项目实施任务，在一定范围内社会成员之间的共济互助。因而社会保障管理应当奉行属地管理原则，这是维护社会保障制度的公平性、互济性和社会性的内在要求。

（五）与相关系统协调一致原则

社会保障与其他社会系统和经济系统存在着不可分割的关系，需要在运行中与其他系统保持协调一致。而在社会保障管理系统内部，不同的管理机构也需要在明确职责、分工负责的基础上保持某种程度的合作。管理系统还需要与社会保障法制系统、实施系统和监督系统保持协调一致。

二、管理体制的架构

社会保障管理体制是指国家为实施社会保障管理而建立的从中央到地方的各种、各类社会保障管理机构以及规定的管理内容、管理方式的总和。

（一）部分国家的社会保障管理体制

社会保障管理体制是一个部门为主管，还是多个部门主管，或政府管理与民间管理相结合，不同国家有不同的选择，但政府管理走向专业化、集中化、社会化却是一个趋势。以下是部分国家社会保障管理机构设置情况，见表6-3。

表6-3 部分国家的社会保障管理体制对比

国名	管理社会保障事务的主要政府部门	主要的全国性半自治或自治机构
英国	社会保障部 卫生部 就业部 国内税务部	
法国	卫生和社会保障部 社会事务和就业部 联合征收机构 财政部	全国养老保险基金会 全国疾病保险基金会 全国家属津贴基金会
德国	劳工和社会事务部 家庭 青少年 卫生部	联邦劳工协会 联邦保险协会等
意大利	劳工和社会保障部 财政部 卫生部	全国社会保险协会等
荷兰	劳工部 国民收入部 财政部	社会保险委员会 社会保险银行等
俄罗斯	社会保障部 财政部 卫生部	全国工业和产业工会组织等
美国	社会保障署 劳工部 财政部 联邦人事局	蓝十字——蓝盾组织等
加拿大	卫生和福利部 人力资源开发部 国家税务局	

续表

国名	管理社会保障事务的主要政府部门	主要的全国性半自治或自治机构
巴西	社会保障救助部 劳工部 卫生部	全国社会保险机构
智利	劳动和社会福利部 卫生部 社会保障总监	
澳大利亚	社会保障部 公共服务与卫生部 就业与工业关系部	劳工赔偿委员会或理事会等
南非	社会服务部 劳工部 卫生部	
埃及	社会保险部 卫生部	
日本	厚生劳动省	全国劳动者共济组织联合会 国家公务员互助工会联合会等
韩国	保健福利部 劳工事务部	全国医疗保险联合会等
中国内地	劳动和社会保障部 民政部 卫健委 财政部	中国残疾人联合会

（二）基本评价

通过表 6-3 可知，一是在社会保障管理中政府积极介入社会保障事务并承担主要管理职责，尽管有些国家将一些社会保障事务交由自治或半自治机构管理，但是各国政府并没有推脱主要的管理责任；二是管理体制无定式，包括管理机构设置的名称、设置的数量乃至政府与社会机构、中央政府和地方政府之间的管理职责划分，均存在着不同，这表明社会保障管理体制要具体情况具体分析；三是依法行事，管理机构的设置和职责都必须由相关法律规范，并根据法律赋予的职权行使管理职责；四是高效率是所有国家社会保障管理体制追求的目标。

三、社会保障管理内容

（一）行政管理

行政管理包括计划、政策、立法、机构设置等管理。社会保障法律由国家直接颁布，具体法规由政府主管部门颁布，实施条例、细则和办法等更多地由地方政府制定。此外，社会保障行政管理的内容还包括设置高效的社会保障管理机构、配置精干的管理人员，制订社会保障计划，落实社会保障的法律法规乃至调节社会保障中出现的纠纷等。

（二）基金管理

基金管理是对各项社会保障基金的筹集、使用、投资运营等管理。总的来说，包括筹集社会保障基金，支付社会保障待遇和运营社会保障基金等。

（三）对象管理

主要是对参保缴费和保障待遇受益人进行管理，对社会保障的特殊对象，如离退休职工、鳏寡孤独老年人、失业者、贫困者和残疾人等所提供的一系列必要的服务。在我国社会保障对象的管理除有专门的机构和配备专业人员外,多数工作是依托社区进行的,群众性服务工作居多。政府主要是制定政策和协调处理社会保障对象管理中的各方面关系。

(四)监督管理

主要是对前面三项管理即行政管理、基金管理和对象管理的过程的监督与控制。

四、社会保障管理模式

社会保障管理模式从世界各国的实行情况看,大致可以归纳成以下几种主要类型。

(一)基于管理权力结构划分的管理类型

根据管理权力结构分布,社会保障管理体制可以分为集权制、分权制以及集分结合三种类型。

1. 集中管理模式

集中管理模式是把养老保险、失业保险、医疗保险、工伤保险以及其他社会保障项目全部统一在一个管理体系内,建立统一的社会保障管理机构,集中对社会保障各项目基金营运、监督等实施统一的管理。其特征为:(1)社会保障决策权统一集中在中央;(2)社会保障预算权统一;(3)政府间的社会保障联系是一种直接的双重联系。采用集中管理方式的优点在于:(1)有利于社会保障的统一规划,统一实施,统一监督,避免了政出多门、多头管理所产生的诸多利益冲突,使社会保障功能能更有效地发挥;(2)有利于社会保障各项之间、社会保障运行机制各环节之间的协调和社会保障基金的集中管理,并在一定范围内调剂使用,形成规模效益,真正发挥社会保障的互济功能;(3)有利于社会保障管理和企业机构精兵简政,降低管理成本,控制管理费用;(4)对社会保障业务和基金的集中管理,有利于增强透明度,便于加强社会监督。其局限性在于:(1)某些社会保障项目的管理与政府业务主管部门往往难以协调,进而影响管理效果;(2)往往以国家行政管理为主,受行政干预较多。

2. 分散管理模式

分散管理模式是不同的社会保障项目由不同的政府部门管理,各自建立一套保障执行机构、资金营运机构及监督机构,各保障项目之间相互独立,资金不能相互融通使用。其特征为:(1)各级政府及社会保障部门事权独立;(2)各级政府社会保障部门社会保障预算独立;(3)政府间的社会保障联系是间接的,政府将社会保障事务委托给社会保障经办机构管理,只对社会保障进行监督,并根据各类保险项目的财务状况进行必要的平衡。采用分散管理模式的优点在于:(1)各管理机构具有较大的自主性,能根据自己所管理社会保障项目特点制定详细、周全的管理法规,较灵活地适应社会保障发展的需要;(2)管理的独立性强,能根据客观实际,及时调整保障项目和内容,较灵活地适应社会生活的需要。其局限性在于:(1)管理机构多,管理成本高;(2)因机构庞杂和相互独立导致工作的反复,给被保险人和保险机构管理增添了许多难题。

3. 集散结合管理模式

集散结合管理模式是指将社会保障共性较强的项目集中起来,实行统一管理,而将特殊性较强的项目单列，由统一的社会部门分散管理。根据社会保障项目的不同，把集中统一管理和分散自主管理有机地结合起来。其优势在于：（1）既能体现社会保障社会化、一体化的要求，又能兼顾个别项目的特殊要求；（2）有利于调动各方面的积极性，提高工作效率，降低管理成本，更好地促进社会经济发展。

（二）基于政府介入程度划分的管理类型

根据政府在社会保障事务中的介入程度以及责任大小，可以将社会保障管理方式划分为三种类型：政府直接管理、半官方自治管理、商业保险管理。

1. 政府直接管理

这种管理体制的主要特征是政府设立专门的管理机构统一、集中管理全国社会保障事务，在此种体制下，政府首先要负责制定社会保障的政策和法令，对社会保障实施的范围和对象，享受社会保障的基本条件，资金来源和待遇支付标准等进行规定，还要负责检查和监督政策和法令的正确实施，受理有关社会保障的申诉，调解和裁决发生的纠纷等。

2. 半官方自治管理

此种管理体制的特征是由政府成立一个统一的协调机构，负责协调全国社会保障事务，并指定一个或若干个中央政府部门实施统一监督，具体的社会保障管理工作则由半官方、半独立的行业或地区社会保障管理机构来实施。这些责任的承担者一般是社会团体，社会团体一般是相对于政府系统是否直接通过行政权力介入而言的，它们客观上不接受政府的直接管理，而是由有关的立法进行相应的规范，自我管理，自我发展，同时接受社会监督。

3. 商业保险管理

这种体制建立在社会保障基金按照"完全积累"原则筹集和运作的基础上，其特征是在政府社会保障主管部门监督下实施，是一种强制性的、以收定支、通过运营基金实现保值增值的储蓄保险。其优势在于能够充分发挥商业保险在基金运作方面的经验和灵活的市场运作机制。

五、中国社会保障管理体制

（一）发展历程

1. 传统社会管理体制的建立和发展阶段（1949—1978年）

1997年以前的社会保障管理体制是按照保障项目和管理对象划分的，没有统一的法律、法规。不同的管理部门分管不同的项目。劳动部门管理城镇企业职工社会保险和社会福利，人事部门管理国家公务员和事业单位职工的社会保险，民政部门管理农村养老保险、农村合作医疗、城乡社会救助、社会优抚安置、社会福利。每个部门都根据自己所管理的对象和保障项目制定相应的管理办法。

2. 现行社会保障管理体制的建立（1998年至今）

1998年3月，第九届全国人民代表大会第一次会议审议通过了《国务院机构改革方案》，在原劳动部基础上组建劳动和社会保障部，将人事部、民政部、卫生部及国务院原医疗制度改革办公室管理的有关社会保险事务划归劳动和社会保障部统一管理，建立相对独立的社会保障基金经办机构，建立专门的社会保障监督组织。2008年3月，国务院机构再一次改革，将人事部、劳动和社会保障部合为人力资源和社会保障部，社会保障管理事务仍然划归人力资源和社会保障部。

（二）中国社会保障管理体制的现状

我国现行的社会保障管理体制是在原有管理体制的基础上改革和发展起来的，既有传统管理体制的痕迹，又有适应新形势变化的改革成果的体现。总体来看，可以概括为以下几个方面：（1）从社会保障机构方面来看，目前我国社会保障的机构设置，是在国务院的统一领导下，采取条块结合、以块为主的分级管理体制。社会保障整体上由人力资源和社会保障部门主管，但是具体的项目又实行分管，比如民政部管理社会救助、社会福利方面，住建部负责住房保障，国家卫生健康委员会负责新农合；（2）纵向机构设置，大体分为三个层次：中央、省、地。高层管理机构：即中央级管理机构，属于领导和决策层次。中层管理机构即省级地方管理机构，属于辅助和传递层次，负责具体贯彻实施中央政府社会保障管理机构的决策和法律法规，制定地方性实施细则和补充规定，起到承上启下的作用。基层管理机构即地（市）、县（市）级地方社会保障管理机构，属于社会保障事务执行和经办层次，具体执行社会保障法律法规；（3）横向机构设置，包括行政管理机构、业务经办机构、基金运营机构和监督机构四大类机构，分别负责法律法规的设立，具体业务的实施、服务递送，社会保障基金的保值增值和对社会保障运行机制进行监督，各个机构各司其职，相互协调。

参考文献

1. 郑功成. 社会保障学——理念、制度、实践与思辨 [M]. 北京：商务印书馆，2000.
2. 郑功成. 论中国特色社会保障道路 [M]. 武汉：武汉大学出版社，1997.
3. 郑功成. 中国社会保障发展报告2016 [M]. 北京：人民出版社，2016.

思考题

1. 中国社会保障立法有哪些不足？
2. 中国社会保障机构采取的是哪种管理模式？
3. 中国社会保障管理的挑战和机遇？

推荐阅读

1. 郑功成. 中国社会保障改革与发展战略：理念目标与行动方案 [M]. 北京：人民出版社，2008.
2. 郑功成. 论中国特色社会保障道路 [M]. 武汉：武汉大学出版社，1997.
3. 杨燕绥. 论社会保障法 [M]. 北京：中国劳动社会保障出版社，2003.

下篇　制度实践篇

第七章 养老保险制度

● 开篇案例

中国养老金制度面临十项任务

(作者：王笑[①]　来源：中国金融新闻网　日期：2023—08—26)

2023年8月19日，全国人大常委会委员、中国社会保障学会会长郑功成在由中国社会保障学会主办、中国社会保障学会养老金分会承办，平安养老、汇添富基金、华夏基金协办的第四届全国养老金高峰论坛上表示，我国创造了人类养老金制度发展史上的两个奇迹。一是覆盖面的快速推进，短期内实现了老年人皆享有养老金的宏伟目标；二是养老金水平持续提高，实现了养老金待遇19年连涨。"养老保险制度事实上已经成为全体老年人分享国家发展成果的基本途径，为消灭老年贫困和全面建成小康社会提供了有效的制度支撑，也为老年人走向共同富裕奠定了相应的制度基石。"郑功成说。

然而，现行制度安排仍然存在不足之处，郑功成认为，要建立高质量的中国特色养老金制度体系，还需要完成十项重大任务。

一是坚守基本养老保险制度，促进社会公平、实现互助共济的社会保障本色。

二是坚定推进法定养老金制度全国统一。

三是均衡用人单位与个人缴费负担。

四是厘清国家财政与法定养老金制度的关系。

五是缩小不同群体的法定养老金差距，促进制度公平。

六是赋予制度参数弹性，促使养老保险制度健康、持续发展。

七是创造优良政策环境，充分发挥市场机制建构多层次养老金体系的积极作用。

八是实现养老保险基金保值增值，壮大战略储备基金。

九是消减养老金制度承担的超额责任，降低公众对养老金的预期。

十是让养老保险制度步入法治轨道，为全体人民提供清晰、稳定的预期。

郑功成表示，我国养老保险制度建设任务繁重，现阶段处在深化养老金制度改革最艰难之处，必须进一步凝聚深化改革的共识，以更有魄力、更加智慧的改革策略与实施

[①] 王笑，金融时报记者。来源网址：https://www.financialnews.com.cn/2023-08/26/content_277639.html。

方案，扎实推进养老保险制度快速发展。

第一节 养老保险概述

一、内涵与特征

养老保险是指劳动者在达到国家规定的退休年龄或因年老完全丧失劳动能力、退出社会劳动领域后，由社会提供物质帮助，保障其基本生活需要的一种社会保险制度。养老保险由国家立法，具有强制性。

养老保险的基本对象是劳动者。也有少数国家的普遍养老金制度包括非雇佣者，其前提条件是非雇佣者按规定缴纳养老保险费。养老保险是劳动者在年老时退出社会劳动岗位后，才开始发挥其作用，对于在职的劳动者而言，只是一种延期权益。养老保险的目的是为退出社会劳动后的劳动者提供稳定可靠的经济来源，以保障其退休后的基本生活。养老保险实行基金化和社会化服务管理。

二、养老保险的分类

养老保险根据其实施的主体与强制性程度的不同，可以将其分为基本养老保险、企业补充养老保险（企业年金）和个人储蓄养老保险。

（一）基本养老保险

基本养老保险是由国家统一组织，强制实施，涉及面较广，是保障退休人员基本生活的一种养老保险制度。通过在劳动者退出劳动岗位后为其提供相应的收入保障，以增强劳动者抵御年老风险的能力，同时弥补家庭养老的不足。基本养老保险是国家和社会为劳动者提供最基本的养老保障的一种制度安排，是养老保险体系中最重要的组成部分。

（二）企业补充养老保险（企业年金）

企业补充养老保险是指用人单位及其职工在参加养老保险的基础上，由用人单位根据本单位的实际情况，为本单位的职工建立的一种追加式的或称辅助性的养老保险。其目的在于进一步增加劳动者年老时退出劳动领域后的收入来源，保障其基本生活。在实行现代社会保险制度的国家中，企业年金已经成为一种较为普遍实行的企业补充养老金计划，也称为"企业退休金计划"或"职业养老金计划"，并且成为所在国养老保险制度的重要组成部分。

（三）个人储蓄养老保险

个人储蓄养老保险是指职工个人从一定的年龄开始缴纳相应的养老保险费，具有储蓄功能的一种养老保险制度。个人储蓄养老保险由职工根据个人收入状况自愿参加，自主选择保险管理机构，自主决定储蓄金额。个人储蓄养老保险计入个人账户，归个人所有。

三、养老保险应遵循的原则

（一）享受权利与履行义务相对应原则

获得养老保险权益的前提是需要履行相应的义务，要按照相应的法律法规的规定缴纳养老保险费用，在达到相应的缴费期限和退休年龄并办理退休手续后才可以开始领取养老保险金，享受相应的权利。

（二）保障基本生活的原则

养老保险作为社会保险体系中的一个重要组成部分，主要运行目的就是为老年人提供基本收入保障，确保其基本生活需求，因而待遇水平不会朝着很高的方向发展。

（三）分享社会经济发展成果的原则

随着社会经济水平的不断发展，养老保险的待遇水平也应随着经济社会发展水平的提高而相应提高，在年老时理应分享国家经济社会发展的成果。

第二节　养老保险模式

一、养老保险责任承担模式

由于每个国家的具体国情不同，所以每个国家采取的养老保险模式是不一样的，一般来说，养老保险模式有政府负责型、责任分担型、个人负责型和混合责任型。

（一）政府负责型

政府负责型是指由政府直接负责的养老保险制度，它通常以国民年金的形式存在。在这种模式下，企业与个人承担社会保障的纳税义务，政府通过预算来为国民提供养老金，政府对养老保险事务实行直接管理并严格监督。这种模式强调政府责任，实现养老保险金待遇的普遍性，发放对象包括所有老年人，但会因人口老龄化给财政带来负担。福利国家的国民年金保险、多层次养老保险中的基础层次及社会主义国家曾实行的国家保险制度都属于政府负责型。

（二）责任分担型

由政府、单位或雇主、个人等多方分担养老保险责任，是社会养老保险制度发展的主流趋势。这种模式是基于责任分担和责任共担的原则确立的。这种模式将劳动者的养老保险责任由多方共担，有利于风险分散和财务稳定，但由于强制性责任共担，养老保险无法覆盖到全体国民，它只适用于劳动者，主要是工薪劳动者，从而属于选择性制度安排。责任分担型养老保险是大多数国家选择的制度模式。

（三）个人负责型

在制度化的保障机制中，有极个别国家的养老金完全由个人负责，其典型是智利自20世纪80年代后推行的养老金私有化改革，确立了养老保障的个人负责模式。国家通过立法规定劳动者参加养老保障制度，但政府与雇主均不承担缴费义务，完全由个人缴费并计入个人账户，再通过市场化投资运营，所得收益用于退休养老。这种模式强调个人自我负责，对个人有一定的激励作用，能刺激经济发展，但缺乏互助共济和风险分散功能，无缩小不公平和维护公平的功能。

（四）混合责任型

混合责任型既有政府负责的层次，又有两方或三方分责的层次，还有个人负责的层次，是责任分担型的一种衍生模式，为养老保险制度的发展提供了更新和更有效的方案。例如，日本既有政府负责的水平较低的国民年金保险，又有责任分担型的职业年金保险。

二、养老保险财务模式

社会保险的财政状况是否良好，很大程度上取决于养老保险制度的财政状况是否良好。概括起来养老保险的筹资模式可分为以下三种。

（一）现收现付制

现收现付制是指不考虑资金储备，只从当年或近两三年的社会保险收支平衡的角度出发，确定一个适当的费率标准向企业与个人征收社会保险费（税）。它的特点是以支定收，养老保险负担的代际转移。它具有以下几个优点：制度易建，管理便利；再分配功能较强；调整灵活，无通货膨胀之忧。但与此同时它存在以下几个缺点：容易造成劳动者代际间矛盾激化；难以应对人口老龄化危机；收入替代具有刚性；失去进入资本市场的发展机遇，养老基金回报率低。当经济增长速度放慢和人口老龄化同时出现时，现收现付制度会受到各界批评。有些学者认为现收现付制淡化了权利与义务的关系，从而影响效率，对经济增长造成阻力；当人口老龄化发生时，制度收支不平衡，不具可持续性；养老基金的集中管理会导致资源的浪费等。

（二）完全积累制

完全积累制是某一代或某一个人年轻时积累，年老后消费的生命周期内的收入平滑制度。完全积累制从追求养老保险收支的长期平衡出发，根据一系列指标确定适当的费率标准，将养老保险费分摊到整个职业生涯期间并向企业与个人征收，同时对已筹集的养老保险基金进行有效运营与管理。完全积累制的特点是强调长期平衡，费率较为稳定，能够积累起养老保险基金。这个制度具有以下优点：运行机制简便，易被人理解和接受；缴费与待遇关联，形成激励机制；预筹养老金，抵御老龄化；增加社会储蓄，促进经济发展。相对而言它也存在基金贬值风险较大、基金营运存在风险、互济性较弱、管理成本较高等缺点。

（三）部分积累制

部分积累制是介于现收现付制和完全积累制之间的一种混合模式，根据分阶段以收定支、略有结余的原则确定征收费率，其目标是保持养老保险基金在一定时期内的收支平衡。部分积累制兼具前两种模式的特点，费率具有弹性，可以根据养老金支出的需求分阶段地调整费率，既可满足一定时期内的养老保险基金支出，又有一定的资金积累；既不会超过企业与劳动者个人的经济承受能力，又因资金结余时间不太长而易预测，面临的保值、增值压力也不会太大。

三、养老保险基金运行模式

养老保险基金运行模式是指养老保险基金筹集后的管理方式，可以划分为以下三种类型。

（一）社会统筹模式

社会统筹模式是通过养老保险筹资渠道筹集到的养老保险基金全部进入社会统筹，由相关部门跟进当年或一个周期内的社会需要统筹规划，考虑养老保险基金的使用问题。这种模式的特点是高度社会化，最大限度地发挥了社会保险互助共济和风险共担的功能。但它也存在缺陷，由于财务短期平衡，资金没有结余或结余很少，因而难以应对人口老龄化危机。在具体的制度安排中，这种模式总是与现收现付制联系在一起的。

（二）个人账户模式

个人账户模式是指征缴的养老保险费全部进入个人账户，当劳动者步入老年、失去劳动能力、离开劳动力市场以后，再按照个人账户积累的金额领取养老金。个人账户对劳动者具有较强的激励作用，但缺乏互助共济和风险分担功能，基金保值增值的压力也较大。在具体制度安排中，这种模式总是与基金积累制联系在一起。

（三）统账结合模式

统账结合模式是中国首创的一种新型养老保险基金运行模式，即将社会统筹与个人账户相结合。社会统筹部分现收现付与个人账户部分完全积累同时并存。该模式实行的是国家、企业和个人三方承担供款责任但分别记账，其中：个人所缴部分全部进入个人账户，其余的实现社会互济，计发时实现结构性组合。统账结合模式由于实践时间不长，效果有待进一步检验，运行机制和监管机制等相关制度都有待进一步完善。

四、养老保险缴费与给付模式

养老保险金的缴费模式有两种：确定给付型和确定缴费型。

养老保险金的给付水平确定模式也有两种：普遍生活保险模式和收入关联模式。

确定给付型是先设定养老保险金为保障一定的生活水平需要达到的替代率，以此确定养老保险金的给付标准，再结合相关影响因素进行测算，来确定养老保险费的征缴比例。实质上，这是"以支定收"模式。它能够在短期内保持横向平衡，一般与现收现付制联系在一起。它能够提供确定的养老金给付，并对建立养老保险计划时有一定工龄的雇员的历史贡献予以养老金承诺。但确定给付型缴费需要随着计划基金状态的变动而调整，稳定性较差。它具有以下几个特点：以支定收；收入关联；政府和企业雇主承担风险；无需基金积累即可建立；精算定成本；待遇调整灵活；与为企业的服务年限关联，有利于稳定职工队伍。

确定缴费型是先经过预测确定缴费水平，据以筹集养老保险基金，基金逐渐积累并获得投资收益，职工退休时，以其相应的缴费及投资收益的积累额为基础发放养老金。实质上，这是"以收定支"模式。它能够在长期内保持纵向平衡，一般与完全积累制或部分积累制联系在一起。它的优点是在缴费、投资和转移方面具有灵活性，透明度高，易被接受，能够建立完全积累的养老保险基金，但它也存在待遇不稳定且易受通货膨胀影响的缺点。确定缴费型的主要特点有：给付与缴费和投资收益关联；机理简单，透明度高，易被接受；进行个人生命周期收入再分配；劳动者自担风险，主要的风险有缴费不足风险、投资风险、长寿风险；可携带性强，但没有鼓励职工长期服务于一个企业的机制。

第三节 养老保险的基本内容

一、养老保险金的给付种类

（一）老年年金的给付

养老金的给付由各国依据本国经济发展水平、保险政策和道德标准确定给付的范围、方式及项目。一般情况下，给付的范围不仅包括被保险人本人，还包括无收入的配偶、未成年子女及其他由被保险人抚养的直系亲属。

给付方式大都采取工资比例制，即按投保工资数额的一定比例定期支付；有的国家按固定数额定期支付；有少数国家根据一定时期平均收入的一定比例与保险年数之积发放；还有一种方式是分基本养老金和附加养老金，分别发放。给付项目包括基本养老金、低收入补贴、看护补贴、配偶未成年子女及其他供养直系亲属补贴、超缴保费期间增发额、最高与最低限额。

（二）伤残年金的给付

伤残年金主要是被保险人因疾病、伤害（不包括因工伤害）而造成部分残废或全部残废时，由社会保险机构发给的伤残补助金，用以维持本人及家属的生活费用。伤残年金的给付一般根据医疗后确定的完全残废或部分残废而发给不同数额的伤残年金；对于完全残废者，很多国家是参照养老金的方式给付；对于部分残废者，则根据残废程度发给一定数额的年金。除此之外，对完全残废者给予一定数额的长期护理补贴，有的国家还对完全残废者的供养亲属进行补助；有的国家为伤残人员建立了各种康复医疗和职业培训等渠道，促使其尽快恢复重返岗位。根据对五十个国家的调查统计，被保险人或养老金、伤残年金领取者死亡时，大多数国家对符合遗属保险条件的都发给遗属年金。遗属年金通常由遗孀年金、孤儿年金和丧葬费三部分构成，遗属年金的发放一般按照被保险人死亡前所领取养老金或伤残抚恤金的百分比确定。

二、养老保险金给付的确定方式

（一）收入关联的养老保险金的确定方式

主要遵循以下两个原则：一是计算公式的设计首先应体现社会保险保障被保险人基本生活的目标；二是计算公式的设计尽可能地体现被保险人纳费与保险金给付的一定程度的精算联系，并使从总体上分析的被保险人纳费水平与保险金给付水平具有某种比例的、内在的精算平衡关系。

（二）个人账户模式养老金给付的确定方式

个人账户模式下的养老金给付较为简单，其数额一般取决于两个方面：劳动者缴费累积数额和基金的投资收益状况。对于缴费的具体数额需根据一定时期的收入状况、在职劳动者和退休劳动者比例、基金投资运营状况、未来收入增长、人口出生率与死亡变化幅度、利率水平等因素进行精算估计后确定。制约养老保险给付结构的另一个重要的因素是为适应动态经济变化，尤其是处置通货膨胀风险而建立的保险金自动指数调节机制。典型意义的保险金自动指数调节机制主要用于收入关联的养老保险模式，主要涉及两种类型的调整：一是考虑养老保险金计发基数的收入水平；二是寻求有效的方式防止未决的养老保险金实际购买力因物价和工资水平的大幅度变化受到影响，保证退休劳动者的经济利益。

第四节　全球养老保险制度的改革

一、20世纪养老保险改革的起因

（一）改革的政治动因

"福利国家"在发展过程中不断积累并暴露其负面作用。其中，养老金制度导致最为直接的消极后果有三个：一是公共养老金开支增大、财政不堪重负；二是企业成本上升，国际竞争力降低；三是增加了个人对国家和社会的依赖，整个社会缺乏活力，扭曲了劳动力市场的供给行为，严重损害了经济效率，阻碍了经济发展。福利国家改革的实质是进一步调整国家、个人之间的责权关系，减轻政府的负担，激发企业活力，培养个人的社会责任感，鼓励个人对自己的行为负责。

（二）改革的经济动因

养老金制度与整个社会经济发展有着密不可分的关联，没有经济的持续发展，养老金制度不可能顺利地运行和发展。养老金费用的持续攀升无疑加重了经济的负担，使日趋衰落的经济状况更加恶化。

（三）改革的人口动因

人口老龄化已成为当今世界一个共同的社会问题。退休人口数量增加、人类寿命延长以及"少子化"已使劳动力短缺，加重了劳动人口与整个社会的负担。

2000年底，欧盟国家73%的劳动力养活27%的退休者，而到2050年，将由47%的劳动力养活53%的65岁以上的退休老人，由人口老龄化引出的养老金危机已经成为各国政府面临的突出困难。

二、改革的路径：参量式、私有化、名义账户制和多支柱

（一）参量式改革

参量式改革是解决养老金收支不平衡问题最直接的方法。欧盟国家实施的参量式改革的政策措施主要包括：（1）提高领取养老金的标准，如提高领取全额养老金所需的工作年限等，法国对其公共部门的雇员就实行了这一改革。（2）改革养老金支付的指数化方法，例如：将与收入指数挂钩改革为与价格指数挂钩，将与税前工资挂钩改革为与税后真实工资挂钩。英国和德国先后在20世纪80年代早期及20世纪90年代进行了这一改革。（3）改革养老金计算公式的计算方法，例如：将原先公式中的"最终收入"或"n年中的最高收入"改革为"一生中的平均收入"等。芬兰、英国等一些欧盟国家进

行了这一改革。

(二) 私有化改革

从传统现收现付的国家养老金向私有的基金制个人账户的改革,称为养老金私有化改革。早在1961年,英国就开始在国家基本养老金(BSP)之外建立国家补充养老金(今天的S2P)。同时,英国也是最早进行养老金私有化改革的欧洲国家之一,该国从1978年开始立法,允许雇主和雇员选择从国家补充养老金中"协议退出"(contract out),并给予税收优惠,鼓励建立雇主支持的养老金或者个人账户养老金(对于没有雇主支持者)。英国的私有化改革中,政府通过税费优惠,鼓励建立私人部门养老金(主要是企业养老金计划)来降低政府财政负担,并要求企业提供至少与政府养老金同等水平的养老金,从而使企业承受了与政府同样的负担。企业为了享受税费优惠并减轻由此增加的支出负担,逐步改待遇确定型计划(DB)为缴费确定型计划(DC),从而最终向个人转移风险和责任。

(三) 名义账户改革

1994年到1995年,欧洲的瑞典和拉脱维亚在"缴费确定型完全积累制"的基础上进行扩展,引入了一个新的社会养老金模式——NDC模式。NDC(Notional Defined Contribution),全称是名义缴费确定型养老保险,又称"名义账户制"。NDC模式是从社会养老保险制度的个人缴费开始,个人缴费被计入社会养老保险制度中为个人建立和维持的个人账户,并进行积累增值。但NDC模式中的资产是虚构的或者说是名义上的,因为实际上并没有资本积累,账户积累金额代表虚构的或者说是名义上的养老保险财富。实行NDC模式的国家,通常只设定工人最低退休年龄,而不限制退休的最高上限,以便激励更多的人参加劳动,从而达到推迟退休的目的。并且推迟退休的好处直接从退休金领取的金额中显现出来。

在意大利,改革后的制度规定,在65岁退休的工人养老金会提高6%,而在57岁退休的其养老金则会减少15%。在瑞士,工人在62岁退休会得到46%的替代费用,65岁为60%,68岁则高达82%。在这种激励机制下,2005年拉脱维亚的劳动力退休年龄推迟到了63岁。

NDC模式有以下几个优点:具有便携性、较高的透明度和增强退休年龄的灵活性,能够适应资本市场不发达国家的需要,有利于缓解财政压力。但这种模式也存在一定的局限性,如不利于国民储蓄,可能会削弱参保者对社会养老保险制度的信心,再分配功能较弱,没有预筹积累,需要建立储备金等。

第五节 中国养老保险的发展和改革

一、中国养老保险体系模式结构

(一) 城镇企业职工养老保险

城镇职工基本养老保险属于基本养老保险的一个最重要的组成部分,是按照国家法律规定,劳动者缴纳养老保险费达到法定期限并且个人达到法定退休年龄后,国家和社会提供物质帮助以保证因年老而退出劳动领域者稳定、可靠生活来源的社会保险制度。

(二) 现行城镇职工养老保险概况

由政府承办、采用社会统筹与个人账户相结合的模式。养老保险费由企业和职工共同承担,企业基本养老保险缴费率不超过企业工资总额的20%,具体比例由各地政府规定,全部缴费记入社会统筹账户;职工个人缴费率为工资的8%,全部记入个人账户。

养老保险金计发办法:"新人新办法、老人老办法、中人逐步过渡。""新人":国发〔1997〕26号文件实施后参加工作的参保人员属于"新人"。"中人":国发〔1997〕26号实施前参加工作、26号文件实施后退休的参保人员属于"中人"。"老人":《国务院关于建立统一的企业职工基本养老保险制度的决定》(国发〔1997〕26号)实施前已经离退休的参保人员属于"老人"。

"新人":基本养老金=基础养老金+个人账户养老金

基础养老金=$\frac{1}{2}$(参保人员退休时当地上年度在职职工月平均工资+本人指数化月平均缴费工资)×缴费年限(视同缴费年限)×1%

本人指数化月平均缴费工资=参保人员退休时当地上年度在职职工月平均工资×本人实际缴费工资指数

个人账户养老金=个人账户储蓄额/计发月数(139)

"中人":基本养老金=基础养老金+个人账户养老金+过渡性养老金

过渡性养老金=本人指数化月平均缴费工资×统账结合前的缴费年限×计发系数(1.2%)

"老人":基本养老金=基础养老金+个人账户养老金+过渡性养老金+过渡性调节金(在2006年至2014年间退休的按一定比例计发)

过渡性调节金=各地现行相关标准基数×一定比例

二、新型农村社会养老保险

（一）概念

新型农村社会养老保险（以下简称"新农保"）是以保障农村居民年老时的基本生活为目的，建立个人缴费、集体补助、政府补贴相结合的筹资模式，养老待遇由社会统筹与个人账户相结合，与家庭养老、土地保障、社会救助等其他社会保障政策措施相配套，由政府组织实施的一项社会养老保险制度，是国家社会保险体系的重要组成部分。2009 年试点覆盖面为全国 10% 的县（市、区、旗），以后逐步扩大试点，在全国普遍实施，2020 年之前基本实现对农村适龄居民的全覆盖。

（二）基金筹集

新农保基金由个人缴费、集体补助、政府补贴构成。

1. 个人缴费

参加新农保的农村居民应当按规定缴纳养老保险费。缴费标准设为每年 100 元、200 元、300 元、400 元、500 元五个档次，地方可以根据实际情况增设缴费档次。参保人自主选择档次缴费，多缴多得。

2. 集体补助

有条件的村集体应当对参保人缴费给予补助，补助标准由村民委员会召开村民会议民主确定。鼓励其他经济组织、社会公益组织、个人为参保人缴费提供资助。

3. 政府补贴

政府对符合领取条件的参保人全额支付新农保基础养老金，其中中央财政对中西部地区按中央确定的基础养老金标准给予全额补助，对东部地区给予 50% 的补助。地方政府应当对参保人缴费给予补贴，对选择较高档次标准缴费的，可给予适当鼓励，具体标准和办法由省（区、市）人民政府确定。对农村重度残疾人等缴费困难群体，地方政府为其代缴部分或全部最低标准的养老保险费。

国家为每个新农保参保人建立终身记录的养老保险个人账户。个人缴费、集体补助及其他经济组织、社会公益组织、个人对参保人缴费的资助，地方政府对参保人的缴费补贴全部记入个人账户。

（三）养老金待遇

养老金待遇由基础养老金和个人账户养老金组成，支付终身。中央确定的基础养老金标准为每人每月 70 元。地方政府可以根据实际情况提高基础养老金标准，对于长期缴费的农村居民，可适当加发基础养老金，提高和加发部分的资金由地方政府支出。个人账户养老金的月计发标准为个人账户全部储存额除以 139（与现行城镇职工基本养老保险个人账户养老金计发系数相同）。若参保人死亡，个人账户中的资金余额，除政府补贴外，可以依法继承；该部分政府补贴余额将用于继续支付其他参保人的养老金。

（四）相关制度衔接

新农保与城镇职工基本养老保险等其他养老保险制度的衔接办法，由人力资源和社会保障部会同财政部制定。要妥善做好新农保制度与被征地农民社会保障、水库移民后期扶持政策、农村计划生育家庭奖励扶助政策、农村五保供养、社会优抚、农村最低生活保障制度等政策制度的配套衔接工作，具体办法由人力资源和社会保障部、财政部会同有关部门研究制定。

三、城镇居民养老保险

（一）相关概念

城镇居民养老保险规定，年满16周岁且不符合职工基本养老保险参保条件的城镇非从业居民，可在户籍地自愿参保；年满60岁且符合条件的城镇居民，不用缴费可按月领取养老金。

（二）实施与缴费标准

2011年7月，国务院颁布《关于开展城镇居民社会养老保险试点的指导意见》（国发〔2011〕18号），在此之前，我国城镇职工有职工基本养老保险，农民有新型农村社会养老保险，但是城镇非从业居民的养老前景却是空白的，实施城镇居民养老保险制度填补了养老保障的空白。

城镇居民养老保险缴费标准不高，设为每年100元至2000元，共12个档次，参保人自主选择缴费档次，多缴多得，但由于保险待遇偏低而缺乏吸引力。但无论如何，城镇居民养老保险制度的实施，是国家为加快建设覆盖城乡居民社会保障体系做出的又一项重大决策，标志着我国基本养老保险实现制度全覆盖，开启了我国全民养老的时代，对于实现人人享有基本养老保险具有重大意义。

四、我国的城乡居民养老保险制度的全覆盖

新农保和城居保合并实施，在全国范围内建立统一的城乡居民基本养老保险制度。在2014年国务院《关于建立统一的城乡居民基本养老保险制度的意见》（以下简称《意见》）中提出，到"十二五"（2011—2015年）末，在全国基本实现新农保和城居保制度合并实施，并与职工基本养老保险制度相衔接。《意见》规定，年满16周岁（不含在校学生），非国家机关和事业单位工作人员及不属于职工基本养老保险制度覆盖范围的城乡居民，可以在户籍地参加城乡居民养老保险。党中央、国务院高度重视覆盖城乡居民的社会保障体系建设，2020年"十四五"规划纲要提出，基本养老保险参保率提高到95%，发展多层次、多支柱养老保险体系，截至2022年底，基本养老保险参保人数10.5327亿人。

2009年，在新中国成立60周年之际，启动了新型农村社会养老保险的试点；2011年，在中国共产党成立90周年之际，开展了城镇居民社会养老保险试点，在2014年的

《意见》中指出城乡居民养老保险基金由个人缴费、集体补助、政府补贴构成，参加城乡居民养老保险的人员，在缴费期间户籍迁移、需要跨地区转移城乡居民养老保险关系的，可在迁入地申请转移养老保险关系，一次性转移个人账户全部储存额，并按迁入地规定继续参保缴费，缴费年限累计计算；已经按规定领取城乡居民养老保险待遇的，无论户籍是否迁移，其养老保险关系不转移。城乡居民养老保险制度与职工基本养老保险、优抚安置、城乡居民最低生活保障、农村五保供养等社会保障制度以及农村部分计划生育家庭奖励扶助制度的衔接，按有关规定执行。"十二五"末，在全国基本实现新农保和城镇居民养老保险制度合并实施，并与职工基本养老保险制度相衔接。城乡居民基本养老保险的缴费标准也调整为 12 个档次，最低 100 元，最高 2000 元。要求省（区、市）人民政府可以根据实际情况增设缴费档次，最高缴费档次标准原则上不超过当地灵活就业人员参加职工基本养老保险的年缴费额，并报人力资源和社会保障部备案。根据中央的意见与规定，各地方制定了相应的试行办法。

五、养老金并轨改革：机关事业单位养老保险与城镇职工基本养老保险并轨

2015 年 1 月，国务院印发《关于机关事业单位工作人员养老保险制度改革的决定》（以下简称《决定》）。方案明确表示，中国将实行社会统筹与个人账户相结合的基本养老保险制度，个人缴费比例为本人缴费工资基数的 8%，而单位需缴纳员工个人缴费工资基数之和的 20%。此《决定》一出，意味着 4000 万机关事业单位工作人员将从吃财政饭转变为缴养老金，从单位养老转向社会养老。地方省份出台的并轨方案总体与中央文件一致，在养老保险缴费上，各地规定基本养老保险费由单位和个人共同承担，在方案出台的十年过渡期内，从 2016 年开始出现阶段性的降费并逐渐稳定下来，单位的缴费率也从原来的 20% 下降到 16%。在待遇调整机制方面，过往十多年养老金一直按照 10% 的上涨幅度去调整，但是从 2016 年开始便把幅度下调，形成在一个区间内的动态变化。这种动态的调整形式跟原来固定的调整形式相比，更能实现与实际的经济增长和居民的收入增长挂钩，所以也能够更好地反映出养老金制度发展与变化。目前，我国养老金制度改革在可持续性、公平性和流动性等方面仍然存在需要完善的地方，按照《人力资源和社会保障事业发展"十四五"规划》建立多层次养老金体系的要求，进一步推进制度整合，同时从收支两侧着力，改善养老金制度的可持续性，优化基础养老金待遇计算方法，兼顾横向公平与纵向公平，并将渐进式延迟退休年龄与实现精算平衡结合起来。

六、多层次、多支柱养老保险体系

"十四五"规划纲要提出，基本养老保险参保率提高到 95%，发展多层次、多支柱养老保险体系。多层次、多支柱养老保险体系是指以基本养老保险为基础、以企业（职业）年金为补充、与个人储蓄性养老保险和商业养老保险相衔接的"三支柱"养老保险体系。

第一支柱即基本养老保险制度，由国家、单位和个人共同负担，坚持全覆盖、保基

本。截至 2020 年底，职工基本养老保险参保人数 4.56 亿人（其中领取待遇人数 1.28 亿人），积累基金 4.83 万亿元；城乡居民基本养老保险参保人数 5.42 亿人（其中实际领取待遇人数 1.61 亿人），积累基金 9759 亿元。

第二支柱为企业（职业）年金制度，由单位和个人共同负担，实行完全积累，市场化运营。截至 2020 年底，全国参加企业（职业）年金 6953 万人，积累基金 3.6 万亿元。

第三支柱即个人储蓄性养老保险和商业养老保险，2022 年 4 月 21 日《国务院办公厅关于推动个人养老金发展的意见》公布，对个人养老金制度做出了明确规定。

《国务院办公厅关于推动个人养老金发展的意见》指出，在中国境内参加城镇职工基本养老保险或者城乡居民基本养老保险的劳动者，可以参加个人养老金制度。并且，个人养老金并非强制缴纳的，而是个人自愿参加的。《国务院办公厅关于推动个人养老金发展的意见》明确个人养老金实行个人账户制度，缴费完全由参加人个人承担，实行完全积累。参加人通过个人养老金信息管理服务平台，建立个人养老金账户。2022 年 11 月 25 日，个人养老金制度在 36 个城市或地区先行启动实施。截至 2022 年末，个人养老金参加人数 1954 万人，缴费人数 613 万人，总缴费金额 142 亿元。

参考文献

1. 郑功成. 社会保障学——理念、制度、实践与思辨 [M]. 北京：商务印书馆，2000.
2. 郑功成. 论中国特色社会保障道路 [M]. 武汉：武汉大学出版社，1997.
3. 郑功成. 中国社会保障发展报告 2016 [M]. 北京：人民出版社，2016.

思考题

1. 养老保险和老年保障有区别吗？
2. 如何看待多层次、多支柱的养老保险体系？
3. 我国养老保险改革有哪些最新进展？

推荐阅读

1. 余桔云. 养老保险：理论与政策 [M]. 上海：复旦大学出版社，2015.
2. 郑功成. 中国社会保障改革与发展战略 [M]. 北京：人民出版社，2011.
3. 赵曼. 城乡养老保障模式比较研究 [M]. 北京：中国劳动社会保障出版社，2010.

第八章 医疗保险制度

◉ 开篇案例

促进多层次医疗保障有序衔接

(作者：杨彦帆[①]　来源：人民日报　日期：2022—11—15)

10年间，基本医疗保险参保人数从5.4亿增加到13.6亿；截至目前已有2860种药品进入国家医保目录，国内67%的已上市罕见病用药都在其中；今年上半年门诊费用跨省直接结算超1100万人次……一项项成就令人振奋。

建设更高质量、更加公平、更可持续、更有效率的医疗保障体系，是共同富裕的必然要求。党的二十大报告提出，促进多层次医疗保障有序衔接，完善大病保险和医疗救助制度，落实异地就医结算，建立长期护理保险制度，积极发展商业医疗保险。这对进一步推动医疗保障事业高质量发展，提出了具体要求。

近年来，医疗保障事业发展取得突破性进展，建立起世界上规模最大、覆盖全民的基本医疗保障网。如今，更多救命救急的好药纳入医保范围，群众就医负担明显降低，医保基金监管进一步加强，异地就医跨省直接结算等便民惠民举措持续实施……人民群众切实享受到医保带来的制度保障和便利服务。

促进多层次医疗保障有序衔接，主动适应、满足群众多层次多样化健康需求。为此，各地采取了不少行之有效的举措，比如一些地方推出"惠民保"，对满足百姓医疗保障需求形成补充；通过建立医疗救助对象及时精准识别机制等，有效减轻困难群众负担；随着老龄化程度加深，老年群体医疗需求提高，各地稳步推进长期护理保险制度试点，造福了更多老年人。我们欣喜地看到，目前以基本医疗保险为主体，以医疗救助为托底，补充医疗保险、商业健康保险、慈善捐赠、医疗互助等共同发展的多层次医疗保障制度框架基本形成。

也要看到，我国人口数量多、地区差异大，医疗保障领域还存在发展不平衡不充分、信息化和标准化建设仍待提高等问题。要进一步建立健全医疗保障待遇清单制度，缩小人群、地区之间的待遇差别；加强重特大疾病保障能力，增强医保、医疗、医药改

---

① 杨彦帆，人民日报社记者。来源网址：http://health.people.com.cn/n1/2022/1115/c14739-32566198.html。

革协同性，提高医疗保障治理水平；稳妥推动规范、高效、安全的数据交换和信息共享机制，加快推进全国统一的医疗保障信息平台建设。通过统一制度、完善政策、健全机制、提升服务，让医疗保障体系更加成熟稳固。

促进多层次医疗保障有序衔接、共同发展，形成政府、市场、社会协同保障的格局。相信随着医疗保障体系不断完善，人民群众的健康福祉将获得更坚实的支撑。

第一节 医疗保险概述

一、健康风险与医疗保险

（一）健康风险

健康风险是指在人的生命过程中，因自然、社会和人自身发展的诸多因素，导致人出现疾病、伤残及造成健康损失的可能性。这种可能性的发生，轻者使人生病、身心不适、不能正常参加工作；重者则使人伤残、死亡或者完全丧失劳动能力，并可能带来严重的经济损失。健康风险或疾病风险的客观性表现在一定程度上可以认识、管理和控制，但不能完全排除，并总是以其自身的规律而发生和存在；危害性表现为疾病风险会给个人、家庭及社会造成损失和伤害，包括对躯体、精神、经济等诸多方面造成损害；不确定性表现为个体发生疾病的具体时间、空间、类型和严重程度都不确定；可测性表现为，就人群总体而言，疾病风险是一种随机现象，服从概率分布，根据数理统计的原理，可以对特定时期人群疾病风险的频率和损失等进行测算；群体性和社会性（蔓延性）表现为不仅直接危害个人健康，有的健康风险具有社会传播扩展性，还可能威胁他人和社会的利益。

（二）医疗保险

医疗保险是由国家立法规范并运用强制手段，向法定范围的劳动者及其他社会成员提供必要的疾病医疗服务和经济补偿的一种社会化保险机制。医疗保险制度的主要特征体现为广泛性和普遍性、涉及面广和结构复杂、短期性和经常性、服务提供的保障性和费用补偿性、给付频率高和费用难控制。医疗保险的实施必须遵循以下基本原则：强制性原则、保障性原则、公平与效率结合原则、社会共同承担责任和分担风险原则、医疗保险金专款专用原则、以支定收量入为出收支平衡略有结余原则、合理偿付医疗费用原则。从社会医疗保险基金的来源看，主要有用人单位缴纳的医疗保险费、个人缴纳的医疗保险费，是社会医疗保险事业机构向个人收缴的医疗保险费、利息收入、调剂收入、转移收入、财政补贴、其他收入。

二、医疗费用的支付方式

（一）社会医疗保险费用供方支付方式

1. 按服务项目支付方式

按服务项目支付是所有付费方式中最传统、运用最广泛的一种。它是指在社会医疗保险的实施中，对医疗服务过程的每一个服务项目制定价格，被保险人在接受医疗服务时按服务项目的价格计算医疗费用，然后由社会医疗保险机构向医疗服务机构支付医疗费用。所支付的医疗费用额取决于各服务项目的价格和实际的服务量。

2. 按人头支付方式

按人头支付是指社会医疗保险机构按合同规定的时间（一个月、一个季度或一年），根据医疗服务的医疗保险对象的人数和每个人支付定额标准，预先支付一笔固定的费用，在此期间医疗服务机构提供合同规定的服务均不再另行收费。其特点是医院的收入与服务人数成正比，服务人数越多，医院的收入越高。

3. 按病种支付方式

按病种支付又称疾病诊断分类定额预付制，是根据疾病的分类，将住院病人的疾病按诊断分为若干组，每组又根据疾病的轻重程度及有无合并症、并发症，分为若干级，对每一组不同级别的病情分别制定不同的价格，并按该价格向医院一次性支付。

4. 按服务人次支付方式

按服务人次支付方式又称平均定额付费法，即制定每一门诊人次或者每一住院人次的费用支付标准，社会医疗保险机构根据医疗服务供方实际提供的服务人次，按照每一人次的费用支付标准向医疗服务供方支付医疗费用。

5. 按住院床日支付方式

按住院床日支付方式又称为按床日标准支付，是指社会医疗保险机构根据测算首先确定每一住院床日的支付标准，在被保险人实际住院的总床日数支付医疗费用。按住院床日数支付方式主要适用于床日费用比较稳定的病种。

6. 总额预付制

总额预付制又称总额预算，是由医院单方面或由医疗保险机构与医院协商确定每个医院由医疗保险机构支付医疗费用的年度总预算额。医院的预算额度一旦确定，医院的收入就不能随着服务量的增加而增加，医疗服务供方必须为参加医疗保险的患者提供规定的医疗服务。而年度总预算的确定，往往考虑医院规模、医院服务质量、服务地区人口密度及人群死亡率和医院具体情况等因素。

（二）医疗保险需方费用支付方式

医疗保险费用需方支付方式主要是指需方在社会医疗保险过程中分担一部分医疗费用的方法。社会医疗保险需方常见的费用支付方式主要包括以下几种：

1. 起付线方式

起付线方式又称为扣除保险。它是由社会医疗保险机构规定医疗费用支付的最低标准，即起付线，低于起付线以下的医疗费用全部由被保险人个人负担或由被保险人与企业共同分担，超过起付线以上的医疗费用由社会医疗保险机构支付。

该方式的特点：一是起付线以下的医疗费用由被保险人或被保险人与其单位分担，增强了被保险人的费用意识，有利于减少浪费；二是将大量的小额医疗费用剔除在社会医疗保险支付范围之外，减少了保险结算工作量，有利于降低管理成本；三是小额费用由被保险人个人负担，有利于保障高额费用的疾病风险，即保大病。

2. 共同支付方式

共同支付方式又称按比例分担，是指社会医疗保险机构和被保险人按一定比例共同支付医疗费用，这一比例又称共同负担率或共同付费率。共同付费可以是固定比例，也可以是变动比例。

该方式的特点：一是简单直观，易于操作，被保险人可根据自己支付能力适当选择医疗服务，有利于调节医疗服务消费，控制医疗费用；二是由于价格需求弹性的作用，被保险人往往选择价格相对较低的服务，有利于降低卫生服务的价格。

3. 最高限额保险方式

最高限额保险方式也叫封顶线，是与起付线付费方式相反的费用分担方法。该方法先规定一个医疗费用封顶线，社会保险机构只负责低于封顶线以内的医疗费用，超出封顶线部分医疗费用则由被保险人或被保险人与其单位共同分担。

最高限额保险方式的特点：一是在社会经济发展水平和各方承受能力比较低的情况下，社会医疗保险只能优先保障享受人群广、费用比较低、各方都可以承受的一般医疗服务；二是有利于限制被保险人对高额医疗服务的过度需求，以及医疗服务提供者对高额医疗服务的过度提供；三是有利于鼓励被保险人重视自身的身心健康，提高身体素质，防止小病不治酿成大病。

4. 混合支付方式

起付线方式、共同付费方式和最高限额保险方式各有其优缺点。因此，在社会医疗保险费用支付方式的实际操作中，往往将两种以上支付方式综合起来应用，形成优势互补，更有效地促进医疗保险需方合理的医疗服务需求，控制医疗费用的过度增长，例如，对低额医疗费用实行起付线方式，对高额医疗费用实行最高限额保险方式，并对中间段的医疗费用实行共同付费方式。

第二节 医疗保险模式国际比较

各国的医疗保险制度受到其自身经济、社会、传统文化、价值观念等多种因素的影响，呈现出多种多样、纷繁复杂的特点。按照医疗保险基金的筹集方式来划分，有国家医疗保险模式、社会医疗保险模式、商业医疗保险模式和储蓄医疗保险模式。见表8-1。

表8-1 四种医疗保险模式

类别	国家医疗保险	社会医疗保险	商业医疗保险	储蓄医疗保险
筹资方式	依法纳税	法定参保缴费	选购缴费	强制储蓄
运营机制	财政二次分配	横向统筹 现收现付 互补共济	现收现付 风险分担	纵向积累 自保为主
办医模式	公立为主，预算拨款	公立、私立并行 合同结算	私立为主 合同结算	公立、私立并行 合同结算
服务供给	基本免费	社会定价收费 保险给付为主	差别价格 共同分担	定价收费 自付为主
代表国家	英国	德国	美国	新加坡

（一）国家医疗保险模式

国家医疗保险模式也称政府医疗保险，是指由政府直接举办医疗保险事业，通过税收形式筹集医疗保险基金，并采用国家财政预算拨款的形式将医疗保险资金分配给医疗机构，向国民提供免费或低收费服务，医疗服务机构的所有权及控制权为政府所有。这种模式的代表国家有英国、加拿大、瑞典、爱尔兰、丹麦等。

对国家医疗保险模式的评价：

医疗保险基金绝大部分源于财政预算拨款，卫生行政部门直接参与医疗服务机构的建设与管理，医疗服务具有国家垄断性。医疗服务覆盖面一般是本国全体公民，向公民直接提供免费或低收费的服务，体现医疗服务的公平分配与福利性。医疗服务具有高度计划性，市场机制对卫生资源配置、医务价格制定基本不起调节作用，这种模式能有效地控制医疗总费用。但是医疗机构微观运行缺少活力，医务人员工作积极性不高，医疗服务效率不高；医疗供需矛盾较大；宏观上，财政也对免费医疗不堪重负。

（二）社会医疗保险模式

社会医疗保险模式是由国家通过立法形式强制实施，其医疗保险基金主要是由雇主和雇员缴纳，政府酌情补贴，参保者及家属因患病、受伤或生育而需要医治时，由社会医疗保险机构提供医疗服务和物质帮助，代表国家有英国、德国、新加坡、美国等。德国是世界上第一个以社会立法方式实施社会保障制度的国家，德国医疗保险以法定医疗保险为主，私人医疗保险为辅。

对社会医疗保险模式的评价：

社会医疗保险体系有其自身相应的很多优点：首先，投保人拥有较大的自由选择空间，患者就医方便。其次，医疗保险服务范围全面。但这种模式也面临一些挑战：社保基金没有积累，抗风险能力弱；由于采用第三方付费制度，对需方缺乏制约和引导，公众过分依赖社保系统，对疾病的预防保健重视不够，事实上也造成了医疗费用的上涨；医疗保险体系内部竞争不足，存在大量资源浪费、效率低下的问题。

（三）商业医疗保险模式

商业医疗保险模式（市场医疗保险模式）有如下特征：社会人群自愿投保；保险人与被保险人签订合同；医疗保险被视为特殊商品，通过市场机制来调节；除一些非营利的保险组织外，大多以营利为目的。商业医疗保险模式的代表国家主要是美国。

商业医疗保险制度的特点及问题：

作为商业医疗保险模式代表的美国，其医疗保险制度有其自身的特点：国家预算支出保两头及其他弱势群体，美国政府主要的预算支出的关注点在于儿童与老人和其他一些需要帮助的弱势群体；医疗服务的质量很高，从硬件设施到护理人员都是高水准与高质量；美国是医疗保险制度多元化的。但是美国的医疗保险制度也存在着难以保证社会公正、医疗费用高、第三方付费、缺乏费用控制的动力机制等问题。

（四）储蓄医疗保险模式

储蓄医疗保险模式是强制储蓄保险的一种形式。它通过立法，强制劳方或劳资双方缴费，以雇员的名义建立保健个人账户，用于支付个人及家庭成员医疗费用支出，政府给予适当补贴。这种储蓄医疗保险模式其实是属于公积金制度的一部分，这种医疗保险模式的代表国家主要有新加坡、马来西亚等。其中最为典型的是新加坡的医疗保险模式。

新加坡的医疗保险制度分为三个层次，包括保健储蓄计划、健保双全计划和保健储蓄基金。

（1）保健储蓄计划具有强制性，用于支付本人及家庭成员的住院和部分昂贵的门诊费用，并且缴费率因投保年龄不同而不同，年龄大于、等于35岁的，缴费率是本人工资的6%，大于、等于36岁小于、等于44岁的缴费率是本人工资的7%，年龄大于、等于45岁的，缴费率是本人工资的8%，缴费均由雇主和雇员各承担一半，并且可获平均利息率，可继承并免交遗产税。

（2）健保双全计划是从1990年开始，这一计划是自愿性质的。它主要保障大病和慢性病医疗需求，帮助支付高额医疗费用并且保费可从保健储蓄账户中扣除。健保双全计划的保费随着年龄的增加而增加，见表8-2。

表8-2　健保双全计划保费与年龄的关系

下一个生日年龄（岁）	年度保费（包括7%消费税）	下一个生日年龄（岁）	年度保费（包括7%消费税）
30以下	30	71~73	335
31~40	40	74~75	375
41~50	80	76~78	420
51~60	160	79~80	510

续表

下一个生日年龄（岁）	年度保费（包括7%消费税）	下一个生日年龄（岁）	年度保费（包括7%消费税）
61～65	225	81～83	600
66～70	265	84～85	705

（3）保健储蓄基金是从1993年开始，是在保健储蓄和健保双全均无法提供保障的情况下的最后一道"安全网"。政府拨款建立保健信托基金，那些没有参加保健储蓄和健保双全计划，或已经不符合参加上述两种计划条件的人可向保健基金委提出申请，由委员会批准和发放。

新加坡政府在储蓄医疗中的责任首先是对公立医院进行财政补贴；然后是制订并实施医院重组计划，以达到高效率、低成本、优质服务的目的；最后是对医疗费用进行调控。医疗服务主要是由综合诊所和医院提供。

储蓄医疗保险模式的特点及问题：

储蓄医疗模式具有资金纵向积累的特点，有利于抑制对医疗服务的过度利用和超前消费，医疗保险网能保证每一个公民能获得医疗服务，能较好地解决人口老龄化带来的人口保健筹资费用问题，解决了"代际转移问题"。在运行中，不但消除了传统社会医疗保险和国家预算型保健制度的第三方付费弊端，还能克服商业医疗保险消费不公平现象，管理效率较高。但是新加坡的这种模式过分强调效率，而忽视了公平性。家庭之间不能互助共济，共同承担风险。

第三节　中国医疗保险制度的发展与改革

一、中国城镇医疗保险制度的建立和发展

医疗保障制度是否健全，保障水平是否达到能够切实解决国民疾病后顾之忧的程度，通常是衡量一个国家或地区社会福利水平高低的关键性指标。中国的医疗保障制度改革，走过的是一条不平凡的道路，它取得了相应的成就，但还存在多方面的问题，还需进一步深入改革。

（一）公费医疗和劳保医疗制度的建立和发展

公费医疗制度是针对国家机关、事业单位工作人员实行的一种免费治疗的医疗福利制度。1952年，随着国民经济的恢复，在随后的三年内，公费医疗在全国范围内得到了实施和执行。在1954年到1965年这一时期，由于享受公费医疗的人数不断增加，加上公费医疗管理制度不完善，公费医疗费用支出逐年上升。1960年，国家对公费医疗费用的范围做了更加具体的规定，这一措施使得公费医疗费用支出得到控制，但没有、

也不可能从根本上遏制公费医疗费用上涨过快的势头。1966年以后在这一阶段里,公费医疗费用的连年上涨加重了国家的财政负担。为了控制公费医疗费用的增长,国家又采取了一些限制性的手段,如1974年国家重新明确规定了享受公费医疗人员的范围,1982年又规定凡标有"健"字号的药品不予报销。但这些手段始终是在原有体制上小修小补,不能从根本上解决问题。

我国的劳保医疗制度是我国社会医疗保险制度的又一个重要组成部分。劳保医疗的享受对象主要是企业职工和企业职工供养的直系亲属和离退休人员。劳保医疗的保险项目和报销范围和公费医疗制度基本相同,但在管理机制、经费来源和开支范围上与公费医疗有一定的区别。

(二) 向医疗保险转型

自20世纪80年代开始,公费医疗和劳保医疗踏上了改革历程。二十多年来,医疗保障制度的改革可以分为两个阶段:一是20世纪80年代开始的在原有制度框架中引入对供需双方的制约机制,进行参数性改革;二是20世纪80年代末开始不断地向社会医疗保险的转型,进行结构性改革。第一阶段是20世纪80年代开始在原有公费医疗和劳保医疗的制度框架中引入对供需双方的制约机制,来约束和防控供需双方的道德风险,控制不断攀升的医疗费用。在需方约束机制改革方面,各地普遍实行职工就医个人适当负担部分医疗费用,这种改革的总方向是,在多渠道筹集医疗费用资金的同时约束个人的就医行为。具体的改革方式有由保障对象自付一定比例的门诊和住院医疗费用,或者将医疗经费全额包干给受保对象个人等形式。在供方约束机制改革方面,多数地方实行医疗单位包干管理公费医疗经费。第二阶段是20世纪80年代末,为了使医疗保障制度与经济体制改革相适应,公费医疗和劳保医疗开始尝试向社会社会保险转轨,核心内容是实现医疗费用社会统筹。这种改革放弃了国家—单位保障制下的公费医疗和劳保医疗的制度框架,逐步向超越单位之外的社会医疗保险制度迈进。

(三) 城镇职工医疗保险的形成和发展

1993年11月14日,党的十四届三中全会通过的《关于建立社会主义市场经济体制若干问题的决定》指出:"城镇职工养老和医疗保险金由单位和个人共同负担,实行社会统筹和个人账户相结合"。这标志着医疗保险制度的改革步入了建立统账结合新阶段。为了贯彻落实《关于建立社会主义市场经济体制若干问题的决定》,推动职工医疗保障制度改革,1994年初,国务院决定在大病医疗费用社会统筹试点较好的江苏省镇江市和江西省九江市进行医疗保险统筹统账结合的改革试点。"两江"试点是在原有的大病医疗费用社会统筹的制度模式基础上进一步改革和完善。在总结"两江"试点经验的基础上,1996年4月,国务院又将统账结合的医疗保险制度改革试点推广到57个城市。

最早开始于1992年,海南、深圳试点的"板块式"结构模式也是一种统账结合的方式。在这种统账结合医疗保险制度下,采用的是"板块式"结构,资金来源于企业和个人的缴费,其账户管理模式为:基金的 $50\% \sim 60\%$ 计入个人账户,其余计入社会统筹账户，采取个人账户和统筹基金分开管理的办法。个人医疗账户主要支付门诊和小病医疗费用，统筹基金主要支付住院或大病医疗费用。"板块式"结构的制度模式，由于统筹账户和个人账户分离运行，制约力强，简便易行，管理难度和管理成本都要小得多。但门诊医疗或小病医疗费用主要是由个人负担，部分收入低的个人难以承受，而且小病与大病的界定有时会出现争议与矛盾。

二、城镇职工基本医疗保险总体框架的确立

1998年，国务院发布《关于建立城镇职工基本医疗保险制度的决定》（以下简称《决定》），在建立适应社会主义市场经济特征的新型城镇职工基本医疗保险制度方面提出了"低水平、广覆盖、双方承担、统账结合"的基本原则。目前，全国大部分省市相继出台了医疗保险制度改革总体规划，医疗保险制度改革取得了积极的进展。这一新规定改变了过去的公费医疗和劳保医疗由国家和企业大包大揽的做法，建立了一整套全新的医疗费用筹集机制。这一机制是在总结和评估各地的医疗保险制度改革试点经验的基础上确立的，其主要特征如下：

1. 缴费筹集资金，医疗费用社会统筹

《决定》中规定：城镇所有用人单位，包括企业（国有企业、集体企业、外资投资企业、私营企业等）、机关、事业单位、社会团体、民办非企业单位及其职工，都要参加基本医疗保险。基本医疗保险原则上以地级以上行政区（包括地、市、州、盟）为统筹单位，也可以以县（市）为统筹单位，所有用人单位及其职工都要按照属地管理原则参加所在统筹地区的基本医疗保险，执行统一政策，实行基本医疗保险基金统一筹集使用和管理。

2. 统账结合的财务模式

基本医疗保险基金由统筹基金和个人账户构成，职工个人缴纳的基本医疗保险费，全部计入个人账户。用人单位缴纳的基本医疗保险费分为两个部分：一部分用于建立统筹基金，另一部分划入个人账户。

3. 社会化的医疗保险管理机制

社会保险经办机构负责基本医疗保险基金的筹集、管理和支付，并要建立健全预决算制度、财务会计制度和内部审计制度。同时《决定》中还规定，基本医疗保险实行定点医疗机构（包括中医医院）和定点药店管理，引入竞争机制，职工可选择若干定点医疗机构就医、购药，也可持处方在若干定点药店购药。

4. 确立了构建多层次医疗保障体系的制度建设方向

如超过最高支付限额的大病医疗费用，可以通过商业保险等途径解决；在参加基本医疗保险的基础上，国家公务员享受医疗补助政策；为了不降低一些特定行业职工现有的医疗消费水平，在参加基本医疗保险的基础上，作为过渡措施，允许建立企业补充医疗保险。这些规定实际上都是对多层次医疗保障体系的规划。

三、城镇居民医疗保险制度的建立

中国的医疗保障制度改革进程中长期被忽略的是城镇非就业居民的医疗保障问题,在计划经济时代,职工家属通常随着劳动者享受到劳保医疗与公费医疗的相应待遇,而改革开放后却丧失了这种医疗保障待遇。因此,在城镇职工基本医疗保险取得重大进展的背景下,构建覆盖城乡居民的医疗保障体系成为社会保障体系建设的重要目标,城镇居民的基本医疗保险也开始引起关注。

2007年7月10日,国务院发布了《关于开展城镇居民基本医疗保险试点的指导意见》,城镇居民医疗保险改革的试点由此展开。根据该指导意见,城镇居民医疗保险改革2007年启动试点,2008年扩大试点,争取2009年试点城市达到80%以上,2010年在全国全面推广,逐步覆盖全体城镇非从业居民;同时通过试点来探索和完善城镇居民基本医疗保险的政策体系,形成合理的筹资机制、健全的管理机制和规范的运行机制,逐步建立以大病统筹为主的城镇居民基本医疗保险制度。在制度设计方面,城镇居民基本医疗保险有如下特征:

1. 参保范围

不属于城镇职工医疗保险制度覆盖范围的中小学阶段的学生(包括职业高中、中专、技校学生)、少年儿童和其他非从业城镇居民都可自愿参加城镇居民基本医疗保险。

2. 资金筹集

试点城市从当地经济发展水平出发,综合考虑居民医疗需求和家庭、财政的负担能力,恰当确定筹资标准。考虑到不同人群在疾病风险、医疗支出方面存在较大差异,试点城市在制定筹资标准时,将成年人和未成年人分开确定。

3. 保障范围

城镇居民基本医疗保险基金重点用于参保居民的住院和门诊大病医疗支出,有条件的地区可以逐步试行门诊医疗费用统筹。

4. 管理运行体系

城镇居民基本医疗保险的管理和服务,原则上参照城镇职工基本医疗保险的有关规定执行,鼓励有条件的地区结合城镇职工基本医疗保险和新型农村合作医疗管理的实际,进一步整合基本医疗保障管理资源。

可见,国务院的指导意见实际上是推进城镇居民基本医疗保险制度的可供操作的具体实施方案,这一制度的确立,实际上在制度层面上实现了"全民医保"。

四、中国农村的合作医疗制度及其改革

20世纪80年代初,世界银行和世界卫生组织派专家来我国考察农村卫生工作,考察组在报告中指出,中国实行的合作医疗制度是发展中国家群体解决卫生经费的唯一范例。合作医疗制度是指在政府的领导和集体经济的扶持下,农民依据自愿、受益和适度的原则,因地制宜,通过多种合作形式,民办公助、互助共济建立起来的满足基本医疗保健需求的农村健康保障制度。

在 2002 年 10 月，《中共中央、国务院关于进一步加强农村卫生工作的决定》要求逐步建立新型农村合作医疗制度。各级政府要积极组织引导农民建立以大病统筹为主的新型农村合作医疗制度，重点解决农民因患传染病、地方病等大病而出现的因病致贫、返贫问题。农村合作医疗制度应与当地经济社会发展水平、农民经济承受能力和医疗费用需要相适应，坚持自愿原则，反对强迫命令，实行农民个人缴费、集体扶持和政府资助相结合的筹资机制。有条件的地方要为参加合作医疗的农民每年进行一次常规性体检，要建立有效的农民合作医疗管理体制和社会监督机制。新农合要能够保证国民健康保障的公平性和生存权的平等，要有利于全面建成小康社会，但同时，我们应该看到基于我国城乡二元结构的现状，在短时期内不可能实现城乡统一的社会保障制度，因而需要循序渐进的改革与发展。

新型农村合作医疗制度具有如下特点：加大了政府支持力度，中央财政对中西部地区除市区以外的参加新农合农民进行补助；提高了管理层次，各级政府建立领导协调监管机构、经办机构和监督管理机构，管理经费不由合作医疗经费开支而由地方政府承担；突出了以大病统筹为主，主要保"大"，适当保"小"；提高了统筹层次，由以乡、村为单位变为以县为单位统筹，加强了抗风险能力；明确了农民自愿参加的原则及赋予农民知情、监管的权力；同时建立特困人口医疗救助制度。

同时，新型农村合作医疗制度也存在一定问题：没有建立稳定、长效的筹资机制；经办机构建设滞后，不适应新型农村合作医疗的快速发展；新型农村合作医疗方案还需进一步完善，一些试点地区设定的补偿较低，起付线较高，封顶线较低，出现了较多的基金结余，加之不合理的程序和审批仍然存在，农民不能得到及时的报销补偿，影响了农民受益；一些定点医疗机构不合理，医药费用上涨较快；这与农村医疗救助工作的衔接还有待进一步加强；我国相关的社会保障法律不完善。

五、城乡居民医疗保险制度的建立

我国的基本医疗保险制度是多元分割运行的体系，存在户籍标准、就业标准（劳动者与居民）、行业部门标准（公职人员与普通劳动者）等差异，在制度分割上表现为职工医保、居民医保和新农合分立运行，在基金分割上主要表现为区县统筹，风险分摊范围有限。城乡医疗保障制度的多元化分割与碎片化现象，固化了城乡二元结构和社会阶层结构，既不利于实现人员流动和社会融合，又不利于通过社会互济来分散风险，保持医疗保险基金财务的稳健性和可持续性，从而直接损害制度运行的效率。同时，城乡医疗保障制度分割运行不利于医保管理资源的整合和有效利用，易引发部门利益之争，加大医保政策的复杂性，容易产生重复参保、漏保现象。基于城乡二元医疗保障体制所造成的制度公平缺失与效率损失，以及由此对社会经济发展的阻碍作用，有必要对城乡居民医疗保障制度进行统筹整合。国务院在 2016 年印发《关于整合城乡居民基本医疗保险制度的意见》（以下简称《意见》），就整合城镇居民基本医疗保险和新型农村合作医疗两项制度，建立统一的城乡居民基本医疗保险制度提出明确要求。

《意见》指出，各地各有关部门要坚持统筹规划、协调发展，坚持立足基本、保障公平，坚持因地制宜、有序推进，坚持创新机制、提升效能，逐步在全国范围内建立起统一的城乡居民医保制度。《意见》就整合城乡居民医保制度政策明确提出了"六统一"的要求：一要统一覆盖范围。城乡居民医保制度覆盖除职工基本医疗保险应参保人员以外的其他所有城乡居民。二要统一筹资政策。坚持多渠道筹资，合理确定城乡统一的筹资标准，现有城镇居民医保和新农合个人缴费标准差距较大地区可采取差别缴费的办法逐步过渡。三要统一保障待遇。逐步统一保障范围和支付标准，政策范围内住院费用支付比例保持在75%左右，逐步提高门诊保障水平。四要统一医保目录。由各省（区、市）在现有城镇居民医保和新农合目录的基础上，适当考虑参保人员需求变化，制定统一的医保药品和医疗服务项目目录。五要统一定点管理。统一定点机构管理办法，强化定点服务协议管理，建立健全考核评价机制和动态的准入退出机制。六要统一基金管理。城乡居民医保执行国家统一的基金财务制度、会计制度和基金预决算管理制度。在《意见》的指导和要求下各地都纷纷开启了城乡居民医疗保险一体化进程，其中天津、重庆和成都等几个代表城市取得了初步的成功。

六、国家医疗保障局的建立

在坚持造福全体人民的目标取向下，社会医疗保险从覆盖企业职工起步，经过将机关事业单位工作人员纳入覆盖范围，再向城乡居民全面扩展，迅速成为惠及全民的社会保障制度安排，传统的城乡分割、封闭运行、单一责任主体的免缴费型初级医保制度逐渐被新兴的覆盖全民、社会化、多方共担责任的缴费型医疗保险制度所取代。2018年，中央决定组建国家医疗保障局，一举扫除了长期制约医保改革的体制性障碍，实现了全国医保事业的集中统一管理，新的局面已经全面开启。城乡分割的居民基本医疗保险制度稳步整合，医保政策范围内的报销水平持续提升，人民疾病医疗后顾之忧持续减轻；通过快速推进医保信息标准化建设，为全国医保制度的有序运行夯实了基础；通过掀起反医保欺诈的专项行动，开始构筑维护医保基金安全的长效机制；通过药品带量采购等措施，有效遏制了药品价格虚高的态势；通过取消居民医保个人账户，发出了增强医保制度互助共济功能的明确信号；通过调整医保药品目录等措施，持续增强了医保制度的疾病医疗保障功能。特别是在反贫困方面，针对疾病是致贫的重要原因，2018年，国家医保局会同财政部、国务院扶贫办联合印发《医疗保障扶贫三年行动实施方案（2018—2020年）》，重点聚焦"三区三州"等深度贫困地区和因病致贫返贫等特殊贫困人口，充分发挥基本医保、大病保险、医疗救助各项制度的作用，切实提高农村贫困人口医疗保障受益水平，到2020年实现农村贫困人口医保制度全覆盖，事实上为贫困地区的贫困人口摆脱贫困提供了非常有力的支持。

第四节　中国生育保险的发展与改革

一、我国生育保险制度的历史

（一）生育保险制度的建立时期

我国生育保险制度在新中国成立初期就已经建立，主要体现在新中国第一部全国统一的社会保障法规——《中华人民共和国劳动保险条例》（1951年2月23日政务院第七十三次政务会议通过）之中，其保障对象为"女工人与女职员"。1955年4月26日《国务院关于女工作人员生产假期的通知》使"机关女工作人员"也有了基本相同的制度保障，保障待遇包括生育保险金、生育休假及生育津贴、生育补助和医疗服务等。

（二）"社会主义改造"时期与"文化大革命"时期

1969年2月，财政部颁发了《关于国营企业财务工作中几项制度的改革意见（草稿）》，规定："国营企业一律停止提取工会经费和劳动保险金"，"企业的退休职工、长期病号工资和其他劳保开支，改在企业营业外列支"。从此，我国社会保险的统筹制度中断了，生育保险制度随之也发生了变化：生育保险的国家统筹消失，企业生育保险形成。各企业只对本企业的女工负责；生育保险从适合多种用工制度变化成了只适合单一的用工制度；上述变化使生育保险制度从"社会"走向"企业"，它的多层次与"灵活性"也消失了，使其在以后的经济体制改革中成了影响妇女公平就业的障碍。

（三）生育保险制度的调整时期

1988年，国务院颁布《女职工劳动保护规定》，女职工产假由原来56天增加至90天（其中产前15天）。1953年的《中华人民共和国劳动保险条例（修正草案）》中有关女工人女职员生育待遇的规定和1955年4月26日颁发的《国务院关于女工作人员生产假期的通知》同时废止。1988年我国关于生育保险的规定有两点作用：一是增加了产假天数；二是对20世纪60年代初至20世纪70年代末生育保险制度的变化由默认到直接承认。

（四）生育保险制度的改革时期

既然原有的生育保险制度已经与市场经济条件下企业制度不相适应，国家又没有统一的新政策，当时医疗保险制度和养老保险制度的改革试点正在全国许多省市进行，各地的生育保险制度改革也就各显神通。1988年后，各地改革措施归纳起来主要有：生育保险基金社会统筹。统筹企业中有女职工生育，其生育医疗费和生育津贴由社会统筹机构负责支付。还有夫妇双方所在企业平均分担生育保险费用。生育保险基金社会统筹或生育保险费用分担，在很大程度上减轻了试行企业生育保险费用的压力，对妇女就业产生了积极作用。但由于地方法规的权威性较弱和各地操作管理上的复杂性，基金的收缴有一定的困难，尤其是对于男职工较多的企业。各地办法不统一，也增加了管理与监督上的难度，为此需要出台全国统一的法规。

（五）生育保险从企业保险走向社会统筹时期

1994年12月，劳动部发布《企业职工生育保险试行办法》（1995年1月1日起试行），全国有了统一的生育保险基金统筹办法。1995年7月，国务院发布《中国妇女发展纲要（1995—2000）》（以下简称《纲要》），《纲要》在生育保险上的目标是：20世纪末"在全国城市基本实现女职工生育费用的社会统筹"。劳动部相继于1995年和1996年分别发布了"关于贯彻实施《中国妇女发展纲要》的通知"和劳动部"关于印发《劳动部贯彻〈中国妇女发展纲要（1995—2000）〉实施方案》的通知"。《企业职工生育保险试行办法》旨在"维护企业女职工的合法权益，保障她们在生育期间得到必要的经济补偿和医疗保健，均衡企业间生育保险费用的负担"。它的实施范围包括城镇企业及其职工。企业包括国有、集体、私营、合资、合作、独资、股份制等。劳动部《关于贯彻实施中国妇女发展纲要》的通知要求，"全国80%左右的县（市），到本世纪末实现生育保险社会统筹"，并将保险覆盖面扩大到城镇各类企业，并且规定企业按不超过工资总额1%的资金向劳动部门所属的社会保险经办机构缴纳生育保险费，社会保险经办机构负责生育保险基金的收缴、支付和管理。在生育保险制度改革的初期阶段，实行市、地、州、县范围统筹，同级社会保险经办机构负责基金的管理，生育保险按照属地原则进行管理。生育保险基金支付项目有生育津贴、与生育有关的医护费用和管理费。其中，生育津贴按本企业上年度职工月平均工资计发，并且其中规定管理费用提取比例不超过生育保险基金的2%。

计划生育是我国的一项基本国策。鼓励计划生育也体现在社会保障的政策之中，其中与生育保险也有关联。与生育保险相关的事项有实施节育（包括绝育）措施的各项费用、独生子女费、女性休假、独生子女母亲延长的产假、晚婚晚育父亲护理假以及各项休假津贴等。关于计划生育的各项休假及津贴，与生育保险一样都由各企业负担。

（六）生育保险并入医疗保险

"十三五"规划提出，"将生育保险和基本医疗保险合并实施"，即生育保障将成为医保制度的一个组成部分，医保将成为主险，而生育保障就类似其中的一个强制性附加险。各类人群只要参加了医保，就自然而然地获得了生育保障的相关权利。这样不仅可有效地缓解医院、患者、政府三方的矛盾，还可以促进社会关系的和谐发展。为了促进政策更好地得到落实，专家提出合并后的生育保险与医疗保险应统一收费，建立生育医疗保险基金，实施全民参保计划，基本实现人员全覆盖。一方面，生育医疗费由生育医疗保险基金支付。另一方面，在职人员生育津贴按照病假工资由用人单位支付，领取时间统一为产假时间；失业人员生育津贴由失业保险支付，领取时间可以参照失业保险的领取原则，每缴纳一年生育保险费可以领取一个月的生育津贴，最长不超过法定产假时间。此外,一旦将生育保险纳入医疗保险制度中,必须保证报销方式实现无缝隙对接,保证原生育保险的作用能够完全实现。将两个体系纳入一个体系,带来的好处是降低成本、人员精简、开支减少,还可以给参保人带来便利,比如报销时会更加便捷。同时,生育保障实现全民覆盖,生育医疗保险由政府和企业共担责任,也有助于实现社会和谐、共享发展、提升民众的获得感和幸福感。

生育保险和基本医疗保险合并后,城市内的单位职工、政府工作人员、非民办企业单位工作人员、具有本市户口的人员、本市雇佣劳动者、个体户等都可以参与基本医疗保险,并具有明确的基本医疗保险关系。另外,企业中的退休人员、符合参保规定的人员也可以享受参保政策。可见,生育保险和基本医疗保险合并实施后,大大提高了就业人员的灵活性,扩大了两险的覆盖面,大大提高了享受生育保险育龄女性的生育保障范围。两险合并以前,生育保险和基本医疗保险具有单独的统筹基金,因此不能混合使用。两险合并后,职工在生育期间或者生育后,在指定生育保险定点机构住院的,只要符合生育保险政策,则在采用生育保险限额方式计算医疗费用后,对于超额的部分可以使用个人账户支付。用人单位参加职工基本医疗保险并按时足额缴费的,职工从参保次月起即可享受生育医疗费用待遇,减少了满足享受生育津贴缴费条件而形成的待遇等待期限。此外,两险合并实施后,参保职工和参保职工未就业配偶发生的符合生育保险政策规定的生育医疗费用(含计划生育医疗费用),由职工基本医疗保险基金生育待遇支出项目支付,减少了参保职工个人资金支出。同时,两险合并实施可以简化机构人员设置、程序实施流程,降低了保险运营成本,提高了基金使用效率。

二、生育保险制度存在的问题

(一)制度公平性不足

生育保险作为一项事关万千家庭生育成本的重要制度,必须秉持公平理念。反观我国现行生育保险制度,其在公平性方面有待改进,主要体现为两个方面:一是在适用对象上,仅有女性职工且在已婚的条件下才有机会享受生育保险待遇。生育保险是全民福利,生育权的行使并不以就业或者结婚作为前提条件,所有分娩的女性均应当享有生育保险待遇。确切地说,不论职业或婚姻状况如何,公民在生育这一行为上并不会有任何差异,因此不应在生育保障上受到区别对待。二是在待遇支付上,女职工可以享受生育医疗费用和生育津贴两项,而男职工的未就业配偶则只能享受生育医疗费用。另外,因统筹层次不高,各地在各自区域范围内实施的生育保险制度也存在不公平的现象。例如,有的城市规定参加基本医保的灵活就业人员只享受生育医疗费用待遇,不享受生育津贴,而有的城市则规定灵活就业人员这两种待遇都可以享受。

(二)法治化程度不高

法治化程度不高主要表现在以下三个方面:其一,规范过于分散有损其制度内容的系统性和协调性,甚至会阻碍制度的实施。我国当前在生育保险制度领域尚无一部专门的"生育保险法",该制度被分散规定在《社会保险法》《妇女权益保障法》《人口与计划生育法》《女职工劳动保护特别规定》《企业职工生育保险试行办法》等多部法律文件之中。其二，前述几部法规中涉及生育保险制度的规定较为粗略，可操作性不强，强制性不足。例如，《妇女权益保障法》和《人口与计划生育法》只在原则上明确"国家应建立生育保险制度"，《社会保险法》仅用了四个条款对生育保险制度进行粗略规定，《企业职工生育保险试行办法》则属于部门规章，层级较低。其三，政策性文件可以有效推动制度改革，却无法促使制度安排走向成熟，更不能维护制度的统一与公平。

（三）责任分担机制不合理

早在1957年，美国经济学家莱宾斯坦就在《第三世界的人口增长和经济发展》一书中提出了孩子的"成本-效益"理论，他认为孩子的生产会产生直接成本和间接成本，前者如因生产而带来的费用，后者则包括公民因生育而放弃的工作机会和收入等。此外，社会学中也有"母职惩罚"的说法，即在职场上，工作母亲与无子女的女性相比，在薪酬、发展机会方面均存在劣势，表现为退出劳动力市场或者职业上升存在阻碍。上述理论均说明，公民可能会因为生育而付出较大的代价。有学者指出，由于生育而带来的成本（如经济压力大和时间缺乏）已成为当前阻碍公民生育意愿增强的重要因素。因此，构建一种高效、公平的生育成本共担机制，分担公民的生育成本，进而促进生育率的提高已经逐渐成为共识。然而，当前生育保险缴费的责任完全由企业承担，国家责任在此过程中体现得极少。生育行为会消耗生育者的精力甚至健康，但其所创造的价值可以使整个社会受益，利益相关者主要包括国家、企业和公民。国际劳工组织也认为，为减轻劳动力市场的歧视，雇主不应单独承担女职工的生育津贴费用。因此，国家在生育保险责任主体中不可或缺。

（四）生育保险功能发挥的实际效果有限

根据学者的测算，中国的生育成本颇高。有学者随机抽取广州、重庆、武汉、南昌、潍坊和玉溪等六个城市作为研究样本，对上述地区公民2015年生育"二孩"的成本进行测算，发现生育过程所耗费用竟分别高达31500元、29500元、29500元、19500元、19000元、14000元。但根据国家医保局数据，2020年生育保险人均生育待遇支出仅为21973元。这说明生育保险待遇还需要进一步提高。再者，2020年享受各项生育保险待遇的人数仅占参保人数的4.95%。然而，第七次全国人口普查结果显示，截至2020年底，我国育龄妇女人数超过3亿人。换言之，我国还有大量的育龄妇女处在生育保险制度的覆盖范围之外，且制度覆盖范围之内的育龄妇女仅有极少数实际享受到生育保险待遇。因此，为了尽可能地释放出社会的生育潜能，我国当前的生育保险制度还需要发挥出更大的作用。

三、生育保险的发展趋势——鼓励生育

生育政策是由国家制定或在国家指导下制定的规范育龄夫妇生育行为的准则。自中华人民共和国成立以来，我国的生育政策随着人口状况的不断变化进行了多次调整修改。直至2021年，中国全年出生人口1062万人，人口出生率为7.52‰，达到历史最

低水平。2021年8月20日，全国人大常委会会议表决通过了关于修改人口与计划生育法的决定，三孩生育政策正式落地。随着中国人口结构的不断变化，从一孩政策到二孩政策再到三孩政策，均是为了达到人口数量和结构的动态平衡。然而，三孩政策在实施过程中面临着许多宏观、中观和微观障碍，由于养儿防老和传宗接代观念的逐步消失，许多年轻人在社会经济压力下出现不想生、不敢生的状况。无论生育政策如何转变，首先受到影响的是女性。因此，在推进三孩政策有效实施的过程中，如何完善生育保障措施，提高生育保障水平，有效保障女性生育权益，是目前我国生育保险制度改革所面临的紧迫问题。

（一）完善基金统筹制度

在推进生育保险与职工基本医疗保险合并运行的过程中，基金统筹问题不容忽视。在当前我国人口老龄化形势严峻的社会现状下，缴纳生育和医疗保险费用的主体数量越来越少；两险合并运行后，为了不加重企业和个人的负担，保险基金的支出压力日益攀升，合并后的保险基金运行的风险增加。为了使两险基金能够提高统筹层次，需要在市级范围统一收缴、管理和支出基金，避免出现基金低层次统筹和封闭运行的情况。应进一步加强全国各省基金之间的均衡和调度，从而提高保险基金的抗风险能力。只有保险基金的共济能力和抗风险能力得到提升，其支撑能力和使用效率才能提高。

（二）政府分担缴费责任

目前，我国生育保险费全部由用人单位承担，除此之外，用人单位还要承担大部分的养老与医疗保险的缴费义务。为了减轻用人单位的压力，需要更加明确政府职责，政府可以发挥其财政职能，例如以税收方式强制全民参与生育保险，这样不仅可以减轻生育保险基金日益增加的支出压力，也可以减少基金风险，还有助于减少用人单位对女性劳动者的就业歧视。此外，对于没有工作或难以缴纳生育保险费用的育龄妇女，政府应向她们提供合理补贴和福利，通过政府分担生育保险缴费责任，进一步提高生育保险保障水平。

（三）提高生育津贴水平

生育津贴在保障和鼓励育龄妇女生育的社会生育保障制度中占据核心地位，是生育保险基金支出的主要部分，在生育保险基金支出中占80%以上，对协助国家人口发展战略调整和引导生育行为具有重大意义。一是延长生育津贴领取时间。现行制度下按0.8%的费率缴纳生育保险费的用人单位，其参保女职工生育或妊娠7个月以上（含7个月）引产的，享受3个月的生育津贴。为了有效保护生育女性在生育及育儿期间的经济权益，生育津贴的支付期限应适当延长。二是缩小地区之间的差异，促进制度公平。基于城乡居民可支配收入等指标研究制订统一的生育津贴标准，充分考虑各地区以及城乡生活水平差异。三是学习和借鉴部分国家成功实践经验，建立公平普惠的城乡居民育儿津贴制度，将现有的社会生育保险制度依照国家人口发展战略逐步建立为覆盖所有城乡居民的现代化保障体系。

（四）扩大生育保险覆盖范围

生育保险覆盖范围在很大程度上反映了生育保障的广度，生育保险覆盖面应当随着社会经济的发展不断扩大。要扩大生育保险覆盖面就要解决非传统就业女性参加生育保险的问题，使所有育龄妇女都能够享受生育保险。针对灵活就业妇女、丧失劳动能力的妇女、农村妇女、女大学生等特殊群体，可以借助政府补贴、定额补助、社会救助等多元化的筹资渠道将其纳入覆盖范围。对于灵活就业的育龄妇女，可制订具体的工作期限标准是已经达到标准的，也应当享受同等生育保险待遇；对于长期丧失劳动能力的育龄妇女，可将其纳入社会救助对象的范围，为其提供帮助；对于农村妇女，可以结合农村实际情况，参照养老保险等在农村的推行经验，提供相应的政策支持帮助其享受生育保险待遇；对于女大学生则应当基于实际情况，实施定额补助等措施帮助其享受生育保险待遇。

第五节 中国长期护理保险的建立与发展

一、中国长期护理保险制度建构的历史背景

（一）人口老龄化、高龄化程度加剧，失能老年人数量剧增

近十年来，我国老龄人口、高龄人口数量逐年攀升，截至2020年底，我国65岁及以上人口数量达到19064万人，占全国总人口的13.50%，80岁及以上高龄老年人口已达3580万人，占全国总人口的2.54%。国家卫健委发布的统计公报显示，2019年我国居民人均预期寿命较2015年提升0.96岁，达到77.3岁，但由于工业化、城镇化及生态环境和生活方式变化等因素的影响，我国老年人的健康状况不容乐观。当前，我国有4000多万失能、半失能老年人，预测显示2030年前后老年失能人口将突破1亿，并于2050年前后达到峰值1.29亿。同时老年失能人口呈现出增速快、高龄化、性别失衡、城乡差异的显著特征。人口老龄化、高龄化进程的不断加快，以及失能人口在数量和结构上的演变，都对我国现有的老年护理格局提出了挑战。

（二）传统的家庭照护功能不断弱化

首先，家庭结构向小型化、少子化转变。第七次全国人口普查数据显示，2020年我国平均家庭户规模为2.62人，较2010年减少0.48人，已跌破"三口之家"的数量底线。造成这一现象的原因，一方面是生育率不断下降，更为重要的原因是"单人户"数量增长，以致大量的空巢家庭、独居家庭、风险家庭和脆弱家庭不断涌现。另一方面是人口出生率的不断下降伴随着老年抚养比的不断增加，家庭规模小型化使得家庭内部养老负担不断加重，这无疑对传统的家庭照护模式带来挑战。

其次，女性就业率逐步提高。在传统"男主外，女主内"为主要的家庭分工模式下，老年人的日常生活照料和生病时的护理都由家里的女性来完成。随着时代的变迁和女性自我意识的觉醒，更多的女性从家庭走上职场，2019年全社会就业人员中女性占比超过四成，妇女的社会参与程度不断提高，这给传统的由女性对老年人进行长期护理的模式带来了挑战。

（三）长期护理费用与老年人支付能力之间的矛盾突出

《2018—2019中国长期护理调研报告》（以下简称《调研报告》）显示，以Barthel指数来衡量，调查地区有4.8%的老年人处于重度失能状态，7%处于中度失能状态，总失能率为11.8%，有四分之一的老人需要得到全方位的照料。在老年人长期护理需求不断扩大的背景下，也存在着支付意愿和支付能力不足的情况。超过六成的受访成年人对自身失能风险持乐观态度，在一定程度上低估了未来的长期护理需要，仅有8.2%的人购买了商业长期护理保险，与55%的商业医疗保险购买率存在较大差距。同时，护理费用也给老年人带来了较大的经济负担。《调研报告》显示，有护理费用支出的中度失能老人中，有一半的人每月服务费用支出占本人可支配收入的80%以上，重度失能老人的情况则更为严峻，有大量的人出现高额支出现象，一半以上的服务购买者每月费用占可支配收入的90%以上。预测显示，2050年我国人均照护费用将比2020年增长约7倍。护理费用负担加剧使长期护理保险制度的保障功能愈加凸显。

二、长期护理保险制度建构的中国问题

自2016年国家层面的长期护理保险试点工作启动后，许多地方政府围绕政策体系、标准体系、管理办法、运行机制等方面进行了有益探索，不仅切实减轻了失能人员和家庭的负担，也推动了养老服务市场的发展。试点实践确实取得了一定成效，但同时也暴露出亟待解决的问题。

（一）法律保障不充分

2006年起，长期护理保险开始出现在我国的政策文件中。其中，国家层面的政策参与主体涉及多个单位，可见国家对于长期护理保险制度建设发展的重视。地方层面的政策文件大多为国家公布的试点城市出台，少数由各地自发出台。政策文件按类型可划分为意见类、规划类、通知类和决定类，这些类型的文件优势在于制定周期短、易实施，缺点在于缺乏法律效力、约束力不强。已有政策文件多停留在探索建立长期护理保险制度、开展和扩大长期护理保险制度试点层面，各地在覆盖面、筹资来源、待遇给付、管理办法等方面呈碎片化特征，缺乏统一的具有强制力的法律文件。目前，《中华人民共和国社会保险法》没有明确规定长期护理保险可以作为社会保险或从属某种类型的社会保险，这也给各地探索建立长期护理保险制度造成阻碍，未来我国要加快长期护理保险方面的立法，形成有效的立法保障。

(二) 参保和保障对象覆盖面较小

一是参保对象覆盖面较小。从身份和地域上看，第一批15个试点城市中有5个城市参保对象为城镇职工，1个城市参保对象为城镇职工及城镇居民，仅有60%的城市覆盖城镇职工及城乡居民。第二批的试点城市中，绝大多数城市的参保对象仅覆盖了城镇职工，这就表示有大量的城乡居民尤其是农村居民未被纳入参保对象。将城镇居民或农村居民排除在制度保障外，既违背了公平性原则，也有损于基金规模的扩大，更不利于改善农村老年人护理服务供给不足的现状。从覆盖人群年龄看，年轻人需要支付相对较高的费用，利用率却远低于老年人口，代际不平等现象严重。总的来说，长期护理保险制度在身份、城乡、代际上存在不平等现象。

二是保障对象覆盖面较小。绝大多数试点城市仅把重度失能人员列为保障对象，只有长春市、南通市、苏州市和呼和浩特市明确规定中度失能人员为待遇给付对象，还有些城市则是按照失能级别界定给付对象。由此可见，多数城市未把失智人员、中重度失能人员纳入保障对象，这类人员身体状况和经济收入或与重度失能人员类似，不仅没有享受到应有的服务保障和待遇补助，反而成了护理资金被"再分配"的一方，既严重违背社会保险的互济原则和权利义务相对等原则，也很有可能造成参保人员放纵健康水平恶化的道德风险。

(三) 筹资机制不健全

一是筹资的独立性不强。从试点实践来看，尽管多数试点城市在政策中明确了探索建立多渠道筹资机制，规定长期护理保险资金由个人缴费、单位缴费和财政补助等构成，但实际上是从医保统筹基金或医保个人账户进行划拨来作为单位、个人的缴费部分。一方面，单位和个人缴费责任并未真正落实，不利于基金池的扩大，也不利于发挥共建共享的作用；另一方面，从实际筹资份额来看，长期护理保险基金仍过度依赖医保基金。如果是按比例从医保基金中划拨，长期护理保险的筹资来源尚能保证，但如果是依靠医保结余资金划拨，当医保基金结余有限或不足时，将影响长期护理保险基金的财务可持续性。2020年9月，国家医保局会同财政部印发《关于扩大长期护理保险制度试点的指导意见》(以下简称《指导意见》)，明确指出，我国长期护理保险的制度设计是朝着独立险种方向迈进，而不是医疗保险的2.0版本，未来应持续探索更加科学合理的筹资机制。

二是各地筹资标准差异大，筹资水平普遍偏低。目前《指导意见》只是提出了"以收定支、收支平衡、略有结余"的原则，并未给出具体的标准。在此背景下，有两个问题亟待解决。其一，地区间的筹资标准差异非常大。以固定金额筹资的城市为例，各地间缴费金额每人每年30元到240元不等。筹资额差异巨大必然会导致保障范围、保障水平的不同，也对全国统一的长期护理保险制度的建立形成掣肘。其二，各试点地区筹资标准普遍偏低。经测算，如果按照0.3%的发生率和60%的实际报销比例测算，以定额方式进行筹资的平均筹资额应该不少于150元为宜。对比现行地区的筹资标准，还有不少地区未达到平均筹资额。

（四）等级评定体系不完善

一是失能等级评估标准不一。第一批 15 个试点城市通过不同的失能等级评定标准界定给付对象，其中 10 个城市参照国际评估量表执行，5 个城市自行研制本地化的评估标准体系。参照国际评估量表的城市使用的是《Barthel 指数评定量表》，虽然此量表具有省时便捷的优点，但是存在评分过于笼统不便于等级评定的缺点。自行研制本地量表的城市，既有像荆门市、上海市那样评分较为细化的，也有像上饶市那样仅把失能人员分为轻度失能、中度失能和重度失能的，失能评定内容较简单的问题仍需不断改进。未来随着统筹层次的提高，城市间失能等级评价标准的差异，也会给异地结算造成阻碍，不利于长期护理保险的实施和推广。

二是失能等级评估的客观性和有效性有待提升。从评估方法来看，多数试点城市采取他评与自评相结合的失能等级评定方法，然而他评和自评都存在局限性，易受到主观因素、专业知识等方面的影响，容易出现为获得更高等级护理而夸大病情的现象，影响评估的客观性。从评估机构来看，有的城市是委托第三方专业评估机构负责失能等级评定工作，有的城市则是由定点服务机构初审，劳动能力鉴定中心或医保经办机构复审，这些复审机构还担负自身专业事务，同时兼任"裁判员"和"运动员"的角色，使得评定结果的有效性难以保证。

（五）待遇给付与现实需求不匹配

一是给付范围不明确。从国家和地方出台的有关长期护理保险的文件来看，国家层面上的《指导意见》只是明确了基金主要用于支付符合规定的机构和人员提供基本护理服务所发生的费用，并未规定具体的服务内容。多数试点城市对于给付范围的规定是"基本生活照料服务和相关医疗护理服务""符合规定的护理机构费用""符合规定的护理人员服务费用"，对给付范围有明确规定的城市不多。目前各地就待遇给付范围是医疗护理支出还是日常照护支出的争议很大，一些地区仅支付与医疗直接相关的护理费用，而例如预防性照护、康复保健、心理疏导等方面支出不在给付范围内，所以长护险的待遇给付范围仍待厘清。

二是给付方式与现实需求难以契合。待遇给付方式主要分为服务给付、现金补贴、混合给付三种形式。从服务给付方式来看，老年人可以选择居家护理服务或入住社区卫生服务中心、医疗机构、养老院或护理机构等定点机构接受护理服务。就试点情况而言，一些城市购买的长期护理服务难以满足失能老人的多样化需求，如助餐、体测、保洁等简单的日常生活照料难以使老年人摆脱现实生活困境。现金给付方式可分为补偿支付和定额支付。补偿支付与产生费用挂钩，一般会设置起付线、报销比例和封顶线等；定额支付则是按固定金额支付，补偿金额与实际产生的护理费用不挂钩。较少的补贴金额能否满足老年人的现实需要还有待商榷，地区间的较大差距是否有违公平性也有待考量。以服务给付为主、现金补贴为辅的主流支付方式更符合长期护理保险的政策定位。试点中存在的给付方式单一、现金输出匮乏的现象，难以契合失能老人现实需求。

(六) 配套体系不完善

一是护理专业人才短缺。护理服务是长期护理保险支付的标的物，而护理服务的实现需要护理人员，我国现有的护理人员并不能满足现实需要。按比例看，我国现有50余万名养老护理员远远不能满足4000多万失能、半失能老年人的照护需求。由于长期护理保险在我国实践时间较短，现有的护理人员局限于医院的护士或护工，他们具备的专业技能与医疗服务相关，对于生活照料方面的知识和技能仍有欠缺。在未来老龄化程度不断加深、失能老年人数量不断增加的趋势下，养老护理人员在数量和质量上缺口仍然很大。

二是护理床位不足，护理服务质量有待提升。《2020年度国家老龄事业发展公报》显示，截至2020年底，全国注册登记的养老机构3.8万个，较上一年增加11.0%，床位488.2万张，较上一年增加11.3%，社区养老照料机构和设施29.1万个，社区养老服务床位332.8万张，长期护理保险定点护理服务机构4845个。养老机构和床位数量较上一年都有所上升，但是长期护理保险定点服务机构数量和床位占比不足。民政部数据显示，2020年全国养老机构床位使用率仅为50%，专业的医疗护理服务能力和日常生活护理能力不足是造成养老机构入住率较低的重要原因。"十四五"规划和《2035年远景目标纲要》提出，2025年养老机构护理床型占比要达到55%。

三是商业长期护理产品短缺。据中国保险行业协会网站数据，截至2022年1月10日，全国开设长期护理保险业务的保险公司有30余家，在售的护理保险共计109款，其中85%为传统型产品。产品总体上呈现出投保年龄限制较严格、保障期限设置较短、长期护理责任不突出、评估方法不完善、以现金给付为主的给付形式较为单一等特点。对于保险公司来说，由于长期护理保险运行时间较短，精算数据相对缺乏带来了定价风险与经营风险。受信息不对称与消费者风险感知等因素的影响，消费者对长期护理保险的购买意愿远低于医疗险、重疾险和意外险等主流险种。为了满足不同层次人群的需要，保险公司应设计出更加科学合理的长期护理产品，还应加强宣传推广，扩大民众对于商业长期护理保险产品的知晓度，提升潜在购买者的参保意愿。

三、长期护理保险制度建构的中国之路

2021年9月29日，国务院办公厅印发《"十四五"全民医疗保障规划》，明确了党和国家有关稳步建立长期护理保险制度的战略部署。遵循该部署，本书从"保基本、低起步、广覆盖、提标准"的原则出发，在充分考量我国当前经济发展水平和老龄化发展趋势的国情基础上，以国家、社会、个人责任共担为权利义务分配理念，以独立险种为制度目标，提出构建中国长期护理保险制度的六条路径。

（一）加快顶层设计，形成全国统一的制度框架

一是从法律层面明确制度的地位。应尽快开展长期护理保险立法研究，针对试点中存在的筹资模式、待遇给付等方面的公平性问题，从立法层面明确发展方向。我国可以借鉴国外经验，通过法律明确各相关主体的责、权、利，建立起内容完整、条理清晰、要素完备的长期护理保险法规体系，为长期护理保险的制度的可持续发展提供法律依据。

二是统一制定各项标准与细则。应加大探索力度，在确保制度的一致性和公平性的基础上，尽快在参保对象、保障范围、资金筹集、待遇给付、经办管理等制度设计框架上形成统一的国家线，各地可依据自身情况适度调整，避免制度碎片化带来的弊病。与此同时，政府还应利用多种宣传渠道，提升民众对长期护理保险的知晓度，在进行制度设计和调整时应充分考虑民众需求。

（二）逐步扩大参保群体，完善多元筹资机制

一是逐步扩大参保对象覆盖面。长远看，覆盖全民的长期护理保险制度才能维护制度的公平属性，但各地在经济发展水平、基金筹集能力、护理服务水平、群众参保意愿上存在差异，试点阶段从职工基本医疗保险参保人群起步较为稳妥，有条件的地区可以考虑将城乡居民纳入参保对象。已有研究表明，将城镇职工和城乡居民一同作为参保对象，既有助于缓解个人筹资压力，也避免了制度的碎片化造成高收入人群高福利、低收入人群低福利的"福利倒挂"现象，并且有助于基金池子的扩大，有利于实现长期护理保险的"大数法则"原则。

二是完善多元筹资机制。首先，各地区通过科学测算本年度所需的护理费用，以支定收，合理规划本年度基金筹资总额。其次，坚持共建共享原则。《指导意见》规定了职工参保人群的筹资责任由单位和个人同比例分担，而我们应该看到长期护理保险是补偿个人在失能时所产生的护理费用，在权责统一的社会保险体系下，应着重突出个人筹资的重要性。因此，建议在科学测算的基础上适度增加个人筹资比例。此外，各地可根据自身财政状况，科学划分政府筹资比例。最后，拓宽筹资渠道。积极引导社会力量共建长期护理保险，充分发挥个人捐款、团体捐赠、企业捐赠以及福利体彩等社会化筹资渠道的作用。对特殊困难群体给予适当资助，充分发挥社会保险的互助共济功能。

（三）统一失能评估标准，加强部门间的协调配合

一是整合试点城市的失能评估标准方法。2021年8月3日，国家医保局办公室和民政部办公厅印发了《长期护理失能等级评估标准（试行）》，对评估指标、评估实施和评估结果判定做了相关规定，明确了14个新增试点城市参照该标准执行，原有试点城市参照完善本地标准并于两年内统一到该标准上来。这一举措将有力助推全国建立统一的长期护理失能等级评估标准，使失能人员能公平享有护理服务待遇，也为长期护理服务的规范化和精准化提供了模板。

二是建立部门间的协调配合机制。探索建立评估数据共享机制，在确保信息安全的前提下，借助"互联网+"技术搭建数据共享平台，实现部门间信息的互联互通。探索建立评估结果跨部门互认机制，对于经医保部门评估符合长期护理保险待遇享受条件的失能老年人，民政部门在给予护理补贴、指导养老机构开展入院评估时，探索采信医保部门评定结果。部门间的协调配合不仅有助于提高评估效率，也能大大降低评估成本。

（四）适度扩大群体受益面，待遇支付体现适度

一是适度扩大保障范围。对于保障人群也应遵循逐步推进的理念，重点保障重度失

能人员基本护理保障需求。重度失能对象由于其群体特点，如人数比例低、平均余寿短、状态可逆转性低、护理需求强度高，整体呈现出生存质量偏低的状态等，亟需从制度层面给予保障。各试点地区可根据基金筹资水平和服务体系发展状况，考虑拓宽保障范围，向中度失能人群逐步扩展。还要合理规划保障项目，明晰长期护理保险中的基本护理服务与基本医疗保险中的医疗护理和家政家务服务之间的界限，着重规范项目的内涵和质量。

二是建立公平适度的待遇支付机制。国家可以考虑建立长期护理保障待遇清单，明确待遇支付范围，将凡是符合规定的机构和人员所产生的护理服务费用纳入支付范围。通过实施差别化的待遇保障政策，采取按服务包、按床日、按定额等付费方式，鼓励更多失能人员使用居家和社区护理服务。待遇保障要遵循适度原则，防止护理资金过度使用。补偿机制是衡量一个保险制度保障水平的重要指标，补偿机制应融合动态发展特征，充分遵循"与经济社会发展水平相适应"原则。为避免陷入福利国家陷阱，各地应参照执行《关于进一步深化基本医疗保险支付方式改革的指导意见》提出的基金支付水平总体上控制在70%左右。

（五）完善长期护理服务供给，健全监督管理体系

一是构建长期护理服务包。失能老人的个体差异性决定了护理服务的差异性，因此必须以长期护理服务包为重要抓手，不断完善长期护理服务供给。首先，通过梳理护理服务清单形成供给"项目库"，然后根据受益对象对同一服务项目的需求强度进行分类，可分为基础护理服务项目与按需项目，最终形成"必选项＋自选项"为组合的"服务包"。基于此，失能老人可依据个人健康、家庭护理水平、经济承受能力等进行选择，形成量身打造护理服务包，从而实现护理服务的供需适配。

二是积极推行居家护理服务。国家医保局数据显示，2020年我国近80%失能参保人员选择使用居家服务，因此，必须重视家庭非正式护理的作用。一方面，对家庭照料者进行培训，传授专业的护理知识和技巧，提高其护理能力。通过推行居家护理津贴制度、喘息假期、税费减免等形式，保障家庭照料者的权益。同时严格规定给付条件，针对直系亲属直接提供护理服务的情况，在核定其护理能力、护理达标度、完成度的情况下，由基金进行资金补偿。另一方面，发挥社区作用，通过搭建社区综合照护服务站，让有需求的老年人就近享受护理服务。

三是健全监督管理体系。我国应不断完善对护理服务机构和从业人员的协议管理和监督稽核制度，同时积极引导社会力量参与监督。由社会组织参与并发布专业的监督报告，个人依托信息平台进行监督，充分考察护理机构和护理人员的服务质量，管理部门对违法行为严格处罚，共同维护长期护理服务市场的规范化运作。

（六）加快长期护理配套体系建设

一是加强护理服务人才队伍建设。针对我国现有的老年护理服务人才短缺的现象，国家通过政策指引，大力开展专业技能培训，使一大批养老护理员和老年护理专业护士的服务技能得到了提升，助推了老年护理服务质量的提高。未来还应探索多种方式增加

护理服务业人力资源供给。首先，应完善老年护理服务人员薪酬动态调整机制，出台行业工资标准，通过待遇的逐步提升补齐人才缺口。其次，在职业教育体系中灵活开设与护理、康复相关的专业，本科教育阶段设置护理学、康复治疗学、中医康复学等相关专业，给予学生在报考、实习、就业上的优惠及资助，吸引、培育和留住更多的老年护理行业专业人才。

二是大力培育护理服务机构。针对机构护理供需失衡的现状，鼓励现有机构增设护理服务，增加提供老年护理服务的医疗机构、床位数量和服务供给；鼓励医疗资源丰富地区的部分一级、二级医院转型为护理院、康复医院；鼓励有条件的基层医疗卫生机构根据需要设置和增加提供老年护理服务的床位；鼓励二级医院设置老年医学科，为老年患者提供住院医疗护理服务；鼓励有条件的医疗机构积极为老年患者开展延续性护理服务，将机构护理延伸至社区和居家。通过税收优惠政策鼓励民间资本、非营利组织进入长期护理市场，对其给予税收、土地等政策上的优惠，不断充盈长期护理服务市场。最终按照国家政策方针指示建立起覆盖老年人群疾病急性期、慢性期、康复期、长期照护期、生命终末期的护理服务体系。

三是积极推动商业长期护理保险发展。在我国家庭小型和护理服务需求多元化的趋势下，灵活多样的商业长期护理保险能更好地满足群众的多样化需求。首先，政府可以积极引导商业保险公司研发顺应市场需求和护理服务体系的保险产品，可以考虑将寿险产品与长期护理保险产品结合销售，以打消消费者疑虑，逐步扩大市场份额。其次，通过税收优惠支持商业护理保险发展，例如通过免收增值税调动商业保险公司的积极性。最后，鼓励支持商业保险公司参与护理产业链的整合。通过战略合作、投资设立、兼并收购等多种商业手段打通整个护理服务产业链，向上衔接医疗保险和护理保险，向下带动老年医疗、护理服务、科技及建筑等产业，通过资源整合打造护理产业"一条龙"式服务，为失能老人提供高效、便捷的护理服务。

思考题

1. 与英国的医疗保险模式相比，新加坡医疗保险模式的特色是什么？新加坡的这种模式适合中国吗？
2. 试总结可以从哪些角度来评价一种医疗保险模式？
3. 如何正确看待医疗保险制度中的公平与效率问题？
4. 低生育率背景下，生育保险制度如何发挥生育支持功能？
5. 谈一谈中国长期护理保险制度模式选择与发展路径。

推荐阅读

1. 仇雨临. 城乡医疗保障制度统筹发展研究 [M]. 北京：中国经济出版社，2012.
2. 王东进. 回顾与前瞻：中国医疗保险制度改革 [M]. 北京：中国社会科学出版社，2008.
3. 王莉. 医疗保险学 [M]. 广州：中山大学出版社，2011.

第九章 工伤保险制度

◉ 开篇案例

工伤事故无情　工伤保险有爱

（作者：骆国红　李国庆①　来源：惠州日报　日期：2023—04—10）

生活中会发生许多意外，一场工伤事故有可能摧毁一个职工乃至整个家庭的幸福与希望。而工伤保险作为社会保障最后一道安全网，则为广大劳动者保驾护航，为工伤职工遮风挡雨，为工伤职工家庭支起顶梁柱、托起明天的希望。工伤保险助力为工亡职工安排好"身后事"。

34岁的李某辉受雇于深圳市某公司惠州分公司，2021年12月24日，一次高空作业时，李某辉不慎坠落，送惠州市中心人民医院救治，仍在2022年3月19日救治无效死亡，留下年迈的父母和未成年的孩子。李某辉一直是家里的顶梁柱，他的意外离世，不仅给家庭带来沉重的精神打击，也让家人的生活陷入困难，让本就不富裕的家庭雪上加霜。正当李某辉全家上下为以后的生活不知所措时，一片希望之光照亮了这个陷入阴暗的家庭。原来，李某辉所在公司为其购买了工伤保险。事故发生后，该公司立即向惠州市工伤保险行政部门提交报告及申请材料。该中心收到申请后，立即按照相关程序为李某辉办理工亡待遇赔偿相关工作，最终李某辉家属获得工伤医疗费22万余元，一次性工亡补助金948240元，工伤丧葬补助金55164元，供养亲属抚恤金从工亡次月开始每人每月发放1654.92元，每年还将根据调待通知进行调整（其父母发放至死亡，女儿发放至成年）。对此，李某辉家属内心感到莫大的慰藉。工伤事故猛于虎，伤害保险为意外"兜底""如果没有工伤保险，我受伤后肯定无法得到有效的治疗，接下来的生活也很难有保障。"

近日，在谈起自己受伤后的治疗经历，黄某根深有感触地说。黄某根是惠州市某物流有限公司的员工，2022年3月5日，他在卸货时不慎脚踝扭伤，经工伤伤情诊断为双侧跟骨粉碎性骨折、左距骨骨折、双踝关节严重扭挫伤。2022年3月25日，黄某根在用人单位协助下，向市工伤保险行政部门提出了工伤认定申请。经调查核实，黄某根

---

① 骆国红，惠州日报记者，李国庆，惠州日报通讯员。来源网址：http://e.hznews.com/hzrb/pc/content/202304/10/content_1042312.html。

在受伤期间已经在惠州市参加工伤保险。黄某根受到的事故伤害（或患职业病），符合《广东省工伤保险条例》第九条第一项之规定，属于工伤认定范围，予以认定（或视同）为工伤。2022年5月26日，经伤残等级鉴定，黄某根鉴定为九级伤残。享受工伤保险待遇包括医疗费5万余元，伙食费3700元，一次性伤残津贴54135元。如本人辞职或用人单位终止劳动合同可享受一次性医疗补助金（标准为2个月本人工资，由工伤保险基金支付），一次性伤残就业补助金（标准为8个月本人工资，由用人单位支付）。"幸亏有了工伤保险，我的个人利益才得到'兜底'保障。"黄某根庆幸地说。

工伤事故无情，工伤保险有爱。参加工伤保险是用人单位应尽的责任，是广大职工应有的权益保障。工伤保险能够使工伤职工及时得到医疗救治和经济补偿，为职工提供稳定的基本生活保障，能够分散用人单位风险，对维护社会安定发挥着重要作用，"也希望所有用人单位都能提升按规定参加工伤保险的意识，自觉履行缴纳工伤保险的责任和义务，共同促进劳动关系和谐发展。

第一节 工伤保险概述

一、工伤保险的涵义

工伤保险亦称"职业伤害""工作伤害"。各国的工伤保险概念不尽相同。规范的解释是1921年国际劳工大会上通过的公约提及的，即"由于工作直接或间接引起的事故为工伤"。1964年第48届国际劳工大会规定了工伤补偿应将职业病和上下班交通事故包括在内。我国国家标准GB6441—86《企业职工伤亡事故分类》中将"伤亡事故"定义为"企业职工在生产劳动过程中，发生的人身伤害、急性中毒"。

工伤保险制度是指国家组织实施，由用人单位缴费建立工伤保险基金，对参保单位职工因工作原因遭受意外伤害或者患职业病，从而造成死亡、暂时或者永久丧失劳动能力时，给予职工及相关人员工伤保险待遇的一项社会保险制度。一般而言，各国对职业伤害的给付标准一般高于普通人身伤害赔偿标准。1964年在第48届国际劳工大会上通过的《工伤事故和职业病津贴公约》及《工伤事故和职业病津贴建议书》中均指出，实施工伤保险的目的是在当受雇人员发生不测事故时，提供及时的医疗护理、职业康复现金津贴，并采取适当的措施防止和杜绝工伤事故和职业病的产生。

二、工伤保险遵循的原则

（一）无过失补偿

无过失补偿又称"无责任补偿"原则，它有三重含义：(1) 劳动者在生产过程中遭受工伤事故，无论事故责任属于本人、企业（或雇主）或者是相关第三者，均应依照规定的标准给付工伤保险待遇。并且，待遇将给付与责任追究相分离，不能因为保险事故责任的追究有归属，影响待遇给付的时间与额度（本人犯罪或故意行为除外）。（2）从目前实行基金制度国家的工伤保险制度实施情况上看，无责任补偿原则的另一层意思，即企业或雇主不承担直接给付工伤补偿的责任，而是由掌握工伤保险基金的社会保险机构统一给付待遇，不必通过法律程序和法庭的裁决。（3）国家法规强制要求有职业危险的企业依法参加工伤保险，且待遇的构成、计发标准、支付方式与时间、缴费标准都是强制性的。

（二）损害赔偿

工伤保险是以减少劳动者因执行工作任务而导致伤亡或疾病时遭受经济上的损失为目的，因此，工伤保险应坚持损害补偿原则来给付待遇，即不仅考虑劳动者维持原有本人及其家庭基本生活水平、并补偿劳动力生产和再生产的最直接、最重要的费用来源损失外，同时还要根据劳动者的伤害程度、伤害性质和职业康复和激励等因素进行适当经济补偿。基于损害赔偿的原则，对于既有工伤又有民事责任的工伤事故，受害者不应享有双重待遇，即受害者只能在享有工伤待遇和民事索赔权益两者间选择其中之一。

（三）预防－补偿－康复相结合

为保障工伤职工的合法权益，帮助恢复劳动者身体健康，减少、杜绝同类事故的再发生，须把单纯的经济补偿和医疗康复以及工伤预防措施有机结合起来，保障劳动者安全与健康。从长远看，预防－补偿－康复三者结合起来，形成完整、系统的工伤保障机制，是工伤保险发展的必然趋势。这样做有利于安全生产和事故防范，减少工伤事故和职业病的发生，能够获得最大的社会效用。

三、工伤保险基本内容

（一）覆盖范围

在工伤保险制度实施初期通常都是先覆盖正规企业及其雇员，随着经济的发展、劳动者的诉求和相关技术的不断成熟，工伤保险的覆盖范围才不断地扩大。除正式雇员外，许多国家还将自我雇佣者和学徒纳入覆盖范围。

（二）基金筹集

1. 工伤保险基金来源

工伤保险基金通常由用人单位缴纳的工伤保险费、工伤保险基金的利息和依法纳入工伤保险基金的其他资金构成。其中用人单位缴纳的工伤保险费是最主要的资金来源。

2. 工伤保险费率

工伤保险费率是指社会保险经办机构向用人单位征收的工伤保险费与缴费工资总额的一定比率。为了体现不同工伤事故风险行业在工伤保险费负担上的公平性，以激励企业主动地采取措施加强安全生产、减少工伤事故和职业病的发生，大多数国家工伤保险实行差别费率制和浮动费率制。在实践中,也有部分国家实行统一费率制。

(三) 资格条件

劳动者获得工伤保险的条件主要有两个:一是参加工伤保险;二是发生因公伤残、死亡和职业病且得到合法认定。为此,对工伤和职业病的认定非常关键,通常是由权威机构和权威专家来进行。鉴定工伤所致失能大小,一般考虑三个方面因素:人身能力丧失、职业能力丧失和一般工作能力丧失。所谓人身能力丧失,是指因工伤而使个人人身的适应性受到损害。所谓职业能力丧失,是指因工伤而使得个人从事某种特定职业的活动能力受到损害。所谓一般工作能力丧失,是指因工伤而使得个人从事某种特定职业的活动能力受到损害。

(四) 保险待遇

1. 工伤保险待遇构成

工伤保险待遇通常由下列项目组成:(1) 治疗工伤的医疗费用和康复费用;(2) 住院伙食补助费;(3) 就医交通食宿费;(4) 伤残辅助器具安装配置费用;(5) 不能自理者的生活护理费;(6) 一次性伤残补助金和按月领取的伤残津贴;(7) 因工死亡者,其遗属领取的丧葬补助金、供养亲属抚恤金和因工死亡补助金;(8) 劳动能力鉴定费;(9) 治疗工伤期间的工资福利费,等等。

2. 工伤保险待遇水平

工伤保险待遇水平与工资水平和工伤程度相关联。工资包括本人工资和社会平均工资,工资水平越高,待遇水平就越高。工伤程度由权威机构的鉴定结果为依据,如伤残的,即伤残等级越高的,待遇水平就越高。

四、工伤保险历史沿革

世界上第一部《工伤保险法》于1884年7月6日诞生于德国。这一时期,人权意识增强,人们对自由、平等、理性、法律、制度等有了更深刻的理解。同时,资本主义制度在这一时期得以确立,为了缓解社会压力,维护社会稳定,保障充足的劳动力,给劳动者人体和精神上的保护,工伤保险制度安排应运而生。工伤保险坚持"不以追究事故责任者确定赔付的原则",预防为先,康复优于补偿。

1885年,德国成立了工伤保险经办机构——工伤保险同业公会,同业工会由民主选举产生。工伤保险经办机构同业公会不隶属于任何政府部门,但仍然具有公共管理部门的性质,因此可以称其为半官方的自治机构。德国工伤保险经办机构分为三大类:一是农业同业公会,二是公共系统的工伤保险经办机构,三是工商业同业公会,其中工商业同业公会是德国最大和最重要的工伤保险经办机构。

德国的工伤保险法距今已有一百多年的历史,且持续地发挥着作用。随后,英国、法国、美国、日本等纷纷效仿德国,先后颁布法律建立了自己的工伤保险制度。

五、工伤保险制度国际比较

(一) 制度种类比较

目前,世界上建立工伤保险的国家大致有三种类型:第一种是建立公共基金的社会保险类型;第二种是雇主责任制;第三种是混合制,即前两种类型并存。1985年,国际劳工专家对140个国家的工伤保险制度进行分类时研究,由于各国历史、经济、文化背景不同,第一种类型约占建立工伤保险制度国家的2/3;第二种类型的国家大约有40个,实行工伤保险制度国家的占29%;也有少数国家属于第三种类型。随着工伤保险制度的不断发展,国际上对于工伤保险的认识不断深化和趋同,赋予工伤保险的功能不断延伸,建立预防、补偿、康复相结合的工伤保险制度已成为当今主流。

(二) 管理方式比较

工伤保险管理机构的组建方式主要取决于国家所实行的保险模式。实行雇主责任的国家无需保险机构或由私人保险机构管理,实行社会保险制度的国家则由公共机构或保险基金会单独负责工伤保险工作并支付各项补助金。日本和德国是由政府直接管理,法国和意大利是政府指定中央部门监督,靠自治性协会在国家法律范围内管理,匈牙利和保加利亚等国家是政府立法,由各级工会管理。

(三) 筹资方式比较

工伤保险基金的筹集方式大体有三种:一是个别(单独)确定法,又称为功过确定法或经历确定法。这种方法与雇主责任制中的义务性保险缴费额的确定办法最为接近。二是集体确定法,这种办法与单独确定法较为相似,不同之处在于它是根据企业发生工伤危险情况而确定费率(由雇主缴纳)。三是统一确定法。在这种方法下,共担风险的原则得到最全面的应用,这也是所有办法中最简单的一种。雇主责任制下的工伤保险基金筹集方式具体有企业自保办法:由企业向商业保险公司投保的办法,由政府征收工伤保险准备基金的办法。而社会保险制度下的工伤保险基金筹集办法有社会统筹的办法:由政府规定统一的待遇项目与标准企业自行支付的办法。

第二节　中国工伤保险制度的建立和发展

一、制度建立时期

一般认为,中国的工伤保险制度始于1951年2月26日由政务院颁布的《劳动保险条例》(以下简称《条例》)对工伤保险的主要规定:治疗费、药费、住院膳费与就医路费,均由企业或资方负担,其间工资照发;致残退职后需要人扶助者发75%抚恤费,不需要扶助者则发 60%，直到死亡。1953 年修订《条例》，提高了工伤待遇支付标准（因工致残丧失劳动能力的残疾补助费由原来的 5%~20% 改为 10%~30%；丧葬补助改为 3 个月的企业平均工资；丧葬救济费由之前的支付死者本人 3~12 个月工资改为 6~12 个月）。1957 年 2 月 23 日，卫生部发布的《职业病范围和职业病患者处理办法的规定》将职业中毒、尘肺等 14 种与职业活动有关的疾病正式列入法定职业病范围，首次将职业病列入工伤保险补偿范围。1957 年 9 月，党的八届第三次全体扩大会议上，周总理在《关于劳动工资和保险福利问题的报告》中指出工伤保险制度的不足支出：主要是步子迈得太快，与国情现状不相适应，助长职工对国家依赖心理，还存在项目混乱、制度规定不合理、管理不规范、标准不统一、苦乐不均及浪费严重等现象，今后重点是调整。"文化大革命"时期主要是完善制度，对工伤补偿保险、工伤范围、职业病问题以及死亡、抚恤等几大方面都做了明确规定，还规定了支付待遇的办法。

1978 年 12 月，党的十一届三中全会召开，重建劳动保险提到议程，主管部门出台一系列规定，主要包括扩大工伤保险实施范围，建立劳动能力鉴定委员会负责病、伤残职工的休假、病假、复工、定残工作，对遗属管理的工作，进一步明确因工负伤治疗与疗养期间的其他费用问题。对于工伤补助给付问题，制定了相应的职业病名单。

二、改革探索时期

同其他社会保障项目一样，工伤保险制度也是随着经济体制改革，尤其是国有企业改革的开展而逐步进入改革时期的。原制度覆盖面窄，不适应改革开放后发展多种所有制经济的需要，企业保险抗风险能力低，待遇项目不完整，缺少一次性补偿待遇。这一时期缺乏调整机制，补偿标准低，所以"工伤闹"的事件经常发生，伤残等级标准笼统，不便于划分。到了 20 世纪 80 年代中期，企业改革全面铺开，自主经营、自负盈亏。企业之间负担畸轻畸重，有的企业工伤事故多、负担重，并且无保障，而有的企业工伤事故少，负担较轻。

由于以上问题的出现，1991 年全国人民代表大会七届四次会议批准的第八个五年规划纲要提出"要努力改革工伤保险制度"，1993 年党的十四届三中全会通过的《社会主义市场经济体制若干问题的决定》提出要"普遍建立企业工伤保险制度"，1994 年《中华人民共和国劳动法》明确提出建立包括工伤保险在内的社会保险制度。

1988 年劳动部主持制定了工伤保险制度改革方案，从此拉开了中国工伤保险制度改革的序幕。建立工伤保险基金，以支定收，留有储备，实行行业差别费率；调整待遇项目和标准，将只给重度伤残职工发放退休金，改为依据伤残等级发给定期抚恤金和一次性补助金；建立待遇调整机制；加强管理，对工伤认定、劳动能力鉴定等做出规范。之后，陆续在海口市、东莞市、深圳市、延吉市等地开展了试点。

1996 年 8 月 12 日，劳动部发布《企业职工工伤保险试行办法》（从 10 月 1 日执行），对原企业保险制度进行根本性改革。新制度体现了预防、补偿、康复相结合的思路。这其中有相关规定：实行基金统筹，变企业保险为社会保险；扩大实施范围，突破原"全民执行，集体参照，其他没有"的局限；建立差别费率机制，实行行业差别费率和企业浮动费率制；规范待遇项目和标准；增加了 1~4 级的一次性补偿金；明确认定和鉴定程序以及有关管理规定等。

三、制度完善时期

2003年4月27日，国务院颁布《工伤保险条例》，2004年1月1日该条例正式生效，这标志工伤保险制度在中国的基本定型。这一条例有两个明显的特点：覆盖面扩大，范围覆盖了各类企业、有雇工的个体工商户、非财政性拨款的事业单位、社会团体、民办非企业单位等；待遇内容广，其保障的范围与内容包括了上下班途中，受到机动车伤害等。

《工伤保险条例》颁布实施后，劳动和社会保障部出台了《工伤认定办法》《因工死亡职工供养亲属范围规定》《非法用工单位伤亡人员一次性赔偿办法》等规章和一系列配套政策，与1993年《中华人民共和国企业劳动争议处理条例》（1993年国务院颁布的行政法规，被2011年《国务院关于废止和修改部分行政法规的决定》所废止）、《劳动争议调解仲裁法》（颁布于2007年）、最高人民法院人身损害赔偿司法解释等一起，建立起了工商行政复议、行政诉讼制度与工伤劳动争议仲裁和民事诉讼制度并行的工伤救济模式。2010年我国颁布了《中华人民共和国社会保险法》，这是中国第一部社会保险制度的综合性法律，将中国境内所有用人单位和个人都纳入了社会保险制度的覆盖范围。针对我国经济体制转轨过程中出现的一部分工伤职工仍由原企业承担医疗和伤残补助费的"老工伤"问题，国家和地方出台了不少文件，将这些人员纳入工伤保险统筹管理。

2010年12月8日，国务院第136次常务会议通过国务院令第586号，颁布《国务院关于修改〈工伤保险条例〉的决定》，自2011年1月1日起施行。国务院决定对《工伤保险条例》做如下修改：（1）第二条修改为："中华人民共和国境内的企业、事业单位、社会团体、民办非企业单位、基金会、律师事务所、会计师事务所等组织和有雇工的个体工商户（以下称用人单位）应当依照本条例规定参加工伤保险，为本单位全部职工或者雇工（以下称职工）缴纳工伤保险费。中华人民共和国境内的企业、事业单位、社会团体、民办非企业单位、基金会、律师事务所、会计师事务所等组织的职工和个体工商户的雇工，均有依照本条例的规定享受工伤保险待遇的权利。"（2）第八条第二款修改为："国家根据不同行业的工伤风险程度确定行业的差别费率，并根据工伤保险费使用程度、工伤事故发生率等情况在每个行业内确定若干费率档次。行业差别费率及行业内费率档次由国务院社会保险行政部门制定，报国务院批准后公布施行。"（3）第九条修改为："国务院社会保险行政部门应当定期了解全国各统筹地区工伤保险基金收支情况，及时提出调整行业差别费率及行业内费率档次的方案，报国务院批准后公布施行。"（4）第十条增加一款，作为第三款："对难以按照工资总额缴纳工伤保险费的行业，其缴纳工伤保险费的具体方式，由国务院社会保险行政部门规定。"（5）第十一条第一款修改为："工伤保险基金逐步实行省级统筹。"（6）第十二条修改为："工伤保险基金存入社会保障基金财政专户，用于本条例规定的工伤保险待遇，劳动能力鉴定，工伤预防的宣传、培训等费用以及法律、法规规定的用于工伤保险的其他费用的支付。"工伤预防费用的提取比例、使用和管理的具体办法，由国务院社会保险行政部门同国务院财政部、卫生行政部、安全生产监督管理部等部门规定。

我国工伤保险的完善从工伤保险的覆盖范围来看，呈现出一种逐渐扩大的趋势，受益人从企业雇员逐渐扩展到农业劳动者、自雇者等。当然若要进一步完善我国的工伤保险制度，还需要简化工伤保险制度程序，提高工伤保险的待遇、保障未参保单位职工权益，加大违法惩罚力度和进一步强调工伤预防。

四、我国工伤保险面临的挑战及问题

（一）工伤保险制度覆盖程度较低，大量劳动人口游离在制度之外

尽管我国工伤保险扩面工作卓有成效，但相对于我国庞大的就业人群来说，参保率依然很低。大多数私营和外资企业的劳动者因企业未依法参保而处于毫无保障的真空地带，一旦发生工伤事故，苦果只能由工人自己承担。长期以来对职业病的忽视，以及统计制度和诊断鉴定等存在缺陷，导致职业病人群难以获得及时救治。受害者只能获得极低的补偿金甚至毫无保障，生活常常难以为继。有的纵使踏上索赔之路，也往往以失败告终。这不仅违背工伤保险制度"以人为本"的宗旨，而且因为"风险池"的实际缩小而降低了分散风险的结果。

（二）工伤管理缺乏规范，机构队伍建设滞后

第一，各地区主要依据政府部门的政府文件或规章实施。现实中存在着工伤认定机构设置欠妥、认定程序不科学，缺乏统一的规范和标准等，导致实际操作中随意性较大，结果不公正等现象。

第二，机构队伍建设滞后，能力建设不足。一方面，工伤保险组织机构和编制人员不到位，在一些地方甚至无专人管理，往往是一人身兼数职，终年疲于"认定"等工作，难以有足够的时间和精力做好工伤预防、工伤补偿和工伤康复工作；另一方面，人员知识结构老化，部分专业人才无法进入到相关工作领域，专业队伍整体水平难以提高，也就难以改善制度的整体运行效率。

（三）工伤保险制度分割运行，基金运行效率不高

工伤保险制度多元分割，主要表现在公务员和参照国家公务员制度管理的事业单位、社会团体的工作人员的工伤政策依旧单独执行。公务员的工伤保险因依据繁杂、认定程序不规范等问题，一直未走向制度化的轨道。从基金的运行情况来看，以县市级为主的统筹层次不仅使各地出现苦乐不均的现象，大大削减了制度风险分散的效果，同时制度的分割运行无疑更是雪上加霜。

（四）工伤保险制度面临传统风险以及新风险的双重压力

工伤保险制度建立的初衷和目的是应对工业生产所导致的伤亡事故以及职业病，但是随着经济与社会的迅速发展，这些传统风险依然存在而且影响深远，诸多新的风险也日益显现，且因经济全球化的影响而迅速扩展。例如慢性病、人口流动、肌肉骨骼异

常、心理障碍等新病种的出现，快速城镇化、工业化所带来的大量农民工群体的出现，就业形式的多样化等对制度形成的冲击，这对于我国原本就不健全的工伤保险制度而言，无疑是一项严峻的挑战。

参考文献

1. 郑功成. 社会保障学——理念、制度、实践与思辨 [M]. 北京：商务印书馆，2000.

2. 郑功成. 中国社会保障制度变迁与评估 [M]. 北京：中国人民大学出版社，2002.

3. 郑功成. 社会保障学 [M]. 北京：中国劳动社会保障出版社，2005.

4. 杨翠迎，社会保障学 [M]. 上海：复旦大学出版社，2015.

思考题

1. 如何理解工伤保险的性质？
2. 你认为当前我国的工伤保险制度还存在哪些问题？
3. 我国工伤保险制度与其他国家的工伤保险制度比较后结合实情应该如何完善？

推荐阅读

1. 王显政. 工伤保险与事故预防及实践 [M]. 北京：中国劳动社会保障出版社，2004.

2. 胡晓义. 工伤保险 [M]. 北京：中国劳动社会保障出版社，2011.

3. 郑晓珊. 工伤保险法体系——从理念到制度的重塑与回归 [M]. 北京：清华大学出版社，2014.

第十章 失业保险制度

● 开篇案例

深化失业保险改革势在必行

(作者：张盈华[①]　来源：中国社会保障　日期：2022 年第 12 期)

经过 30 多年的发展，我国失业保险制度从保障生活和促进就业的双功能，发展到保障生活、促进就业、预防失业"三位一体"；从保障下岗失业职工，发展到覆盖全部参保职工和参保企业，制度功能更加积极。保障生活和促进就业双功能。20 世纪 90 年代后半期，国企改制分流出数千万下岗职工，解决这些人的再就业成了各级政府的当务之急。在这样背景下，1999 年《失业保险条例》颁布，2001 年起实施，明确制度功能是保障失业者的基本生活，促进其再就业。到 2005 年底，国企关闭再就业服务中心，失业保险制度承接了促进下岗失业人员再就业的任务。从建立伊始，我国失业保险就不单是"消极被动型"的基本生活保障制度，而是"积极主动型"的劳动力市场制度，与促进就业的积极劳动力市场政策协同并行。保障范围和保障对象双扩容。到 2005 年，失业保险基金已经累计结存超过 500 亿元，基金备付超过 30 个月。北京、上海、江苏、浙江、福建、山东和广东这"东部七省（市）"的国内生产总值（GDP）和就业人数占到全国的近一半，失业人数却不到全国的 30%，失业保险基金大量结余，超过全国失业保险基金总积累的一半。为了进一步促进就业，从 2006 年起，东部七省（市）开展扩大失业保险基金支出范围试点。在《失业保险条例》规定的保障范围基础上，试点地区扩大支出项目平均超过 10 项，扩大支出对象包含了不符合领取失业保险金条件的登记失业人员，以及接收就业困难的应届高校毕业生的企业。"三位一体"与保障范围的进一步扩大。2008 年全球金融危机爆发，我国及时采取"一缓一减三补贴"（以下简称"稳岗补贴"）政策，允许困难企业缓缴失业保险费，阶段性降低失业保险费率，向困难企业支付社保补贴、岗位补贴和培训补贴，有效缓解了外部金融危机对国内就业的冲击。国际金融危机过后，稳岗补贴政策保留了下来。在供给侧结构性改革中，为落实推

[①] 张盈华，中国社会科学社会发展战略研究院副研究员，中国社会科学院世界社保研究中心执行研究员。来源网址：https://xueshu.baidu.com/usercenter/paper/show?paperid=150c0ra0a66906x0qh170ax071610676&site=xueshu_se。

进国家淘汰落后和化解过剩产能、企业兼并重组总体部署，失业保险发挥"预防失业"功能，执行稳岗补贴政策，向不裁员、少裁员的企业提供资金支持。2020年新冠肺炎疫情防控期间，失业保险"保障生活"的功能得到提升。人力资源社会保障部、财政部印发的《关于扩大失业保险保障范围的通知》（人社部发〔2020〕40号）规定：对不符合领取失业保险金条件的失业人员阶段性实施失业补助金政策，那些参保未满1年或因本人意愿中断就业的人可以申领6个月失业补助金，标准低于失业保险金；对于缴费未满1年的失业农民工，发放不超过3个月的临时生活补助，标准不低于城市低保。失业保险扩大保障范围后，缩小了领取待遇人数与失业人数之间的差距，制度保障面大大拓宽。

我国失业保险已建成"三位一体"功能体系，但在促进就业、预防失业、保障生活上"用力不均"，基金用于促进就业和预防失业的支出规模大而用于保障生活的相对小，失业保险的待遇保障面过窄，失业保险金对工资收入的替代作用不强，保障充分度亟须提高。2017年11月，人力资源社会保障部发布"《失业保险条例》修订草案征求意见稿"，从保障对象、保障范围等方面作了重大修订，但至今未能完成修订，显示失业保险制度改革的复杂性，所以失业保险的改革势在必行的。

第一节　失业和失业保险概述

一、失业的相关概念

（一）失业的概念

失业是一个复杂的经济、社会问题，它不仅存在于像中国这样的经济转型的国度内，在发达国家也是普遍存在的。失业涉及国家的就业政策、失业保险政策等，因此失业的内涵和外延在各国各不相同。

在经济学范畴中，失业是指在法定的劳动年龄内，有就业能力并且有就业要求的人口没有就业机会的经济现象。国际劳工组织在《促进就业和失业保险公约》中对失业的定义是能够工作、可以工作，并且确实在寻找工作，而不能得到适当职业，致使没有工资收入的人。

1999年《中华人民共和国失业保险条例》出台，正式使用"失业"这个名词。2003年5月，我国劳动和社会保障部下发了《关于落实再就业政策考核指标几个具体问题的函》。"失业"概念被重新界定：失业人员是指在法定劳动年龄内，有工作能力，无业且要求就业而未能就业的人员。对从事一定社会劳动，但劳动报酬低于当地城市居民最低生活保障标准的，视同"失业"。可以看出，失业主体必须具备五个条件：一是在法定的劳动年龄之内；二是具有劳动能力；三是愿意工作；四是没有工作；五是虽有工作但劳动报酬低于当地城市居民最低生活保障标准。

（二）失业的类型

根据不同的划分标准，可以将失业划分为不同的类型。根据失业产生的原因，可以把失业区分为：摩擦性失业、结构性失业、季节性失业、技术性失业、周期性失业、隐蔽性失业；根据失业者的工作意愿，可以分为自愿性失业和非自愿性失业；按失业的表现形式，又可以划分为公开失业和隐蔽性失业。

下面重点介绍按失业成因划分的失业类型：

1. 摩擦性失业

指人们在转换工作过程中的失业，指在生产过程中由于难以避免的摩擦而造成的短期、局部的失业。这种失业在性质上是过渡性的或短期性的，它通常起源于劳动力供给方。

2. 结构性失业

指劳动力供给和需求不匹配造成的失业，其特点是既有失业，又有空缺职位，失业者没有合适的技能，或者居住地不当，因此无法填补现有的职位空缺。结构性失业在性质上是长期的，而且通常起源于劳动力的需求方，这种失业是由经济变化导致的。

3. 季节性失业

由于气候状况有规律的变化对生产、消费产生影响引起的失业。一般来讲，这种失业的影响不是很严重而且失业持续的时间是可以预料的。

4. 技术性失业

在生产过程中引进先进技术代替人力，以及改善生产方法和管理而造成的失业。从两个角度观察，从长远角度，劳动力的供求总水平不因技术进步而受到影响；从短期看，先进的技术、生产力和完善的经营管理。以及生产率的提高，必然会取代一部分劳动力，从而使一部分人失业。

5. 周期性失业

周期性失业是指经济周期波动所造成的失业，即经济周期中的衰退或萧条时，因需求下降而导致的失业，当经济中的总需求减少，降低了总产出时，会引起整个经济体系的普遍失业。经济周期中的衰退或萧条时，因社会总需求下降而造成的失业。当经济发展处于一个周期中的衰退期时，社会总需求不足，因而厂商的生产规模也缩小，从而导致较为普遍的失业现象。

6. 隐蔽性失业

除了以上五种主要失业类型外，经济学中常说的失业类型还包括隐藏性失业，所谓隐藏性失业是指表面上有工作，但实际上对产出并没有作出贡献的人，即有"职"无"工"的人，也就是说，这些工作人员的边际生产力为零。当经济中减少就业人员而产出水平没有下降时，即存在着隐藏性失业。

（二）失业率

失业率是评价一个国家或地区失业状况的主要指标。目前，国际上通用的失业率概念，是指失业人数与从业人数与失业人数之和的比例关系，反映了一定时期内可以参加社会劳动的人数中实际失业人数所占的比重。

失业率＝失业人数÷社会劳动力人数×100％；＝失业人数÷（就业人数＋失业人数）×100％

我国目前使用的城镇登记失业率概念，是指城镇登记失业人数同城镇从业人数与城镇登记失业人数之和的比例关系。

二、失业保险制度

（一）失业保险制度的形成和发展

法国于 1905 年率先通过立法建立起自愿参加的失业保险制度。英国 1911 年颁布的《失业社会保险立法》，标志着世界上强制性失业社会保险制度的诞生。在此之前，19 世纪中叶，欧洲各国工人就在工会的领导下成立了互助会，自己团结起来开展救济失业、保障就业的活动。随着工业化的发展，失业问题越来越严重，仅靠工友之间的互助互济难以解决失业问题，失业工人生存艰难，劳动力生产和再生产遇到障碍，社会稳定受到威胁。由此，各国政府开始关注失业问题并在失业保险中发挥作用。全世界享有失业保障的失业者仅占全体失业者的一小部分，且主要分布在发达国家，多数发展中国家受经济承受能力的限制，没有失业保障制度。

大多数发达国家的失业社会保险制度建立在第二次世界大战之前，发展中国家则在 20 世纪五六十年代建立，甚至更晚。失业保险也呈现出从初期只重视保障失业者生活的单纯功能向既保障基本生活、促进就业，又预防失业的综合功能发展的规律。

（二）失业保险的概念

失业保险是指国家通过法律手段强制实施的，通过国家、企事业单位和个人渠道集中建立保险基金，对遭遇失业风险而中断收入的劳动者，在一定期间提供基本生活保障的一种社会保险制度。失业保险具有强制性、互济性、社会性、福利性、时效性等特点。失业保险的实质就是通过在就业人口和失业人口之间的再分配来分散风险并追求分配公平的一种社会保险制度。

失业保险的目标可以分为基本目标和派生目标。基本目标是为失业者提供基本生活保障，帮助失业者重新就业，提高劳动者抵御失业风险的能力。其主要表现为提供现金给付，维持失业者的基本生活水平；提供求职的缓冲时间；帮助失业者重新就业；开展生产自救。派生目标是通过举办失业保险在经济上能够起到促进经济稳定，提高经济效率的作用。其主要表现为：反周期性的经济危机；改进失业的社会成本的分配；鼓励厂商稳定雇佣关系；减少熟练劳动力的流失。

失业保险应遵循的原则主要包括准确确定对象和范围，只发给非自愿性失业人员，较大范围内社会统筹，适度的待遇标准和享受期限。

（三）失业保险的主要内容

1. 失业保险的覆盖范围

失业社会保险是为遭遇失业风险、收入暂时中断的失业者设置的一道安全网。显然，它的覆盖范围应包括社会经济活动中的所有劳动者。但综观世界各国，失业社会保险的覆盖范围最初都仅覆盖职业比较稳定的工薪阶层，把职业不稳定的季节工、临时工、家庭雇工、农业工人及职业相当稳定的公务员和自我雇用的个体劳动者排除在外。随着社会经济的发展以及国际社会对失业理解的变化，覆盖范围逐步发展扩大。

目前，很多国家的失业社会保险覆盖范围逐步扩展到几乎所有的工资劳动者。以美国为例，失业社会保险覆盖以下劳动者：工商业雇员、农业部门雇员、非营利机构的工作人员（包括中小学）、家庭雇工、医院工作人员、高等学校工作人员、海员、铁路工人、公务员、军人等。其覆盖面占劳动者就业总人数的90%。但是，对单位时间的工资收入或工作时间达不到规定标准的劳动者，相当数量的国家仍不在覆盖范围内。例如英国，凡周收入在17.5英镑以下的雇工，不在失业社会保险范围内。

对失业保险覆盖范围的另一种规定是，制度覆盖下的劳动者分为强制参加和自愿参加两类管理。例如，日本规定失业社会保险覆盖一切行业和所有规模的企事业单位，但农、林、水产业从业人员可以自愿加入。现今，对失业的界定已经不仅仅指失去工作、收入中断，一些国家把工作负荷达不到一定标准也视为失业。每周工作不到18小时即为失业，如德国规定，每周的工作时间不到15个小时，就可以按失业的有关规定受理。

2. 国外关于失业保险对象和条件的规定

失业保险的对象限于失业劳动者，而对于享受失业保险的条件，各国都有严格的规定。

许多国家规定失业保险的对象包括所有被解雇的劳动者。但有些国家把临时工、季节性工人、家庭劳动者排除在外，还有些国家把农业劳动者排除在外。

1988年国际劳工组织在第75届国际劳工大会上对失业做了新的界定，认为凡是有能力参加经济活动，可以工作，并且确实在寻找职业而未能得到适当工作，以致没有任何工资收入、生活无着落的劳动者，均属于失业者，应被覆盖于失业保险中。这样，按国际劳工组织规定，失业保险的对象除一般雇佣劳动者之外，还包括临时工、季节工、家庭保姆、学徒、公务员等。

概而言之，各国关于失业保险的对象，通常要求符合以下四个方面条件：

一是必须符合法定的年龄要求。失业保险的对象限于劳动者，即只有符合法定劳动年龄，才有可能享受失业保险。未进入劳动年龄以及已达到法定退休年龄的人都不在失业保险之列。

二是失业者必须是非自愿失业。自愿失业者不得享受失业保险，非自愿失业包括周期性失业、季节性失业、结构性失业和摩擦性失业等。

三是失业者必须满足一定期限的要求。各国关于失业保险的类型不同，有实行强制性失业保险或非强制性失业保险，还有实行双重性失业保险或者储蓄性失业保险等。失业者领取失业保险金要求的条件也就相应有所不同。例如，各国一般都要求是缴纳保险费要求符合一定期限，即享受失业保险的人员，其缴纳失业保险费须达到一定的期限，才享有领取失业保险金的资格。

四是失业者必须具有劳动能力和就业愿望。失业保险对象是具有劳动能力和就业意愿的失业者。如果劳动者已丧失劳动能力，则应享受工伤保险待遇或养老保险待遇，而不应享受失业保险待遇。此外，劳动者还须有就业意愿，通常要求失业者在规定的期限内到职业介绍所或失业保险管理机构进行登记，要求重新就业；或者要求失业期间定期与失业保险机构联系，报告个人情况；还有的规定如拒绝失业保险机构安排就业的，须停发失业救济金。

（四）失业保险的基金筹集

失业保险基金的来源有雇主缴纳失业保险费、雇员缴纳失业保险费和政府财政补贴。

现行筹集失业保险基金的方式，有三方共同承担的，也有其中一方或两方负担的。究竟采用何种方式以及负担的比例，取决于以下几方面因素：政府、企业、劳动者个人对失业责任的认知，国家、企业及劳动者个人的经济承受力，就业政策的指导思想和原则。

目前，采取雇主、雇员和政府三方共同负担的，有加拿大、日本、德国、美国等；采取企业和雇员共同负担的，有法国；政府和雇主共同负担的，有意大利；采取雇主全部负担的，有印度尼西亚；采取政府全部负担的，有澳大利亚、匈牙利、新西兰等；采取个人全部负担的，以前南斯拉夫为代表；采取雇主全部负担的，以加纳为代表。

（五）失业保险的享受资格

参加了失业保险的劳动者领取失业保险金必须符合规定条件。各国的具体规定不同，但可以归纳出一些共同条件：

一是失业者必须是非自愿失业，即必须是非本人原因引起的失业，才有申请失业社会保险的资格；凡自动离职而无充分理由者、因本人过失而被革职者，都不属于非自愿失业。英国规定，因直接参与劳资纠纷而失业者，没有领取失业津贴的资格；瑞典规定，因参与罢工或其他劳资纠纷而失业者，不能领取失业救济；德国规定，由于本人违背合同条约而被解雇者，不能领取失业津贴。

二是处在法定劳动年龄并具备工作能力，未达到法定劳动年龄者即使有过非法就业的经历，也无权享受失业社会保险待遇；超过法定就业年龄的劳动者，原则上也不再享有获得失业社会保险的权利。

三是有就业愿望。失业者到规定的就业管理部门登记失业并接受合适的就业安置和职业培训，被视为有就业愿望。但"合适就业"是一个很难界定的概念，操作起来难度很大，因此，关键是把握合适就业的"度"。国外的经验是从失业者接受的教育培训、身体条件和工作经历三个方面确定所介绍的工作是否合适，如果所安置的岗位与被安置者在这三方面都没有明显差距，就视为合适就业。

四是依照法规或章程履行被保险人的义务，包括投保或缴纳保险费时间达到规定最低期限，失业前有过就业经历并且就业时间达到规定下限。有些国家要求同时满足这两个条件，有些则要求达到其中一个条件即可。

（六）失业保险的给付标准

确定失业保险金的标准应以兼顾公平和效率为原则，使失业者的收入损失得到部分补偿，同时避免对在职者和创造就业的阻碍作用。

各国在确定失业津贴标准时，多根据经济承受能力和基本生活需要而定。(1) 计算失业津贴主要有三种方法：薪资比例制、均一制和薪资比例制与均一制混合使用。多数国家支付失业津贴按失业工人最近一个时期平均周工资的一定百分比计算，另有一些国家采取失业津贴一律按同一数额给付，而不考虑失业者过去工资的多少。(2) 失业津贴有上限和下限规定。一些国家对计算失业津贴的工资基数有最高限额规定，或对给付失业津贴数额规定最高限额。失业津贴的下限参考最低生活标准制定，一般略高于贫困线水平。救济保障最低生活需要，失业津贴保障基本生活需要，两者的保障水平应有区别。(3) 失业津贴水平大都维持在失业者原工资的 50%～75%。很多国家按缴费时间长短分别设立几个档次，缴费时间越长，失业津贴数额越高。

（七）失业保险的给付期限

失业保险负有保障基本生活和促进就业的双重任务。规定失业津贴的给付期限，是为了发挥失业社会保险的整体作用，既保证暂时的生活，又强制再就业。确定失业津贴给付期限，应以使大多数失业者重新就业前不过多地减少收入为原则。国际劳工组织第 44 号公约规定，无论是按收入的津贴还是补助，支付期应为每年至少 156 个工作日，在任何情况下，也不能少于 78 个工作日；据此确定的最低水平失业津贴至少支付 13 周；或者意外事故期间收入不超过限定条件的居民都得到保护时，失业津贴在 12 个月中至少应支付 26 周。

各国规定的失业津贴给付期长度也不同，少则 8 周，多则 36 周，有的国家甚至长达 2 年以上，常见的是 26 周，并根据一些相关因素把失业津贴给付期分为几个档次，具体方法：(1) 把失业津贴的支付期与取得资格期结合起来，根据失业前缴纳保险费的持续时间或受保时间长短，分别规定领取救济金的连续时间上限。(2) 有的国家根据失业者的缴费时间和年龄并考虑老年工人的具体困难，规定最长给付期，如日本、韩国等。(3) 有的国家将失业津贴给付期与失业率相联系，根据失业的严重程度做出相应调整。如美国的失业津贴给付期是按正常时期和非正常时期分别规定，非正常时期是指经济不景气或失业率超过规定标准。美国的失业保险由联邦政府和各州政府共同管理，正常时期的给付期上限由各州规定，分别为 20 周～36 周，非正常时期的给付期，联邦政府规定为 52 周。

（八）失业保险的管理体制

失业保险管理主要包括行政管理、基金运营管理和监督管理。失业保险的行政管理包括失业保险的政策法规的起草制定，失业保险基金的征缴、失业人员领取失业保险待遇的资格审核、失业保险金发放及相关的数据管理等。失业保险基金运营管理包括基金投入资本市场进行运营和收益等。失业保险的监督管理包括对失业保险基金收支情况的监督，对失业保险工作政策法规执行情况的监督，以及对各级机构进行的内部和外部的监督等。

建立与市场经济相适应的失业保险制度要求其管理体制应具有统一性和高效性的特点，从国际上建立失业保险制度的国家经验看，高效、统一的失业保险管理体制可以是多种形式，如美国、英国、日本等国家的政府直接管理形式；德国、法国、意大利等国家的自治机构管理形式；瑞典、丹麦、芬兰等国家的工会管理形式等。这些管理形式的共同特点是都要求体现由政府、企业和劳动者三方共同负责管理的原则，实质上就是要建立适应市场经济要求的政事分开，既职责明确、相对独立、密切联系，又相互监督的管理体制，以保障失业保险制度的健康发展。

第二节 中国失业保险制度发展与改革

一、新中国成立初期的就业社会保障

（一）传统就业保障制度及其特点

新中国成立初期，国家确定了就业方针：低工资，广就业。目标是保证社会安定，恢复发展生产，巩固新生政权。这一时期对失业人员主要实行失业救济与就业安置相结合的保障措施，采用了以工代赈、生产自救、发放救济金、转业训练和动员返乡生产等多种方法。

随着1956年生产资料所有制社会主义改造的完成、对资本主义批判的升级和最终彻底取消个体经济，国家在劳动力统配方面的权力越来越集中，城镇新增劳动力和其他需要就业的人员安置都由政府统一安排。我国的就业保障制度成形具有两个基本特点：（1）统包统配、普遍就业。劳动者就业由政府统包下来，政府向每一个有就业能力的劳动者提供就业岗位，用行政办法把劳动者统一分配到企业。（2）终身固定的劳动关系（铁饭碗）；劳动者一旦进入企业，就与企业结下终身固定的劳动关系，称为"固定工"。

我国的就业保障是以行政强制约束的方式，实现着普遍就业的目标，我们称之为传统的就业保障方式。

（二）传统就业保障制度存在的问题

传统的就业保障方式在新中国成立初期的经济环境下，对于社会秩序的稳定和经济的迅速恢复与发展起过积极作用。但是，随着社会经济的发展，它不适应的一面逐渐显露出来，负面效应越来越大，问题包括强行安置就业造成人浮于事、在职失业；劳动供

给与劳动需求主体的选择权力被剥夺;造成了惰性产生的客观环境,影响了人们的进取精神和劳动积极性;就业、保险、福利三位一体的传统就业保障制度,其优越性吸引了全社会的劳动力,强化了国民的正统就业观念,使得人们认为只有进国营企业、在政府部门工作才算就业,使得千千万万的人都挤上了这条路,政府背上了沉重的包袱。

二、我国就业保障制度的变革

(一) 劳动就业制度的重大变革

20世纪70年代后期,大批知识青年由农村返回城镇,加上城镇中学毕业生、其他社会闲散待业者等,形成了新中国成立以后的第二次失业高峰,长期隐伏着的中国就业问题全面爆发。据统计,1978年全国城镇登记失业人数达530万,其中失业青年249万,城镇登记失业率高达5.3%。等待安置就业的劳动者与政府的安置能力相差悬殊,统包统配安置就业的政策受到挑战,传统的就业社会保障制度已经无法回避并且无力解决国内的失业问题,制度的严重弊端明显暴露出来。

面对严峻的就业形势,党的十一届三中全会以后,根据党中央、国务院的决定,对劳动就业制度进行了初步改革。主要是按照以公有制为主体、多种经济形式长期并存的发展战略,由过去只靠全民所有制单位招工的单一渠道,转变为国营、集体、个体经济多种渠道就业,突破了国家统包统配的就业制度。劳动就业体制第一步改革的突出效果表现在三个方面:就业主体由单一化向多元化转变;就业渠道拓宽,形成了多种所有制对新增劳动力资源分流使用的格局;奠定了城市劳务市场的基础,竞争机制被引入就业领域。

随着城市经济体制改革的深入,我国劳动就业制度改革开始指向用工制度,以劳务合同制为龙头的新型劳动制度开始在旧体制的边缘突破。1986年,国务院颁布了《国营企业实行劳动合同制暂行规定》,指出:今后国营企业和国家机关、事业单位招收工人,除国家另有规定外,统一实行劳动合同制,即通过签订劳动合同,做到工人和企业相互选择、平等协商,用经济、法律和行政相结合的手段确定和调节劳动关系。与此同时,为了进一步整顿和加强劳动纪律,国务院颁布了《国营企业辞退违纪职工暂行规定》,赋予企业辞退违纪职工的权力。

(二) 失业保险制度的建立与完善

经过近三十年的反复实践和修改,我国已经初步建立起具有失业预防、失业补救和失业保险多元功能的现代社会保障制度。

1. 失业社会保险制度的建立

劳动就业制度改革摧毁了传统就业社会保障制度的基础,失业问题已经成为不争的事实。1986年7月12日,国务院发布了《国营企业职工待业保险暂行规定》,标志着我国建立了失业社会保险制度。

待业保险适用范围包括:宣告破产的国营企业职工,濒临破产的国营企业在法定整顿期间被精减的职工,国营企业辞退的职工,国营企业终止、解除劳动合同的合同制工人。待业保险基金由国营企业按其全部职工标准工资总额的1%缴纳,在税前列支。职工待业期间可以根据工龄的长短分别领取本人标准工资的50%~75%的待业救济金;工龄在5年和5年以上的,待业救济金期限最长为24个月,工龄在5年以下的,最长为12个月。待业保险工作的管理由当地劳动行政主管部门所设的劳动服务公司负责。

2. 失业保险制度的补充与发展

1993年以来,我国出现了第三次失业高峰,从1993年至今,每年登记的失业人数超过400万。这是深化经济体制改革、调整产业结构、就业政策转轨、建立现代企业制度等多种因素造成的,因此,国家加大了对失业社会保障制度改革的力度。1993年,国务院又颁布了《国有企业职工待业保险规定》(以下简称《规定》),自1993年5月1日起施行,该《规定》是对我国失业保险制度的补充与发展。

该《规定》在1986年颁布的《国营企业待业保险暂行规定》的基础上,做了四个方面的调整:一是扩大了失业保险的覆盖范围,由四种人员扩大至七种人员,即依法宣告破产的企业职工,濒临破产的企业在法定整顿期间被精减的职工,按照国家有关规定被撤销、解散企业的职工,按照国家有关规定停产整顿企业精减的职工,终止或者解除劳动合同的职工,企业辞退、除名或者开除的职工,依照法律、法规或者按照省、自治区、直辖市人民政府规定享受待业保险的其他职工;二是改变了失业救济金的计算办法,由按本人标准工资的一定比例给付改为按社会救济金的120%~150%计发;三是增加了救济的内容;四是增加了失业保险与再就业服务结合的内容。

3. 失业保险制度的完善

1999年1月20日,国务院颁布了《中华人民共和国失业保险条例》,并自颁布之日起施行。《中华人民共和国失业保险条例》的出台标志着我国基本形成了全国统一的城镇失业保险制度。

该条例有以下几方面的突破和变化:

(1) 改"待业保险"为"失业保险",与国际接轨,表明我国已接受了在市场经济体制下失业和就业并存是经济规律所决定的这一事实,"失业"作为社会主义市场经济中的客观经济现象将长期存在下去,必须以完善的制度加以解决;(2) 失业社会保险覆盖范围扩大,城镇企业事业单位的职工全部被纳入保险范围;(3) 职工享受失业社会保险,个人必须履行缴费的义务,失业社会保险基金由国家、企业两方负担改为由国家、企业事业单位、职工个人三方共同负担;(4) 享受失业保险待遇的条件改变,由原来的七种人员扩大到凡非自愿失业、办理了失业登记并有求职要求、按规定履行缴费义务的失业人员都可以申请享受失业保险待遇;(5) 调整了失业保险金的给付期限和计发办法;(6) 对失业社会保险制度与社会救济制度的衔接做出了规定,使社会保障进一步体系化;(7) 对违反失业保险条例规定的一系列行为,制定了惩罚条款;(8) 失业保险基金开支中增加了职业培训补贴和职业介绍补贴项目,发挥了促进就业的整体功能。

第三节 中国现行的失业保险制度

一、失业保险的对象与享受条件

（一）失业保险的范围

国务院于1986年发布的《国营企业职工待业保险暂行规定》和1993年发布的《国有企业职工待业保险规定》都规定，我国失业保险的范围限于国有企业，而非国有企业及其职工并未参加失业保险，事业单位及其职工也未参加失业保险，这种规定并不适应社会主义市场经济的要求。

1999年1月，国务院发布的《失业保险条例》扩大了失业保险的范围。该条例第二条规定："城镇企业事业单位、城镇企业事业单位职工依照本条例的规定，缴纳失业保险费。城镇企业事业单位失业人员依照本条例的规定，享受失业保险待遇。"与以往规定相比，现行失业保险的覆盖范围有了较大的突破。主要体现为：第一，失业保险的覆盖范围打破了所有制的限制，由原来的国有企业扩大为各类所有制的城镇企业。第二，将失业保险制度的适用范围扩大至事业单位的职工。第三，《失业保险条例》授权省、自治区、直辖市人民政府，可以决定将统一的失业保险制度扩大到社会团体专职人员、民办非企业单位的职工和城镇个体工商户的雇工。

（二）领取失业保险金的条件

我国《失业保险条例》第十四条对失业人员领取失业保险金的条件做了具体的规定。按照规定，失业人员享受失业保险待遇，须同时具备以下条件：

（1）按照规定参加失业保险，所在单位和本人已按照规定履行缴费义务满1年的。如果失业人员及其单位未参加失业保险，或未缴足保险费，或缴费期不满1年者，则不能享受失业保险待遇。

（2）非因本人意愿中断就业。即劳动者失业属非自愿失业。如果是个人原因造成的自愿中断就业，则不能享受失业保险待遇。此外，《失业保险条例》还规定，无正当理由，拒不接受当地人民政府指定的部门或者机构介绍的工作的，不得再享受失业保险待遇。

（3）已办理失业登记，并有求职要求。失业登记是指失业人员失业后，应持本单位出具的终止或解除劳动关系的证明，到指定的社会保险经办机构办理失业登记。办理失业登记是失业人员享受失业保险待遇的必要程序，只有办理失业登记后，才可申请领取失业救济金。求职要求是指失业人员在职业介绍机构登记求职，并参加再就业的培训和指导。

劳动者失业后，符合上述规定条件的，可以向社会保险经办机构申请领取失业保险金。但是，失业人员符合以下情形之一的，则要停止领取失业保险金，并同时停止享受其他失业保险待遇。法律规定的失业人员停止领取失业保险金的事由包括重新就业的；应征服兵役的；移居境外的；享受基本养老保险待遇的；被判刑收监执行或者被劳动教养的；无正当理由，拒不接受当地人民政府指定的部门或者机构介绍的工作的；有法律、行政法规规定的其他情形的。

二、基金的筹集与管理

失业保险基金是依法征缴的用于各项失业保险开支的专项基金，是劳动者在失业期间获得失业保险待遇的资金保证，是社会保险基金的重要组成部分。一般来说，失业保险资金的筹集要以资金收入与资金支出相平衡为基本原则。

多数国家采取了现收现付的方法，即当期收缴的失业保险费用于当期的失业保险给付，不需要为将来的支出提存准备金，但规定在一定年限内对收缴费用进行必要的调整，以保证收入与支出相符。因各国采取失业保险制度的类型不同，失业保险基金的筹集渠道和缴费比例也有不同，大致有以下几种类型：

(1) 由政府、雇主和雇员三方共同负担。三方各自负担的比例根据各国有关法律规定的不同而不同。采取这种方式的主要有德国、法国、日本等国家。如日本规定，失业保险费的收缴，雇主按雇员工资总额的0.9%、雇员按其工资收入的0.55%缴纳，政府负担1/4的费用和全部管理费。

(2) 由雇主和雇员双方负担。双方负担的比例根据各国立法的不同而不同。采取这种方式的主要有法国、希腊等国家。如法国规定，雇主按雇员工资总额的2.76%缴纳失业保险费，雇员按其工资收入的0.84%缴纳保险费。

(3) 由政府和雇主双方负担。负担的比例根据各国立法的规定而定。如意大利规定，雇主应按雇员工资总额的1.6%缴纳失业保险费，政府对入不敷出部分给予补贴并负担失业保险的管理费。

(4) 由雇主单方负担。失业保险费全部由雇主缴纳。如美国除了亚拉巴马、阿拉斯加和新泽西等三个州按规定可向雇员收缴部分失业保险费外，其余各州均采取了全部由雇主承担失业保险费的办法。

(5) 由政府全部负担。失业保险费全部由政府负担，雇主和雇员均不需要缴费。如澳大利亚就采取了这种办法。

我国《失业保险条例》规定，失业保险基金主要来源于下列各项：(1) 城镇企业事业单位、城镇企业事业单位职工缴纳的失业保险费。按规定，城镇企业事业单位须按照本单位工资总额的2%缴纳失业保险费；城镇企业事业单位职工则按照本人工资的1%缴纳失业保险费。(2) 失业保险基金的利息。失业保险基金可存入银行或者购买国债，所得的利息并入失业保险基金。(3) 财政补贴。失业保险基金经统筹后不敷使用时，由地方财政予以补贴。(4) 依法纳入失业保险基金的其他资金。

三、失业保险待遇的给付

（一）失业保险待遇的内容与发放原则

1. 失业保险待遇的内容

我国规定的失业保险待遇主要有：

（1）失业保险金，指社会保险经办机构按规定支付给符合条件的失业者的基本生活费，是失业者最基本的失业保险待遇。只要失业者符合享受失业保险待遇的条件，都有权申领失业保险金。（2）领取失业保险金期间的医疗补助金，是指社会保险经办机构对失业者在领取失业保险金期间患病就医的医疗费给予的补助。由于我国医疗保险制度尚不健全，失业者的医疗费只能从失业保险基金中支出。（3）领取失业保险金期间死亡的失业人员的丧葬补助金和其供养的配偶、直系亲属的抚恤金。过去这项费用由职工生前所在单位负担，现在改为向社会保险经办机构申请。（4）领取失业保险金期间接受职业培训、职业介绍的补贴，包括失业者为接受职业培训所需的路费、住宿费、培训费等。

2. 失业保险待遇的发放原则

失业保险的基本功能在于保障失业人员的基本生活，促进失业人员的再就业。失业保险金是最基本的失业保险待遇，在确定失业保险金发放的期限和标准时，既要考虑我国的基本国情，又要充分发挥失业保险的功能。定失业保险金发放的期限和标准，应遵循以下原则：

一是失业保险金的标准应低于当地最低工资标准。如果高于当地最低工资标准，既会增加国家财政负担，又容易使失业者产生懒惰和依赖的心理，宁愿失业享受失业保险，也不愿意重新就业，其结果是不利于促进失业人员再就业。

二是失业保险金应维持失业人员的基本生活。失业大多是非本人意愿而造成，对于失业者来说，失去工作则意味着失去工资收入，失业救济金成为其生活的主要来源。因此，在确定失业保险金时，应考虑失业人员及其赡养人口的基本生活需要，失业保险金的标准应保证其基本生活，高于城市居民最低生活保障标准。

三是失业保险应体现权利和义务相对等的原则。劳动者在就业期间，为国家和企业创造了财富，并缴纳了规定的失业保险费，其失业后有权享受失业保险以保障其基本生活。为了更好地体现权利、义务对等的原则，我国立法规定，保险金领取期限与失业人员失业前所在单位及其本人缴费的时间相联系，缴费时间越长，领取失业保险金的期限就越长，但最长不得超过 24 个月。

（二）失业保险金发放的标准

关于失业保险金发放的标准，国际劳工组织曾通过三项建议，作为各国制定失业保险金标准的参考。该建议的内容包括：第一，失业津贴的补助，或以失业者失业前的工资为依据，或以失业者的投保费为依据，各国可视具体情况而定；第二，失业津贴的金额不应低于失业者原工资的 50%；第三，失业津贴应有上限和下限的规定。

我国在1986年建立失业保险制度之初，待业救济金发放标准采取了"月平均标准工资比例制"的办法，即待业救济金的发放，以失业前两年内本人月平均标准工资额为基数，根据工龄的长短，按工资的60%~75%计发。由于月平均标准工资占劳动者工资总额比例较少，失业者依该规定领取的待业救济金实际上并不能保证其基本生活需要。1993年国务院颁布《国有企业职工待业保险规定》，将待业救济金发放的标准规定为"相当于当地民政部门规定的社会救济金额的120%至150%"，但由于各地社会救济金额的标准定得较低，该待业救济金的标准仍然难以保证失业人员的基本生活需要。

1999年《失业保险条例》对失业保险金做了新的规定。首先，将原来规定的"待业救济金"改称为"失业保险金"，更符合社会保险的本质，劳动者是通过参加失业保险而获得保险金，而不是一种社会救济。其次，规定失业保险金的标准，"按照低于当地最低工资标准、高于城市居民最低生活保障标准的水平，由省、自治区、直辖市人民政府确定"。一方面，规定失业保险金的标准高于城市居民最低生活保障标准的水平，有利于保障失业人员失业期间的基本生活；另一方面，规定失业保险金的标准低于当地最低工资标准，也有利于促进失业人员再就业。

除失业保险金外，《失业保险条例》还规定了失业人员的医疗补助金、丧葬补助金和抚恤金以及农民合同工的生活补助。根据规定，失业人员在领取失业保险金期间患病就医的，可以按照规定向社会保险经办机构申请领取医疗补助金。失业人员在领取失业保险金期间死亡的，参照当地对在职职工的规定，对其家属一次性发给丧葬补助金和抚恤金。

（三）失业保险金发放的期限

关于失业保险金发放的期限，1952年，国际劳工大会建议，失业期为12个月的，可领取26周的失业津贴。1988年第75届国际劳工大会通过的《促进就业和失业保护公约》建议，失业期为24个月的，可领取30周的失业津贴，特殊情况下可延长至52周。

我国关于失业保险金领取的期限，《失业保险条例》规定为依失业人员失业前所在单位和其本人累计缴费时间的长短来确定。具体规定有（1）失业人员失业前所在单位和本人按规定累计缴费时间满1年不足5年的，领取失业保险金的期限最长为12个月；(2) 累计缴费时间满5年不足10年的，领取失业保险金的期限最长为18个月；(3) 累计缴费时间10年以上的，领取失业保险金的期限最长为24个月；(4) 重新就业后再次失业的，缴费时间重新计算；(5) 领取失业保险金的期限可以与前次失业应领取而尚未领取的失业保险金的期限合并计算，但是最长不得超过24个月。

四、失业保险的管理和监督

（一）失业保险管理体制

失业保险是一项社会保险事业，各国都规定了严格的管理体制，大致有三种不同的形式：

第一种是由政府设立的专门机构进行管理。大多数国家采取了这种管理体制。如德国的失业保险就由联邦劳动局统一管理，实行上下垂直领导、分区服务的管理体制。全联邦划分为 11 个州级劳动局和 184 个地方劳动局，546 个基层劳动站，从事就业促进和失业保险事务。这种管理体制主要是将保险、就业和职业培训三者有机地结合起来，以保障失业人员的生活需要和促进就业为目的。

第二种是在政府监督下由工会进行管理。如丹麦规定，由劳工及国家就业部负责监督《失业保险法》的实施，由工会负责失业保险基金的收缴和发放。

第三种是在政府监督下由劳资双方联合管理。如法国和比利时规定，失业保险由政府进行监督，由劳资双方派代表共同组成理事会，负责失业保险的管理。

（二）我国的失业保险管理

我国失业保险采取的是国家管理体制，即由各级劳动保障行政管理部门主管失业保险工作，由劳动保障行政部门设立的社会保险经办机构经办失业保险业务。

《失业保险条例》第三条规定："国务院劳动保障行政部门主管全国的失业保险工作。县级以上地方各级人民政府劳动保障行政部门主管本行政区域内的失业保险工作。劳动保障行政部门按照国务院规定设立的经办失业保险业务的社会保险经办机构依照本条例的规定，具体承办失业保险工作。"

五、我国失业保险制度存在的问题

（一）重视程度不足

随着我国经济进入新常态，经济结构不断优化升级，从要素推动、投资驱动转向创新驱动，大量新技术、新工艺、新设备的不断涌现，将极大提高劳动生产率；同时淘汰落后产能、产业升级后，原有的技术工人也将面临二次就业问题，在此背景下，促进就业和预防失业将成为社会共同关注的一个焦点问题。但是，失业保险制度建设的重要性、紧迫性未能真正引起全社会的真正重视。失业保险不同于养老保险和医疗保险，每个职工都能享受待遇，而享受失业保险待遇的是城镇企事业单位的失业人员，所以有些目前经营状况好的企业和职工认为是尽义务，缴费积极性不高。

（二）权利与义务不对等

与基本养老保险待遇标准与缴费年限、缴费金额挂钩不同，失业保险金的标准却并未按照失业保险缴费基数来确定，而是执行相同标准。《失业保险条例》第十八条规定，"失业保险金的标准，按照低于当地最低工资标准、高于城市居民最低生活保障标准的水平"确定。而劳动者失业保险缴费基数与工资总额挂钩，即工资水平越高，失业保险缴费就越多；工资水平越低，失业保险缴费就越少。同时，经营效益较好、裁员率较低的企业和经营发生困难、裁员率较高的企业按相同标准缴费。这种权利与义务不对等的情况，也将导致企业和职工参保积极性的下降。

(三)保障水平较低

《失业保险条例》规定:"失业保险金的标准,按照低于当地最低工资标准、高于城市居民最低生活保障标准的水平,由省、自治区、直辖市人民政府确定。"2021年失业保险金月人均水平1585元,仅为当年全国城镇居民月人均可支配收入的3.34%和全国城镇非私营单位就业人员月平均工资的1.48%,对保障失业人员生活的作用是有限的。

(四)统筹层次较低

《失业保险条例》规定:"失业保险基金在直辖市和设区的市实行全市统筹;其他地区的统筹层次由省、自治区人民政府规定。"人社部2010年发布《关于进一步提高失业保险统筹层次有关问题的通知》提出,目前直辖市和一些设区的市已实现失业保险基金全市统筹,但仍有相当一部分地区实行县级统筹,市级统筹工作进展比较缓慢。

(五)基金使用效率较低

2022年末全国参加失业保险人数23807万人,比上2021年末增加849万人,年末全国领取失业保险金人数297万人,增加38万人。全年共为616万名失业人员发放了不同期限的失业保险金,比上年增加8万人。延续实施阶段性扩围政策一年,向当年新发生的415万参保失业人员发放失业补助金。2022全年失业保险基金收入1596亿元,基金支出2018亿元,但年末失业保险基金累计结余2891亿元。一方面,失业保险征缴面逐年扩大,缴费逐年增加;另一方面,失业保险金申请渠道过窄,申请手续烦琐、功能定位不明确,失业保险基金的使用效率较低,降低了失业保险制度的功能发挥。

(六)法制建设需完善

现行《失业保险条例》自颁布以来未作修订,因其实施时间较长,其部分条款与2011年7月1日起施行的《社会保险法》有关规定相抵触,如用人单位将失业人员名单向社会保险经办机构告知备案的时间不一致。《失业保险条例》第十六条规定失业人员自终止或者解除劳动关系之日起七日内报社会保险经办机构备案,而《社会保险法》第五十条规定十五日内告知社会保险经办机构。同时,《失业保险条例》仅仅是国务院颁布的一个行政法规,还没有上升到法律高度,影响其法律效力,对违法行为的追究不利,实际工作中,强制性失业保险制度往往不能很好贯彻落实。

六、促进就业和完善失业保险的举措

(一)提高重视程度

在失业、养老、医疗、工伤、生育五大社会保险中,失业保险这一险种往往被忽略,但失业问题,不但是客观存在的现实问题,而且是未能就业的群体中解决就业最难的群体,往往影响企业、家庭和社会的和谐稳定,因此失业保险工作应引起我们高度重视,要加大宣传力度,增强企业和个人的失业保险意识。

（二）加强法制建设

《社会保险法》已经颁布实施，失业保险制度作为强制性的社会保险体系的重要组成部分应建立在法制的基础上，逐步建立健全失业保险体系。国务院及相关部委应及时修订《失业保险条例》《社会保险费征缴暂行条例》等相关条例及配套政策，从制度层面解决失业保险权利义务失衡，建立多缴多得、奖优罚劣的失业保险法制机制，增强企业和劳动者参保积极性。

（三）扩大失业保险范围，形成覆盖所有就业或等待就业主体的失业保险安全网

失业保险的对象应当包括各种从业人员。条件成熟时，应考虑将国家公务员、各种社会团体工作人员、目前未纳入失业保险范围的各种企业职工，其中包括国有企业的农民合同制工人、乡镇企业职工、个体工商户及其雇工等，都纳入到国家统一的失业保险制度中。这样，能够使失业保险制度适应市场经济发展的需要，更好地发挥其作用。

（四）提高失业保险基金统筹层次，实现基金筹集多渠道

目前我国失业保险基金只是在直辖市和设区的市实行全市统筹，省、自治区建立失业保险调剂金，统筹层次低，调剂范围小。由于我国各地区经济发展不平衡，失业率存在较大差异，统筹层次低，导致一些失业率较高的经济欠发达地区出现了失业保险基金严重短缺，难以支付失业人员的失业保险金，而失业率较低的经济发达地区则出现了基金储备大的现象，其结果是不利于发挥失业保险的保障功能。因此，有必要提高失业保险基金的统筹层次，扩大失业保险基金的调剂范围。建议失业保险基金在省、自治区、直辖市一级进行统筹，在中央建立失业保险调剂金，以提高失业保险基金的社会化程度，更好地发挥失业保险应付劳动风险的能力。

（五）适当提高失业保险金的给付标准

在计发失业保险金的标准上，应当考虑与失业人员失业前的基本工资挂钩，而不是"一刀切"地都按低于最低工资标准、高于城市居民最低生活保障水平来计发。按目前缴纳失业保险费的规定看，工资高者缴费高，工资低者则缴费低，而同一地区的失业人员领取失业保险金的数额都基本相同，这难以体现权利义务对等的原则，也不利于发挥劳动者的缴费积极性。

国际上采用得更多的做法是按失业人员失业前一定时间内的工资作为计发失业保险金的标准，我国也应当采取这种做法，可将失业保险金定在失业前一年内平均工资的50%~70%，在精算的基础上，计算出所需保险费的数额，如果按目前缴费比例征缴的失业保险资金大大低于所需支出的费用，可以考虑适当地提高用人单位和劳动者的缴费比例，并加大国家财政补贴，这样，失业保险制度才能起到保障失业人员及其赡养人口基本生活需要的目的。

（六）进一步发挥失业保险制度的促进就业功能

从各国失业保险制度的发展看，失业保险制度已从传统单一失业救济功能向失业救济与就业促进相结合方向转化。许多国家因失业率长期居高不下，失业保险金支出庞大，开始对失业保险制度进行改革，改变失业救济的办法。如缩短失业人员领取失业金期限，以促使失业者尽快就业；或者通过颁布立法以改良失业保险的目的。我国在失业保险基金的各项开支中，应当加大失业培训的投入，这对失业者个人来说，是解决其问题之根本。失业培训主要有两种：一种是职业培训，主要是为提高劳动者从事某一职业所需要的专业知识所进行的培训；另一种是转业培训，主要是因为市场竞争和产业结构调整，使得一部分劳动者必须从原有工作岗位上分流出来而转到新的工作岗位，因此必须对他们在转岗前进行必要的培训。

我国在建立和完善失业保险制度中，应当克服失业救济金低效发放的现象，借鉴国外行之有效的经验，将失业保险工作的重点逐步转移到广开就业门路，积极促进就业上来，更多重视促进再就业在失业保险制度中的功能，应积极采取各种措施建立规范的职业介绍机构和就业培训中心，帮助失业人员培训所需技能，实现再就业。

党的二十大报告对新时代新征程健全社会保障体系做出新部署，清晰勾勒出社会保障在中国式现代化进程中的历史使命。失业保险是社会保障体系重要组成部分，必须完整、准确、全面贯彻党的二十大确立的新思想、新部署、新要求，真抓实干，书写实现国家富强、人民幸福的精彩答卷。我国在建立和完善失业保险制度中，应当克服失业救济金低效发放的现象，借鉴国外行之有效的经验，将失业保险工作的重点逐步转移到广开就业门路，积极促进就业上来，更多重视促进再就业在失业保险制度中的功能。应积极采取各种措施建立规范的职业介绍机构和就业培训中心，帮助失业人员培训所需技能，实现再就业。

参考文献

1. 章晓懿. 社会保障概论［M］. 上海：上海交通大学出版社，2010.
2. 郑功成. 社会保障学［M］. 北京：中国劳动社会保障出版社，2005.

思考题

1. 什么是失业保险？它有哪些功能？
2. 试述如何提高我国的失业保险基金使用效率。
3. 谈一谈当今世界失业保险制度的发展趋势。
4. 国外失业保险制度的发展变化对当前中国的启示是什么？
5. 领取失业保险待遇期间，可以以灵活就业人员身份参保吗？

推荐阅读

1. 沈水根. 当代社会问题研究文库——中国城镇职工失业保险问题研究［M］. 北京：中国书籍出版社，2015.
2. 信长星. 失业保险［M］. 北京：中国劳动社会保障出版社，2011.
3. 郑秉文. 中国失业保险制度存在的问题及其改革方向——国际比较的角度［J］. 中国经贸导刊，2011（05）.

第十一章 社会救助制度

● 开篇案例

五大举措：推进社会救助事业高质量发展

（作者：中共民政部党组[①]　来源：求是网　日期：2022—04—16）

习近平总书记指出，民生是最大的政治，要大力做好保障和改善民生工作，注重关心生活困难群众，让群众得到看得见、摸得着的实惠。社会救助，是保民生、促公平的托底性、基础性制度安排，更是民心所向、蕴涵着对公平正义的不懈追求。应该要以更高的站位、更大的力度、更实的举措持续推进社会救助制度改革，加快推进社会救助事业高质量发展，切实保障好困难群众基本生活，不断增强人民群众获得感、幸福感、安全感。

一、持续健全完善社会救助体系

深入贯彻落实《关于改革完善社会救助制度的意见》，按照系统集成、协同高效的要求，持续深化社会救助制度改革。强化协同配合，落实部门责任，加强社会救助各项制度之间，社会救助和社会保险、社会福利制度之间的衔接，确保改革形成整体合力。积极引导社会力量参与，建立健全政府救助与慈善救助衔接机制，推进政府购买社会救助服务。深入推进社会救助改革创新试点，通过改革的手段解决深层次矛盾和问题，增强社会救助创新发展的动力活力。探索完善共同富裕目标下困难群众民生保障政策措施，更好发挥社会救助在促进共同富裕中的功能作用，让困难群众共享改革发展成果，生活更加幸福安康。

二、织密兜牢基本民生保障安全网

加快全国低收入人口动态监测和常态化救助帮扶机制建设，完善全国低收入人口动态监测信息平台，扩大部门间信息共享与数据比对，实现对低收入人口的常态监测、快速预警、救助帮扶。进一步完善低保、特困供养等基本生活救助制度，强化制度的统一性和规范性，提升制度可及性和覆盖面，科学合理制定调整救助标准，切实保障困难群

[①] 民政部是国务院组成部门，中共民政部党组是中国共产党在民政部内设立的党组织。来源网址：http://www.qstheory.cn/laigao/ycjx/2022-04/22/c_1128582946.htm。

众基本生活需求。高效实施临时救助制度，强化救急救难功能，不断提高救助时效性、有效性，扫除救助"盲点"，确保民生保障安全网更加牢靠。持续巩固拓展脱贫攻坚兜底保障成果，保持过渡期内社会救助兜底政策总体稳定，与乡村振兴部门建立信息共享长效机制，坚决守住不发生规模性返贫底线。

三、精准落实落细各项救助政策

"精准"是社会救助制度公平公正运行的应有之义，也是高质量发展的必然要求。进一步完善社会救助对象认定办法，健全救助对象精准认定机制，加强社会救助家庭经济状况核对机制建设，夯实精准救助基础。及时准确了解困难群众所忧所思所盼，推进困难家庭救助需求综合评估，根据其具体困难类型、程度和特点，相应给予基本生活救助、专项救助或急难社会救助，把各项救助政策措施落实到位，做到救助对象精准、措施精准、成效精准，实现弱有所扶、困有所助、难有所帮。

四、创新优化多样化救助服务

深化社会救助领域"放管服"改革，完善主动发现机制，简化优化救助程序，提升救助效率。创新救助方式，针对日益多样化的救助需求，积极发展服务类社会救助，加快形成"物质+服务"的救助方式。加强社会救助信息化建设，推进互联网、大数据、人工智能、区块链、5G等现代信息技术在社会救助领域应用，推动社会救助服务向移动端延伸，实现救助事项"掌上办"、"指尖办"，为困难群众提供更方便快捷的救助服务。积极培育社会救助领域社会工作服务机构和专业社会工作人才，加快形成社会救助服务多元供给格局。实施基层社会救助能力提升工程，充实基层工作力量，强化乡镇（街道）社会救助责任和保障条件，提高基层社会救助经办服务能力，打通社会救助服务群众"最后一公里"。

五、强化规范健康发展工作保障

加快推进社会救助立法工作，不断健全社会救助法治体系。加大社会救助资金支持力度，加强资金监管，规范发放程序和时限，确保各类救助金及时足额发放。持续开展社会救助综合治理，深入整治社会救助领域腐败和作风问题，严厉打击欺诈骗保、贪占挪用救助资金、"优亲厚友"等违法违纪行为，守好用好困难群众的每一笔救助款。加强社会救助政策宣传和理论研究，对有突出表现的先进单位和个人给予表彰，营造全社会关注、支持、参与社会救助的良好氛围。

习近平总书记强调，保障和改善民生没有终点，只有连续不断的新起点，要采取针对性更强、覆盖面更大、作用更直接、效果更明显的举措，实实在在帮群众解难题、为群众增福祉、让群众享公平。

第一节 社会救助概述

一、社会救助的形成和发展

贫困问题具有长期性，无论是生产力水平极其低下的社会，还是生产力高度发达的社会，都有相对贫困的人群。几乎世界上所有的社会保障文献都提到，社会救助是世界上最古老的社会保障制度。一般认为，它起源于在原始社会末期出现的出于人类恻隐之心，或宗教信仰而对贫困者施以援助的慈善事业。作为一项社会制度的社会救助事业是从16世纪开始的。16世纪的欧洲出现了国家济贫制度，即由国家通过立法，直接出面接管或兴办慈善事业，救济贫民，以应对贫困问题。

当时，工业革命引发的激烈的社会变迁，使原来由教会或私人兴办的慈善事业无法解决层出不穷的社会问题，因而国家不得不将救济贫民视为己任。法国率先进行济贫改革，但1601年英国"伊丽莎白一世制定的济贫法案"在历史上更为著名，后世称"伊丽莎白济贫法"。济贫法采取的救济措施有：设立教区的贫民监督官和教区济贫委员会；建立贫民教养院、贫民习艺所等，组织贫民和孤儿习艺所；资助老人、盲人等丧失了劳动能力的人，由贫民救济院收养他们，或施以院外救济；从较为富裕的地区征税补贴贫困地区。它奠定了英国乃至欧美各国现代社会救助立法的基础，开创了用国家立法推动社会保障事业的先例。

19世纪末，德国俾斯麦政府创建了社会保险制度，这种以预防为主，应对社会经济风险的新的社会保障手段，很快在欧洲各工业国流行开来。到20世纪20年代，欧洲各工业国在不同程度上均已建立了社会保险制度。社会保险尽管可以起到一定的预防贫困的功能，但毕竟社会保险不等于社会救助，因此社会保险也不能替代社会救助。第二次世界大战以后，尽管社会保险成为社会保障的主要形式，但是也离不开社会救助的补充，因而社会救助就成为社会保险这种主要社会保障制度的补充形式。在西方发达国家，社会救助仍然在整个社会保障体制中起着"保底"的作用，并由慈善恩惠的观念变为国民权利与政府责任的观念，由教会或私人或地方政府办理的事务转变为各级政府的重要职能。

20世纪七八十年代，西方世界的经济进入"滞涨"时期，贫困问题日趋严重，社会救助制度的作用再一次日益突显，因此，发达国家在社会救助方面的开支仍然相当大。进入21世纪，许多西方发达国家开始意识到，贫困远远不只是意味着低收入，贫困还表明了一种机制，即把个人和群体排除于社会交换体制之外。因此，这些国家纷纷在社会救助制度中加入了社会排斥的视角，赋予贫困人口社会参与和社会融合的权利，以建立一个更加融合的社会。

综上所述，社会救助是应对贫困问题、促进社会发展的重要手段之一，它可以解决社会困难群体的生活困难问题，这不仅是社会协调稳定的内在要求，也是社会延续和发展的需要。

二、社会救助的内涵与特点

（一）社会救助的内涵

社会救助是现代国家中得到立法保障的基本公民权利之一，当公民难以维持最低生活水平时，由国家和社会按照法定的程序和标准向其提供最低生活需要的物质援助的社会保障制度。

社会救助制度可以从三方面界定：一是社会救助是现代国家和社会的一项义不容辞的职责，获取最低生活保障或社会救助是公民的一项基本权利。二是社会救助或最低生活保障制度的目标是克服贫困，它在公民由于社会的或个人的、生理的或心理的原因致使其收入低于最低生活保障线而陷入生活困境时发生作用。三是社会救助或最低生活保障制度提供的仅仅是满足最低生活需要的资金或实物，其目的是在公平与效率之间寻求适度。它体现了人道主义精神，它是社会保障制度中的最后一道安全网，极力使每一个公民不至于在生活困难时处于无助的困境。

社会救助的分类也是多角度的，根据不同的出发点，不同的划分依据和标准，可以作出不同的内容分类：

1. 以致贫的原因为分类标准

现实生活中，贫困现象基本上可以分为三类：职业竞争失败造成的贫困、个人生理原因造成的贫困和个人能力问题造成的贫困，有的国家和地区（如我国的香港）还把遭遇自然灾害和不测实际造成的贫困包括在内。现实生活中的贫困现象决定了社会救助的内容。

针对各类致贫原因，社会救助相应设立了孤寡病残救助、贫困户救助、失业救助和自然灾害救助。（1）孤寡病残救助，是在公民因个人生活原因丧失劳动能力而断绝生活来源时，由国家和社会提供维持最低生活水平的资金和物质的社会救助项目。（2）贫困户救助，是在公民因个人能力问题无法适应商品经济的积累竞争而落伍陷入贫困时，由国家和社会提供维持最低生活水平的资金和物资的社会救助项目。（3）失业救助，是在公民因失业而生计断绝时，由国家和社会提供的维持最低生活水平的资金和物质的社会救助项目。（4）自然灾害救助，是在公民遭受自然灾害袭击而造成生活无着时，由国家和社会紧急提供的维持最低生活水平的资金和物质的社会救助项目。

2. 以贫困持续时间的长短变化分类

贫困可分为群体贫困和个体贫困，如我国的扶贫工作就有针对地区开发性的"大扶贫"和针对贫困户的"小扶贫"之分。

不论以何种角度进行分类，社会救助的关键是界定贫困，即确定所在地的最低生活标准。因此必须对贫困和贫困线进行讨论。

贫困通常包含两层含义：一是绝对意义上的贫困，即缺乏满足最低生活需要的条件和手段，没有生活必需的食物、衣服、住所，即所谓的饥寒交迫、陷于绝境；二是相对意义上的贫困，即相对于社会平均生活水平的差距而言的贫困。

前者是19世纪末20世纪初，欧美国家官方文件中普遍采用的概念，它是根据人体健康发展所必需的营养成分而确定的一个标准。在一定收入水平上测算一个家庭满足每个成员起码的生活需求所需的费用。它包括必需的食品支出，由此组成一组收入数字，在此收入标准下即为贫困，也称绝对贫困。

后者是在前一概念的基础上进一步完善而来的。"当某些个人、家庭和群体没有足够的资源去获取他们所需的那个社会公认的、一般都能够享受到的饮食、生活条件、舒适和参加某些活动的机会，那么就可以说他们处于贫困状态。他们由于缺少资源而被排斥在一般的生活方式、常规活动之外"。所以，贫困在这里已不是原来饥寒交迫、无法解决温饱的问题了，而是相对被剥夺、相对被侵占的概念。

所谓贫困线是指最起码的生活水平或与社会平均生活水平间的差距的一个量的界定。城市贫困线的制定可以从多种角度进行，学术界采用的方法通常有：恩格尔系数法、市场菜篮法、生活形态法、国际贫困线标准、客观贫困标准测定法、主观贫困标准测定法等。一般是用一个或若干个与贫困高度相关而又可观察、可测量和可比较的社会、经济指标来表示贫困的程度。应当指出，绝对贫困和相对贫困都是一个相对的概念，不同的国家，不同的地域，不同的历史阶段其绝对贫困和相对贫困是不一样的。

(二) 社会救助的特点

1. 基础性

社会救助不是为了提高社会成员的生活质量，而在于对已经陷入生活困境的社会成员给予支持和帮助，以满足其最低的或者基本的生活需求。就中国当前的具体国情而言，社会救助的目标是而且只能是着眼于"保底"。它要面对的是已经存在的贫困现象，使得已经陷入贫困的一部分社会成员能够休养生息，从而迅速地摆脱贫困。同时，这种"保底"功能也能防止依赖思想以及不劳而获思想的滋生和蔓延。

2. 协调性

第一，社会救助是协调公平与效率关系的基本途径。当市场经济的机制在每个微观组织中产生和实现效率时，社会经济整体需要公平的制度环境。社会救助的目标是实现起码的公平，是为发展创造必备的条件。第二，协调社会救助同社会保护政策之间（如社会保险、社会福利等）的关系。无论社会保障制度发展到何种程度，社会救助是不可或缺的，社会救助本身必须具有处理与其他社会保障形式关系的内容。第三，社会救助内容本身的协调性。社会救助主要是物质救助，但又不仅仅是物质救助，还包括精神安抚等内容；同时，社会救助主要是生活救助，但又不仅仅是生活救助，还包括教育救助、住房救助、就业救助等内容。这些结构化的内容必须具有协调性，才能实现真正的现代社会救助目标。

3. 选择性

社会救助是在公民因社会的或个人的、生理的或心理的原因无力维持最低限度的生活水平时才发生作用的。因此，必须有一整套严格的法定工作程序来确定申请救助的公民的生活状况是否已经陷入难以为继的窘境。这一整套工作程序一般被称为"家庭经济情况调查",包括个人申请、机构受理、立案调查、社区证明、政府批准等流程。能否得到社会救助的关键在于申请人个人收入或家庭成员的人均收入低于政府事先确定的最低生活标准线(贫困线),有的国家或地区还要调查申请者的家庭财产和工薪之外的其他经济来源。

4. 历史性

从社会保护政策三个层次的历史发展进程看,社会救助(济)层次产生最早,以 17 世纪 60 年代英国的"伊丽莎白济贫法"为主要标志;其后,产生了社会保险这第二个层次,以 19 世纪 80 年代德国的"疾病保险法"为主要标志;最后,才产生了社会福利这第三个层次,它的产生和发展与福利国家的形成密不可分。从社会救助的发展历程来看,社会救助并不随社会保险、社会福利的逐步发展而被取代,恰恰相反,在现代社会中,社会救助越来越多地发挥着自己的作用,社会救助的观念早已融入了历史文化与传统观念之中。

三、社会救助的基本原则与功能

(一)社会救助的基本原则

1. 结构化原则

社会救助包括城市居民最低生活保障、救灾救济、紧急救援等,是政府和社会对于那些不足以维持最低生活水平的社会成员提供的必要帮助。社会救助的结构化原则指的是社会救助在整个社会保障体系中的地位和作用,同时也是指社会救助本身的结构化特征,比如不仅包括物质救助,还包括精神救助等。

2. 定向原则

从社会救助的对象看,社会救助同社会保险和社会福利的对象是不完全相同的,社会救助的对象具有特定性。从社会救助的国际发展潮流看,世界范围内多元救助的主张深入人心,从普遍性原则(人人有权利享受社会救助)向定向性原则(选择性原则)过渡。国家只负责救助最困难的老年人、残疾人、儿童等弱势群体,要求人们为自己的养老和医疗承担更多的责任;主张家庭、社区、企业、社会团体等都要为帮助最困难的人出力。社会救助的定向性原则,事实上把社会救助和社会福利区分开了。

3. 公民待遇原则

社会救助的公民待遇强调贫困的事实和后果,不涉及贫困的原因,只要贫困真实发生和存在,贫困者需要帮助和救助,那么就会成为社会救助的对象。以人为本、人权平等、尊重人格以及不把贫穷当成罪恶,不歧视贫困群体,也不把贫困主要归因于个人和家庭是社会救助制度秉持的基本理念。

4. 面向全民原则

凡是符合社会救助规定的任何个人或家庭都可以通过一定程序获得救助。各国在制定社会救助政策时，一般只以社会成员的生活条件及状况为出发点，而不会以社会成员的职业性质、阶层划分作为依据。因此，虽然社会救助因多数社会成员能够正常生活不需救助，在事实上并非全民都能享受，但就其本身而言，它是社会保障制度中唯一面向全体公民的社会保障制度，具有全民性。

5. 国家责任原则

国家承担确保贫困人口基本生活的义务，所以只要公民有生活上的困难，政府就有责任给予救助。因此，社会救助的责任主体是国家，同时倡导民间参与，弥补政府财力不足。企业和社区以及各种非营利性组织只能作为辅助和必要的补充。

6. 非义务性原则

社会救助对接受者而言，是单方面的权利；对提供者而言，是单方面的义务，这种权利和义务由法律进行规范和约束。因此，国家和社会对特定对象实施社会救助，摆脱生活困境是无条件的。凡是属于救助范围以内的社会成员，国家和社会都应该给予救助，不能附加任何条件。在当代社会保障体系中，社会保险强调权利和义务相结合，即受保人必须缴纳一定的保险费而后才能享受社会保险的待遇；社会福利在许多国家亦已经开始收取廉价费用；而社会救助却在各国及历代社会均是无偿的。这也成为区别社会救助与其他社会保障子系统的一个重要标志。

7. 救助与发展一致性原则

在社会救助实施的过程中要充分发挥人的潜能，因为每个人在生理、心理及智力方面都有很大的差异。通过社会救助体系的建立与发展，发动各种力量共同帮助贫困人口，使他们有机会发挥其潜能，摆脱困境，是社会救助所应遵循的基本原则之一。社会救助作为应急型的应对贫困的一种机制，在最底层上提供的是最基本的生活保障。生活得到保障也就为接受者提供了一种发展的基础和条件。这也就是社会救助在提供物质（资金）帮助之外还重视精神救助的根本原因。

8. 依法救助原则

社会救助和其他类型的社会行动一样，也要遵循一定的社会规范。不规范的社会救助在解决社会贫困问题的同时，可能会导致其他社会问题以及社会矛盾。社会救助行为规范化和法制化程度是评价或者衡量社会救助是否具有现代性特征的重要标准。所以，只有进行社会救助立法，才能从根本上保证社会救助制度的权威性、连续性和现代性。

(二) 社会救助的主要功能

社会救助的最终目的是消除贫困和促进发展，它是社会保障制度的基础，好比社会保障安全网的网底，是社会稳定的最后一道防线，它的功能不可替代。

1. 保护功能

社会救助的首要功能就是保护功能，即通过经济援助，使社会成员从生存困境中解脱出来，在法律上、经济上为社会成员的基本生活权利提供保护。社会救助的保护功能包括两个部分，其一是对贫困者或者其他需要帮助者的保护，这种保护有生存保护、发展保护等；其二是对社会的保护，贫困者阶层的形成和阶级化的发展实际上破坏了社会的团结和整合，不利于社会的稳定团结。所以，实施社会救助不仅保护了贫困者，实际上也通过保护贫困者而保护了社会的良性运行。

2. 整合功能

社会整合指的是社会不同的因素、部分结合为一个统一、协调整体的过程及结果，亦称社会一体化。

如果不能有效地实施社会救助制度和真正地保护贫困者，贫困者的社会认同感、归属感和责任感就会逐步丧失，继而会对社会产生一种强烈的被遗弃感，那么贫困阶层就可能游离于社会，从而使社会处在离析的不整合状态。实施社会救助制度，通过对贫困者或者其他需要帮助者进行救助，能使他们更好地融入社会，对社会有一种认同感和归属感，不至于使这部分人通过阶层化而阶级化。因此社会救助制度的实施可以发挥社会整合功能。

3. 稳定功能

社会经济的发展和进步离不开稳定的社会秩序和社会环境。在国际上，许多国家把社会保障称为"安全网"，虽然经济周期性危机不时出现，有的国家失业率一直比较高，但是社会尚能维持较长期的比较稳定的状态，很重要的原因是社会救助在发挥保证社会稳定的作用。由于各种特殊事件的客观存在，往往给社会成员造成群体性危机，人口老龄化、自然灾害、工伤事故、疾病等均是不以人的主观意志为转移的，如果国家不能妥善解决这些问题，就会因此而失控，进而破坏整个社会经济的发展。在中国历史上，每当大灾难发生，百姓无法生存，农民起义就会此起彼伏，有时导致改朝换代；新中国成立后，由于国家重视救灾工作，虽灾年不断，但并未酿成过大的社会动乱，从而表明了社会救助具有的稳定功能是维系社会稳定发展的重要因素。

4. 恢复与发展功能

社会救助的恢复功能是指恢复受创的社会、家庭、个人正常生活秩序的功能。在社会的发展过程中，尤其是在社会的转型时期，由于社会的结构性因素、成员的个体性要素或者两个相结合的要素导致贫困的产生，当这种贫困现象成为一种社会事实的时候，这种现象就成为社会问题。解决这种社会问题，就是为了恢复正常的社会发展秩序和受困家庭或个人的生活秩序。

与此同时，社会救助还发挥着促进功能，该功能有以下四点意义：其一，能促进遭遇特殊事件的社会成员重新认识发展变化中的社会环境，适应社会生活的发展变化；其二，能促进社会成员的物质和精神生活水平的提高使其更有效地为社会工作；其三，能促进社会成员同社会的协调发展，使社会生活实现良性循环；其四，社会化的社会保障实质上是劳动力自由流动的最强有力的保障，从而能促进人才流动，有利于劳动力市场的形成和最大限度的发展。

第二节 国外社会救助制度的发展及经验

一、美国的社会救助制度

（一）救助的贫困标准

1965 年，美国依据家庭规模和家庭总收入两个因素制定了一条贫困线标准，随后每年都重新测算、核定。如果一个家庭的年总收入低于当年联邦政府划定的标准线，就被认定为贫困家庭，有权获得政府资助。全国统一贫困标准的设定，保障了多数低收入家庭被纳入到社会救助体系之中，维护了社会救助制度的公平与公正。

（二）救助项目类型

1. 现金救助

（1）贫困家庭临时援助（TANF）。

TANF 项目由未成年儿童家庭援助项目发展而来，其费用由联邦政府与州政府共同承担。TANF 项目受益的家庭多数是单亲或父母中有一人无劳动能力或长期失业，这类家庭的户主多为女性。同时，TANF 项目还对受益者采取了严格的受助时间和工作小时等限制，并将重点放在督促和帮助失业者再就业方面，旨在通过提高受助人的工作意愿和增加他们的个人责任来减低他们对福利救济的依赖，使他们树立"以工作求自立"的理念。

（2）补充性保障收入（SSI）。

SSI 是由联邦政府社会保障局管理、监督、执行的一种收入援助计划。它向低收入或无收入的 65 岁以上老人、盲人、伤残者提供现金帮助，以满足他们吃、穿、住等方面的基本需求。SSI 所需费用由联邦政府承担，并实行全国统一的资格认定标准，但项目的执行则由州政府和地方政府负责实施。

2. 非现金救助

（1）食品券（FOODSTAMP）。

食品券计划是指由联邦政府与地方政府向无收入或低收入的老人、残疾人、失业者发放的一种购买食品的票券。按规定食品券需要在指定的食品零售商店使用，不得用于购买酒精饮料、香烟、维生素、药品和宠物食品，也不得用于购买现场加工的食品。除少数无家可归者之外，食品券也不得用于购买餐馆或快餐店的食品。

（2）医疗援助（MEDICAID）。

该项目于 1965 年设立，目的是为部分低收入个人、家庭提供医疗服务支持，帮助无力支付医疗保健费用者享受基本的医疗卫生服务，费用由联邦政府与州政府共同承担。

(3) 住房补助（HouseRelief）。

联邦政府为解决低收入阶层住房短缺和居住条件低下的问题而建立的救助计划。20世纪70年代以前，美国主要采用政府资助建造公共住房并提供租金补贴的办法，从1974年开始，美国政府把住房补助项目的主要方式转变为向私人房产主提供租金补贴，即低收入家庭只需向房主缴纳收入固定比例的房租，其余部分由政府补贴。

（三）美国社会救助制度的特点

1. 救助内容和项目的法制化

美国社会救助制度建立的七十多年间，其法律制度共经历了四次立法高潮，社会保障法案经过了几十次的修改和扩充，社会保障的单行立法上百部，各州自己的立法更是不计其数。美国社会救助制度的每一次改革与调整，都有与其相适应的新法案作为支撑。在不断修改旧法和创立新法的过程中，美国的社会救助项目逐步增加并日益完善。

2. 救助资金和载体的多元化

从资金来源上看，美国多数救助项目都由联邦政府和州政府共同承担资金，辅之以社会捐助，但以联邦政府为主导。从救助项目管理上看，联邦政府在救助项目设计和改革方面拥有决定性的权力，并通过设计项目和管理预算来发挥在社会救助制度中的行政领导作用；州政府和地方政府则在项目执行和预算分配方面拥有很大程度的自主权，并允许运用地方税收来补充社会救助开支，有针对性地解决当地面临的特殊问题。

从救助制度的运作机制上看，美国实行国家与私人并举、公办与民营并重的运作方式，实现运作载体的多元化。1996年的福利改革更是提出由联邦向各州、由政府向私人分权，允许州通过与慈善组织、宗教团体或私人组织签订契约的方式来实施救助项目。如今，美国政府与相关的非政府组织、慈善机构、志愿组织及营利性社会福利机构已经形成了比较成熟的伙伴关系，共同编织救助网，承担社会救助责任。

3. 救助补贴和时效的有限化

美国的社会救助属于典型的"补救型"福利，其目标被定为为弱者服务。主要体现在两个方面：一是低标准、广覆盖。美国的社会救助制度设计考虑到了贫困群体的种种需要，救助项目包括了收入保障、住房保障、医疗救助、食品救助等一百多项，内容涉及生老病残、衣食住行、学习工作等各个方面。但设计的项目多为低水平的救助，满足受助对象最基本的生活需求。二是救助项目的有限救助性和临时性。

1996年美国的福利改革，用"贫困家庭临时救助"计划代替了原来的"未成年儿童家庭援助"，使救济从原先的无限制终身福利转变为一种有限制的临时福利，并且一定时期要重新申请。

二、德国的社会救助制度

1961年，德国颁布了《联邦社会救助法》，规定凡是生活在德国的居民，无论是德国人，还是外国人，只要遇到该救助法所列的各种困难，都可以要求得到社会救助。按照德国统一条约的规定，1996年8月1日起，原东德地区施行统一的社会救助政策。

（一）德国社会救助的对象和内容

德国的社会救助是为了确保每一位需要救助者能维持体面的生活而提供的帮助。在德国，救助的对象是指家庭收入低于最低保障标准的贫困者，主要是四类人：无工作人员，因病致贫者，酗酒、吸毒人员，无家可归者。

1. 日常生活救助

主要是用于低收入家庭日常生活用品的消费，包括食品、住房、衣物、化妆用品、家庭用品、取暖费、日常个人必需品等，有些还包括一定限额内的社会活动和文化娱乐费用，对于其中较大数额的消费往往提供一次性救助。

如果申请者和家人同住，社会救助则只对其个人消费按月提供现金救助，不包括任何家庭费用；如果申请者单独居住，则可以得到上述所列各项开支的救助。

2. 特殊情况救助

主要包括：(1) 预防性的健康状况照顾（体检）以及卧床休养治疗。(2) 生病期间救助以及其他医疗救助（受助金额大致与法定医疗保险金相当）。(3) 孕产妇救助（受助金额大致与法定医疗保险金相当）。(4) 针对严重的体力、脑力或心理缺陷者的综合救助，包括治疗、照顾、社会安置、促进就业等。(5) 针对需要被护理人员的救助，若申请者需要在家接受护理，则按需要护理的程度提供各项救济金，包括消费补偿金、月护理津贴等。如必要，还可以提供支付特殊护理人员的护理费，某些情况下，还可以为护理人员缴纳适当的养老保险费。(6) 家务劳动帮助，如在家庭中的母亲生病或在疗养院接受康复治疗时，为家庭提供帮助。(7) 克服特殊社会困难的救助。(8) 满足老年人特定需要的额外救助，如帮助老年人得到或保有老年人公寓等。所有这些特殊情况救助也体现了德国社会保障制度高福利的特点。

（二）德国社会救助的特点

"大家庭成员审查范围"是德国社会救助制度中比较特殊的方面。

家庭是社会的细胞，家庭的稳定在社会的稳定和发展中起着基础作用。西方一种比较新的理论——支柱理论认为，社会中各种活动的主体可以简化为三类：政府、市场和家庭。政府支柱通过税收，经过政府机构和公务人员提供福利和服务，或者通过政府的政策，建立个人缴费的社会保险制度；市场支柱从市场上为个人获得福利提供条件；家庭支柱在家庭中为人们分担风险，并提供相互支持。

这三大支柱之间的关系是相互合作的。政府可以在资金和服务方面支持家庭，替代家庭的部分传统功能。在西方发达社会里，就像政府对市场的干预一样，政府支柱对于家庭支柱的渗透也是深入和多方面的。在社会救助制度中，这种干预表现得更为明显和突出。

在德国的社会救助制度中，在对申请社会救助者的收入和财产审查时，家庭成员范围包括申请人的父母、祖父母和成年子女。德国社会保障部门对救助申请者进行考察时,不仅重视其经济情况考察,也同样重视对其社会关系的考察,尤其是对有家庭内互助能力的,能促进家庭和谐稳定的支柱成员的作用。根据联邦法律规定,直系亲属之间有相互赡养或抚养的义务,当直系亲属有能力相互赡养或抚养时,就不具有获取社会救助的资格。在具体的资格审查时,直系亲属的范围包括配偶、子女和父母,并作出其在多大程度上对申请者的生活负责的裁定。祖父母、外祖父母、孙辈以及其他旁系亲属不在申请者的社会关系考察范围之内。在未来的社会救助制度的改革与发展中,各国政府普遍趋向于使家庭支柱在社会救助体系中发挥更大的作用。

三、日本的社会救助制度

日本的社会救助制度又称为生活保障制度,即对贫困者进行最低生活水平保障的制度,由于属于政府行为,国家出资救助,又称为国家救济制度。

(一) 日本社会救助制度的主要内容

日本生活保障制度的内容全面而又细致,主要包括生活保障方面的现金救助和生活保护设施方面的实物与服务救助,另外,对低收入者还提供低息的生活福利贷款。

1. 生活保障方面的救助

(1) 生活救助。

即先由政府根据不同地区确定最低生活费用标准,然后根据困难家庭的申请,政府向其补助差额。此外,政府还提供一次性发放人工营养补助、入院患者用品补助以及对孕产妇、高龄者、母子家庭、残疾人等群体的额外补助。

(2) 教育扶助。

这是针对家庭子女教育费出现困难时,由政府根据中、小学校的收费标准,在教材费、学校伙食费、上学交通费等方面给予补助。

(3) 住宅救助。

这是指当低收入家庭在房费、房租或房屋维修等方面出现困难时由政府给予补助。

(4) 医疗救助。

当接受生活救助的人生病或受伤时,以及因支付医疗费使收入低于生活标准时,由政府指定医疗机构或支付现金给予帮助。

(5) 分娩救助。

这是对低收入家庭妇女分娩时参照一般费用标准给予差额补贴。

(6) 生产救助。

这是指对接受生活救助的人在开业时、就职时、技能学习时或其他为了从事劳动而产生必需费用的时刻给予补助。

(7) 丧葬救助。这是对收入困难家庭处理丧葬费用的救助,包括检验、尸体的搬运、火葬或土葬、收纳骨灰等。

2. 生活保护设施方面的救助

(1) 对那些因身体或精神上存在明显障碍而难以独立生活的人,提供救护设施。

(2) 对那些因身体或精神上的原因需要收容和保护的人，提供治疗设施，促进其康复，回到社会怀抱。(3) 对没有住处的被保护者，为其提供住所设施。(4) 对那些因身体、精神或家庭等方面原因而就业能力低下的人，为其提供就业技能的学习设施。

(二) 日本社会救助制度实施的宗旨和基本原则

日本的社会救助是根据日本宪法制定的，是宪法中关于生存权条款的具体化。日本的《生活保护法》中规定一切国民都具有获得最低限度的健康的生活权利。对所有贫困的国民，根据其贫困的程度实施必要的保护，保障其最低限度的生活并促进其自力更生。

日本社会救助制度的根本宗旨在于帮助被救助者自立，即对贫困的保护不应该只是给予生活补助，而是在援助生活的同时，引导和启发贫困者的个人才能，以促进其自立。在实际操作中日本是从人格自立、生活自立、劳动自立和经济自立四个方面促进被救助者自立的。

日本社会救助制度的实施遵循以下基本原则：

(1) 申请救助原则。

社会救助的实施必须由被救助人、其义务抚养人或其他同居的亲属提出申请，在特殊情况下，个人无法或无能力行使申请权时，即使没有申请，也可以实施必要的生活救助。

(2) 救助基准原则。

社会救助的实施是否有必要，以及给予生活补贴的程度，这些不能由实施机关主观决定，而应有统一的客观标准。为此由厚生大臣（社会保障部部长）确定最低生活基准，申请人的财产收入与该基准相比的差额部分就是生活补助的范围。因此，在实施生活救助之前，必须对申请人的家庭收入进行调查。

(3) 保障的补充性原则。

日本的社会救助制度要求生活贫困的人必须将可以利用的资产、能力及其他所有东西用于维持其最低限度的生活。

(4) 以家庭为单位原则。

日本社会救助的对象以家庭为单位，而不是以个人为单位进行。因此，申请生活保护的人是否陷于贫困线之下，以及对其生活补助程度的判断，是以本人所属的整个家庭进行衡量。

四、新加坡的社会救助制度

新加坡的社会保障体系由中央公积金制度和社会救助制度两部分组成。在西方国家的发展经验之外，它建立了一个具有东方特色的社会保障体系，是世界上比较成功的社会保障体系。经过多年发展，中央公积金制度已从过去单一的退休储蓄计划演变成涵盖各个层面的综合性社会保障计划，成为新加坡社会保障体系的主体和核心部分。

然而，中央公积金制度无法惠及未参加者，新加坡约有两成的自雇者、没有缴纳公积金的妇女以及没有就业的身心残障者未被这项制度涵括。另外，低收入者在公积金制度中可得的保护也十分有限。对于这部分群体来说，政府的社会救助计划就必不可少。新加坡政府通过公积金制度满足绝大多数人的福利需求，而通过社会救助制度满足未被公积金制度覆盖的群体，这样就形成了严密的社会保障体系，保护了全体新加坡公民。在新加坡，由政府制订和实施的社会救助计划主要包括社区关怀计划和社会援助计划。

（一）社区关怀计划

社区关怀计划是 2005 年 7 月制订的，由新加坡社会发展、青年和体育部下属的社区发展理事会负责实施。社区发展理事会管理着多项旨在帮助贫困居民的政府项目和计划。社区关怀计划的目的是帮助那些生活困难的人重新获得经济上的独立，为社会产生经济效益，在此基础上进一步精简援助计划，改善申请程序以提高效率。

社区关怀计划主要有三大支柱：

成长——着重照顾贫困家庭儿童在成长时期的需求，以帮助他们摆脱贫困；

自立——着重帮助贫困人士自力更生；

激发——着重帮助需要长期援助的贫困人士（如贫困老人和残障人士），使他们能更好地融入社会。

1. 社区关怀——成长

（1）幼儿园经济援助计划。

这是专门为那些想将自己的孩子送进幼儿园但却无力支付相关费用的家庭设立的。这一计划在符合条件的非营利性幼儿园进行，家长在申请参加这一计划后可以每月获得一定津贴。幼儿园经济援助计划补助每月幼儿园费用的 90%，最高可到每月 82 新元。

（2）托儿所经济援助计划。

这是旨在帮助那些由于工作需要而将孩子送进儿童照顾中心但又无力支付这一费用的家庭。托儿所经济援助计划按月为儿童提供托儿所需费用的补贴，这一补贴是除政府儿童照顾津贴之外的补助。此外，这一计划还为儿童进入托儿所的初始费用提供一次性的补助。

（3）学生托管经济援助计划。

这是针对父母由于工作需要而将孩子送到托管中心但无力支付这一费用的家庭。学生托管中心为 7~14 岁的儿童提供上学前及放学后的照顾。这一计划还为在特殊学生托管中心的残疾儿童提供援助。

（4）儿童成长辅助计划。

这是旨在帮助正在抚育新生婴儿和 6 岁以下幼儿的低收入家庭增加养育儿童的技巧、建立良好的亲子关系，也帮助提升家庭凝聚力及提供儿童学前教育的发展机会，主要是由各区的家庭服务中心来负责实施运行，符合条件的家庭可以到自己所在区的家庭服务中心申请。

2. 社区关怀——自立

社区关怀的自立部分主要是就业扶助计划。这一计划旨在帮助那些未就业家庭的成员找到工作，要求申请人必须和就业扶助顾问合作。就业扶助顾问受雇于社区发展理事会,他将会为申请者及其家庭制订一个可行的计划来实现申请人及其家庭的自立,并随时与申请人保持联系以便确定申请人可以按计划进行。申请人必须遵守就业扶助顾问为其制订的所有约定,如果申请人或其家庭不与就业扶助顾问相配合,或未能按照为其制订的计划进行,申请者就会被中止参加这一计划。

根据申请者的家庭状况,就业扶助计划可以为申请者提供以下一项或多项援助:

(1) 租金、公共设施或服务、水电等资源费用。
(2) 每月为满足基本需求的现金补助。
(3) 儿童和学生补助津贴。
(4) 为提高就业水平的培训补助。
(5) 教育救助。

3. 社区关怀——激发

社区关怀的激发部分主要是公共援助金计划。这一计划旨在帮助那些由于年老、患病或残疾不能参加工作而且没有其他经济来源和依靠的居民,依据其家庭规模和困难程度给予相应的补助,2008年的补助标准在230~670新元。

公共援助金计划的救助对象主要是年老、患病或因不利的家庭情况而无法参加工作的新加坡居民,并且没有其他经济来源,也没有其他家庭成员可以依靠。救助对象可以得到为保证基本生活开支按月给予的现金补助;在综合医院或者重组医院可以接受免费治疗的医疗援助;子女的上学费用等。

(二) 社会援助计划

1. 住房和教育援助计划

住房和教育援助计划由社区发展理事会负责实施,从2004年1月1日开始执行。其目的是,提供全面救助以帮助那些年轻的低收入家庭摆脱贫困,并激励他们将有限的家庭资源集中于子女教育和自身技能的提升。

这一计划提供6000~9000新元的现金来帮助受助家庭实施计划生育以控制孩子的数量(不超过2个),保持其家庭结构的小型化。在住房援助上,为低收入家庭提供5万新元的房屋补助来帮助他们支付住房贷款,补助金将按年分期(每年2500新元)汇入母亲一方的公积金账户。在教育援助上,为低收入家庭的孩子提供从学前到大学阶段的助学金,学前教育每年250新元,初级教育每年400新元,中等教育每年800新元,专科、艺术和职业学校每年1200新元,大学每年2000新元,特殊教育每年600新元。这一计划为每个家庭提供为期10年的1万新元的技能培训补助,这一补助将平均地分配给父母双方,确保父母双方都能够参加培训以获得新的技能并增强就业能力。加入这一计划的每个家庭还可以得到1000新元的一次性的日常开支补助。另外,社会服务部门还会为这些家庭提供顾问和家庭支持以对他们进行后续指导,如果这些家庭要求的话,还可以帮助他们获得他们所需要的其他社区资源。

2. 其他救助计划

(1) 保健基金。

保健基金是新加坡医疗保障制度中的医疗救助部分。新加坡的医疗保障体系主要由保健储蓄计划（Medisave，强制医疗保险）、健保双全计划（Medishield，大病保险）和保健基金计划（Medifund，贫困者医疗救助）三部分组成，由新加坡卫生部负责实施。1993年建立的保健基金计划为那些连重组医院的大幅度津贴医疗费都无法支付的贫困者提供医疗救助。

(2) 伙伴基本照顾计划。

主要是允许私人全科医生和牙医为贫困的老年人和残疾人提供普通的门诊医疗服务和基本的牙科服务，以便于他们能就近在自己的社区获得基本的医疗照顾。贫困的老年人和残疾人在这些私人机构就医时只需支付与综合医疗诊所一样的费用。合格的申请者会获得一个有效期3年的社区医疗福利卡，且只能由持卡人本人使用。在私人诊所和私人牙医处就医时即可得到医疗津贴。

(3) 就业援助服务。

社区发展理事会还在求职者所在地区为其提供免费的就业援助服务，主要包括：帮助求职者找到适合自己的工作匹配计划；增强求职者在寻找工作时自信的职业指导计划；此外还为申请人提供培训机会，提升求职者技能，扩大求职面，提高求职成功率。

(4) 除这些政府制订的援助项目之外，任何基层组织和志愿福利团体均可提出实验性的计划和服务，资金可以向社区关怀中心申请，数目可高达总费用的50%。

目前，根据社区关怀中心计划批准的实验计划有"社区关怀家中膳食计划"（从2005年8月开始）、"社区关怀银发联系计划"（从2005年11月开始）、"社区关怀登门治疗计划"（从2005年12月开始）等。

(三) 新加坡政府社会救助计划的特点

1. 政府救助是最后的手段

新加坡政府相信激励自立具有至关重要的作用，新加坡的社会救助政策要求被救助者要在充分使用完包括家庭和社会提供的支持在内的所有个人资源之后才能寻求政府救助。这一观点在新加坡社会救助的三条原则中得到体现：提供帮助以促进自立（要明确政府提供的是救助而非福利，是共同义务而非权利），家庭是第一线的支持，他人帮助。

这三条原则的共同导向是，政府救助必须是最后的手段。新加坡政府认为，如果不实施这些原则，人们的行为就会越来越依赖政府救助，人们看不到努力工作和自力更生的价值，这将会削弱低收入群体通过自给自足来改变命运的动力。另外，如果国家取消家庭是第一线支持的原则，社会状况也有可能恶化，因为家庭纽带和同甘共苦的责任感都会松懈。即使政府完全包办社区组织的角色来提供援助，但在灵活性上比不上社区组织，结果是政府想要帮助的对象所得到的生活质量更低。

2. 救助管理以家庭为中心，并与志愿福利机构等部门建立紧密的合作关系

在新加坡，家庭作为社会的中流砥柱，其作用被不断强调并加以利用。各项救助计

划主要根据家庭来制订并通过援助家庭的方式进行,同时与志愿福利组织、私人企业等部门建立紧密的合作关系。在实际操作上,主要是依靠社会发展、青年和体育部下属的社区发展理事会及其他福利组织,诸如公民咨询委员会、家庭服务中心等。

新加坡按行政区划把全国划分为五个区,每个区都有自己区属的社区发展理事会,社会发展、青年和体育部在制订出一系列的救助计划后,由其下属的社区发展理事会负责实施。新加坡公民除了可以向自己辖区的社区发展理事会提交援助申请外,还可以向自己所属区的基层负责人或家庭服务中心、公民咨询委员会等志愿性福利机构申请,使社会救助延伸到社区,申请程序也进一步简化。

3. 给予儿童更加广泛的社会救助

考虑到儿童还没有自立能力,新加坡政府救助计划给予儿童更加广泛的社会救助。儿童教育的投入是新加坡最能够与其他福利国家福利政策相媲美的一个领域:接受高质量的教育而花费甚低;初级教育不仅是应该享受的权利,而且是强制性的。

为防止父母利用政府提供给儿童的社会救助来多生孩子,导致无力提供良好的条件,使下一代陷入贫困和救助的恶性循环,政府在对幼儿园及初级教育重金注入的同时,对婴幼儿护养也有着严格的限制。政府只为有 1 个到 4 个婴幼儿的低收入母亲提供额外的救助,其中对有 3 个或 4 个幼儿母亲的救助额度较只有 1 个或 2 个的救助额度低。婴幼儿救助金也只提供到有 4 个孩子的家庭。

4. 激励并促进被救助者自立

新加坡政府认为,高税收不仅有可能会导致高收入人群收入不保,而且会使低收入者失去提高工作技能、勤奋工作的原动力,尤其是当大家认为有政府救助的时候,而激励政策本身对于那些主观有意愿但客观上却无力自立的人群则起不到作用。因此,政府不仅要引导和促使社会救助机制以自立为基础,而且还要帮助人们能够自立。出于这种考虑,政府在培训方面投入了大量资金。

2005 年,新加坡人力资源部投入约 9900 万新元,通过技能发展基金的形式为就业者提供培训。相比而言,社会发展、青年和体育部每年仅投入 1000 万新元,为那些正在接受工作培训、有工作能力但有经济困难的人提供生活援助。低救助额和严格的救助期限迫使被救助者积极自立。同时,丰富而又有针对性的各种培训计划和活动,给那些愿意自立的人提供了改善生活的资源帮助(见表 11-1、表 11-2)。

表 11-1 部分发达国家社会救助项目

国家	相关立法	社会救助内容
英国	1601 年,旧《救济法》 1843 年,新《救济法》 1933 年,《失业救济法》 1948 年,《国民救助法》 1976 年,《补充救助法》	1. 低收入家庭救助; 2. 老龄救助; 3. 儿童救助; 4. 失业救助; 5. 疾病救助

续表

国家	相关立法	社会救助内容
德国	1924年,《救济义务法》 1962年,《联邦社会救助法》,先后于1965年、1969年、1974年和1975年做了修改	1. 特殊困难救助:残疾人、老人、病人、孕产妇、救护、在国外的德国人救助; 2. 一般低收入家庭救助; 3. 家属津贴; 4. 失业救助
美国	1935年,《社会保障法》	1. 特困人员收入补助; 2. 就业与劳动技能援助; 3. 医疗补助; 4. 抚养子女补助; 5. 强制性儿童补助; 6. 低收入家庭能源补助; 7. 食品券补助

表11-2 部分发展中国家社会救助项目

国家	社会救助内容
秘鲁	1. "大众食堂"式救助;2. 灾民救助;3. 残疾人救助
斯洛伐克	斯洛伐克的社会救助常被称为社会援助,其主体为地方政府和非政府组织,救助方式主要是服务而非津贴,津贴只占一少部分,具体分为:1. 育儿家庭社会援助;2. 残疾人社会援助;3. 老年人社会援助;4. 特殊对象的社会援助
印度尼西亚	1. 老弱病残人员救助;2. 灾民救助;3. 偏远山区群众救助;4. 贫困家庭发展生产救助

第三节 中国社会救助制度的发展和改革

一、中国社会救助制度的沿革

新中国成立以来,我国社会救助制度大体经历了三个阶段的发展历程:第一阶段从新中国成立初到社会主义改造完成,第二阶段从全面开展社会主义建设到20世纪80年代初期城乡经济体制改革开始,第三阶段是实行改革开放以来,特别是农村人民公社体制解体以后至今。

1. 国民经济恢复和社会主义改造时期的社会救助

新中国成立初期,由于之前帝国主义的掠夺、国民党的腐朽统治、地主官僚买办阶级的残酷剥削,以及长期战争的破坏,当时的中国是一个经济崩溃、民不聊生、千疮百孔的烂摊子。据统计,当时全国急需救助的群众总计在5000万以上,超过当时总人口的 10%。

在城市，党和政府从保障基本生活的要求出发，采取区别对待的办法，对不同类型的人员给予不同的救济：对无依无靠的孤老病残人员，给予经常性的救助；对患病无力就医的，给予医药费救助；对缺衣少被的，发给御寒衣被；对生活困难的失业工人或知识分子，在就业前给予临时救济；对自谋生活出路的，给予生产资金救助等。

在农村，随着土改的进行，贫困农民得到土地，大多数人的生活得到改善，但由于自然灾害和生产力低下等，为了解决这些人的生活困难，各级政府采取了多种救济措施。一是发放救济款，救济贫困农民；二是组织群众互助互济，开展捐献"一把米""一件衣""一元钱"活动，支援困难群众；三是减免农业税，减免军烈属和贫困农民的公粮。

2. 开始进入全面建设社会主义时期的社会救助

1956年，农业、手工业和资本主义工商业的社会主义改造完成后，社会主义经济成分的主导地位得到确立和巩固，社会主义制度已基本建立起来，我国开始进入了全面建设社会主义的历史时期。

城市有劳动能力的人员或在国营或在集体单位就业，享受吃、住、医等多方面的职工福利待遇，形成了就业与保障一体化的单位保障制度。农村人民公社体制建立以后，农民的生老病死主要由生产队负责，有生活困难的农民可以得到生产队的补助。此后，我国的社会保障的突出特点是国家保障与单位（农村社队）保障相结合，并以单位（农村社队）保障为主。因此，社会救助对象主要是没有劳动能力，没有收入来源，没有法定义务赡养人或抚养人的社会成员，也就是通常所说的孤寡病残等"三无"人员。

20世纪60年代的社会救助工作除了对孤老病残人员经常性的救助外，范围广、影响大的社会救助活动，还有20世纪60年代初期的城乡三年困难时期的社会救济、灾民生活救济以及农村"五保供养"制度的推行——对各地无依无靠的孤老病残社员实行"五保"供养，即保吃、保穿、保烧、保教（孤儿）、保葬。"五保"制度的实施对当时保护弱势群体、稳定社会、发挥社会主义优越性等方面发挥了重要的作用。"文化大革命"期间，党和国家的各项工作都遭受了巨大损失，社会救助工作也遭受严重挫折，有些地方甚至出现了倒退。

3. 改革开放以来的社会救助

党的十一届三中全会后，在改革开放的新形势下，社会救助工作得到了恢复和发展。这个时期的社会救助工作主要围绕四个方面进行：一是恢复落实社会救济政策；二是适时调整了城市救助标准；三是推行适度农村生产责任制的救助办法；四是大力发展具有救助性的社会福利事业和扶贫经济实体。

在国家规定的职责范围内，我国的社会救助工作进行了一系列大胆的改革。其中，最为著名的就是扶贫工作，改"输血"为"造血"，试图通过扶助贫困地区发展生产，增加收入，争取脱贫。在争取社区的贫困救助资金方面也取得了进展，如组织救灾扶贫互助基金会，"五保"资金的乡镇统筹等。

二、中国社会救助制度的体系构成

目前我国的社会救助制度体系由最低生活保障、特困人员供养、受灾人员救助、医疗救助、教育救助、住房救助、就业救助、临时救助等组成，这些侧重点各不相同的救助项目共同构成了我国的社会救助安全网。2014年5月1日起《社会救助暂行办法》正式实施，标志着我国基本形成以最低生活保障为核心，以医疗救助、教育救助、失业救助、住房保障、自然灾害救助、法律援助等专项救助为支撑，以临时困难救助、流浪乞讨人员救助、慈善帮扶为补充的现代社会救助制度体系。

（一）城乡最低生活保障制度

最低生活保障制度是我国各地政府为其管辖区域内城乡贫困家庭提供现金救助的社会救助项目。其基本原理是由地方政府根据本地区居民实际生活消费的情况制定最低生活标准，对人均收入低于本地城市或农村最低生活标准的本地户籍（户）家庭提供现金救助，帮助其达到本地居民最低生活标准。

20世纪90年代初，为解决我国城市贫困的困扰，使社会救助制度尽快适应社会经济发展和市场经济体制，各地民政部门对城市社会救助制度进行了许多有益的探索，逐步建立了城市居民最低生活保障制度。从1993年6月上海市率先在全市范围内出台"居民最低生活保障制度"，到1999年9月全国667个城市和1638个有建制镇的县人民政府所在地全部完成建制任务，只用了短短的6年时间。在此期间，以1997年9月国务院发出《关于在全国建立城市居民最低生活保障制度的通知》（国发〔1997〕29号）为标志，前后可以划分为探索阶段和推广阶段。1999年9月，《城市居民最低生活保障条例》的颁布和全国建制任务的完成，标志着这项制度的建设进入了完善阶段。2001年11月12日，国务院办公厅又发出了《关于进一步加强城市居民最低生活保障工作的通知》，针对城市低保制度发展不平衡的情况，从提高认识，贯彻属地管理原则，加大财政投入，建立法规制度、加强组织领导等方面规范了城市居民最低生活保障制度，以促使这一制度进一步发展。之后党的十六届三中全会决议提出了要"完善城市居民最低生活保障制度，科学规范其标准与方式"。根据这一精神，2004年全国民政厅局长会议提出"进一步完善城市居民最低生活保障制度，切实做到应保尽保，分类施保"。从1993年到2010年，城市居民最低生活保障制度经历了试点、推广、制度确立和不断完善的过程。

1996年，民政部印发了《关于加快农村社会保障体系建设的意见》和《农村社会保障体系建设指导方案》，开始在全国进行农村居民最低生活保障制度的试点工作，农村最低生活保障制度才得以稳步发展。2007年国务院总理温家宝在政府工作报告中指出年末要在全国范围建立农村最低生活保障制度，从此，中国进入了全面建设农村最低生活保障制度的新时期。从全国总体实施情况来看，全面建设农村低保工作已取得显著成绩。目前，我国最低生活保障制度已经逐步走向城乡统筹。

（二）五保供养制度

农村五保供养指对农村村民中无法定赡养人或抚养人、无劳动能力、无生活来源的老人、残疾人和未成年人，在吃、穿、住、医、葬和未成年人义务教育等方面给予生活照料和物质帮助。在农村社会救助制度中，五保供养是唯一的从计划经济时期延续下来的项目。

农村五保供养制度于1956年建立，并在1994年由国家以政府法规的形式予以确定。2006年新修订的《农村五保供养工作条例》出台，五保供养被正式纳入国家救助体系，使五保供养制度从过去的农村集体福利转变成国家财政供养为主的社会救助制度。五保供养的对象包括老年、残疾或未满16周岁的村民，以及无劳动能力、无生活来源又无法定赡养、抚养、扶养义务人，或其法定赡养、抚养义务人无赡养、抚养、扶养能力的村民。五保供养的主要内容包括供给粮油、副食品和生活用燃料，服装、被褥等生活用品和零用钱，符合基本居住条件的住房，疾病治疗，对生活不能自理的病人给予照料；丧葬事宜。此外，还包括保障义务教育阶段的人依法接受义务教育的所需费用。五保供养的标准不得低于当地村民的平均生活水平，并根据当地村民平均生活水平的提高适时调整。五保供养的方式包括在当地农村五保供养服务机构集中供养和在家分散供养，供养对象可自行选择供养形式。五保供养资金在地方人民政府财政预算中安排。有农村集体经营等收入的，可从农村集体经营等收入中安排资金，用于补助和改善五保供养对象的生活。五保供养对象将承包土地交由他人代耕的，其收益归该供养对象所有。中央财政对财政困难地区的农村五保供养在资金上给予适当补助。

（三）城乡医疗救助制度

医疗救助是在政府主导下，由政府相关部门组织实施，主要通过提供资金、政策与技术支持，对困难人群实施专项帮助和医疗扶持的一项医疗保障制度。城市医疗救助对象主要是城市居民最低生活保障对象中未参加城镇职工基本医疗保险人员、已参加城镇职工基本医疗保险但个人负担仍然较重的人员和其他特殊困难群众。农村医疗救助对象主要是农村五保对象、农村低保家庭成员及地方政府规定的其他符合条件的农村贫困农民。在救助标准方面，按照制度规定，救助对象因病而发生的医疗费用，在扣除各项医疗保险可支付部分、单位应报销部分及社会互助帮困等之后，个人负担仍超过一定金额的医疗费用，或一些特殊病种医疗费用，由医疗救助制度给予一定比例或一定数量的补助。对于特别困难的人员，可适当提高补助标准。在救助方式上，城乡医疗救助坚持以住院大病救助为主，根据医疗救助对象的不同医疗需求开展服务，主要方式包括资助参保参合、住院大病救助、门诊救助、优惠减免等。救助资金来源包括财政预算拨款、专项彩票公益金、社会捐助等渠道建立基金。地方财政每年安排城市医疗救助资金并列入同级财政预算，中央和省级财政对困难地区给予适当补助。

（四）就业救助制度

我国目前的城乡居民最低生活保障只能维持低保家庭最起码的生活水平，如果低保家庭想要摆脱贫困，只有充分依靠其自身资源，并由政府辅以必要的援助政策。在低保家庭中，蕴藏着丰富的劳动力资源，但就业难往往成为低保家庭摆脱贫困的首要障碍，因此就业救助在众多救助政策中也是相当重要的对策之一。

就业救助是面向就业年龄内有劳动能力和劳动意愿，但尚未就业的、不在失业保险保障范围的社会成员，由政府和相关社团组织为其进行职业辅导和再就业培训，并提供相关津贴（包括失业者本人及其家庭成员的最低生活津贴、培训期间的交通和食宿补贴等）。最终，仍可能有部分失业者不被雇用，政府就组织他们参加以工代赈的社会公益劳动，以劳动报酬的形式发给他们救助金。

通过这样的就业救助，一方面，帮助广大受助者提高技能和素质，畅通就业信息渠道，促进其尽快就业；另一方面，通过对不可能被雇用的劳动者提供公益性岗位，给予其充分的人格尊严和回报社会的机会，减少其单纯受助的心理压力。

（五）教育救助制度

教育救助制度是国家、社会团体和个人为保障适龄人口获得接受教育的机会，从物质和资金上对贫困地区和贫困学生在不同阶段提供援助的制度。其特点是通过减免、资助学杂费等方式，帮助贫困学生完成相关阶段的学习，以最终解决其可持续生计的问题。由于贫困问题的客观存在和有偿教育不可能在短期内改变，因此，无论是发达国家还是发展中国家都建立了教育救助制度。在我国，该项制度作为社会救助制度的一部分也会长期持续下去。

2007—2011年，我国建立了覆盖学前教育至高等教育各教育阶段的学生教育救助政策体系。在义务教育阶段，全面免除城乡学杂费，对农村学生和城市家庭经济困难学生免费提供教科书，对家庭经济困难的寄宿生提供生活补助，同时推行农村义务教育学生营养改善计划。在普通高中教育阶段，以政府为主导，国家助学金为主体，学校减免学费等方式为补充，社会力量积极参与。在高等教育阶段，国家奖助学金、国家助学贷款、学费补偿贷款代偿、勤工助学、校内奖助学金、困难补助、伙食补贴、学费减免、"绿色通道"等多种方式并举。其中，国家助学贷款是由政府主导、金融机构向高校家庭经济困难学生提供的信用助学贷款，帮助解决在校期间的学习和生活费用。贷款学生在校期间的国家助学贷款利息全部由财政支付。此外，政府还鼓励高校通过勤工助学、学费减免等方式缓解困难家庭学生在学习生活的支出压力。要求各全日制普通高校必须建立"绿色通道"，对被录取入学、无法缴纳学费的家庭经济困难新生先办理入学手续，然后核实情况并分别采取不同的资助方式。学生资助资金以政府投入为主体，学校和社会资助为补充，且各方面资金均呈逐年增长趋势。"学生资助"中的项目并不都属于教育救助，其大类还包含针对所有学生的鼓励性资助（奖学金）和普惠性资助（如师范生免费教育等），以及在贡献和回报基础上的资助（如教育贷款、勤工俭学等）。扣除这些后，属于教育救助的项目主要有国家助学金（如高校、中职和普通高中的困难学生）、国家免学费（主要指中职）、义务教育阶段家庭经济困难学生寄宿生生活补助。此外，还有少量的高校困难学生补贴、地方政府对高中生的助学补助等项目。

（六）住房救助制度

住房是人类生存、发展和享受所必需的物质条件，更是人们安居乐业和社会稳定的关键。住房救助主要针对的是住房消费能力不足的部分低收入社会成员，所要面对的是低收入家庭的住房支付能力与具有适宜标准的住房价格间的反差。

住房救助制度是为贫困家庭提供基本住房保障的制度。我国城镇住房救助制度主要是廉租房制度，始建于20世纪90年代城镇住房改革时期。2007年《廉租住房保障办法》出台，标志城镇住房制度实现规范化运行，保障对象主要是城镇中收入和住房两方面都困难的家庭。城镇住房救助制度的救助方式主要有两种：一是货币补贴，即向救助对象发放住房补贴金，由救助对象自行承租住房。二是实物配租，即直接提供给保障对象住房，按规定标准收取租金。救助资金来源主要有地方政府的年度财政预算、全额的贷款风险保证金和扣除管理费用后的住房公积金增值收益余额、不低于10%的土地出让净收益、廉租房租金、其他社会捐赠和筹集的资金以及中西部的国家财政补贴。廉租住房来源主要包括政府新建住房、收购的住房、腾退的公有住房、社会捐赠的住房及其他渠道获得的住房。

（七）流浪乞讨人员救助制度

2003年《城市生活无着的流浪乞讨人员救助管理办法》出台，标志着流浪乞讨人员救助制度的建立，使"以人为本"理念成为救助管理工作的基本服务理念。流浪乞讨人员救助制度的救助对象是在城市生活无着的流浪乞讨人员，救助目的是保障其基本生活权益。县级以上城市应根据需要设立流浪乞讨人员救助站，民政部门负责相关救助工作，并对救助站进行指导和监督。公安、卫生、交通、铁路、城管等部门应在各自职责范围内做好相关工作。救助的基本方式为被动救助，即流浪乞讨人员求助时才给予救助。救助内容包括根据受助人员的需要提供符合食品卫生要求的食物和符合基本条件的住处；对在站内突发急病的及时送医院救治；帮助与其亲属或所在单位联系；对没有交通费返回其住所地或所在单位的提供乘车凭证。救助站对流浪乞讨人员的救助是一项临时性的社会救助措施。

（八）临时救助制度

临时救助制度主要是对在日常生活中由于各种特殊原因造成基本生活出现暂时困难的家庭给予非定期、非定量生活救助。2007年《关于进一步建立健全临时救助制度的通知》推动临时救助制度发展进入了新阶段。各省（自治区、直辖市）级、市级、县级政府相继出台了关于临时救助的制度化章程与规定，制度体系日趋完善。《民政事业发展第十二个五年规划》要求全面建立临时救助制度，对因病、因灾等特殊原因造成生活暂时困难的家庭，以及收入略高于最低生活保障标准但生活确有困难的低收入家庭实施阶段性生活救助，临时救助成为一项正式的社会救助制度。目前，临时救助制度对农村居民的覆盖程度更广、支持力度更大。

（十）自然灾害救助制度

我国自然灾害救助制度历史悠久，目前仍是社会救助制度体系中的重要内容之一。2010年《自然灾害救助条例》规定，国务院民政部门负责全国的自然灾害救助工作；县级以上地方人民政府或人民政府的自然灾害救助应急综合协调机构，负责组织和协调本行政区域的自然灾害救助工作；村民委员会、居民委员会及红十字会、慈善会和公募基金会等社会组织，依法协助人民政府开展自然灾害救助工作。县级以上人民政府应将自然灾害救助工作纳入国民经济和社会发展规划，建立健全与自然灾害救助需求相适应的资金、物资保障机制，将人民政府安排的自然灾害救助资金和自然灾害救助工作经费纳入财政预算。县级以上人民政府财政部门、民政部门负责自然灾害救助资金的分配、管理并监督使用情况。县级以上人民政府民政部门负责调拨、分配、管理自然灾害救助物资。

三、社会救助制度的积极效果

目前，社会救助制度已初步形成了一个完整的制度体系，并在保障公民基本生活、维护社会公正、促进社会和谐稳定等方面发挥了积极作用。

第一，对公民基本生活提供保障。社会救助制度有助于改善城乡困难家庭的生活水平，促进困难群体脱离贫困。现有救助家庭困难原因比较复杂，既有自身劳动力缺乏而导致的生活贫困，也有由于机制和制度性原因导致的不能就业。中央及各级政府作为社会救助的主要提供主体，通过物质、资金、服务等方式，将社会财富转移给贫困群体，实现财富的二次分配。对于贫困人口来说，其基本生活得到保障，同时得到进一步发展的资金，有利于摆脱困境。

第二，有利于维护社会公正。贫困群体拥有的社会资源较少，仅仅依靠自身努力很难脱离生活困境。建立社会救助制度并作为最低层次的社会保障，既是保底性的制度安排，保障每个公民的最低生活，也是对公正理念的贯彻。同时，社会救助制度也为每个人创造条件，可通过自己的奋斗获得公平发展机会，免除陷入生存危机的风险。此外，在专项救助中还考虑了低保对象之外的其他低收入群体，救助覆盖范围不断扩大。

第三，促进社会和谐稳定。社会救助是安全网，更是稳定器。低收入群体的稳定性是考察社会稳定程度的重要因素。社会救助制度基于底线思维，逐步提高救助的覆盖面和救助水平，增加住房、医疗、教育、就业等专项服务，是落实困难家庭基本公共服务权利、防止贫困代际传递的有效手段，也是建立和谐社会不可或缺的重要内容。

四、中国社会救助制度的问题与改革思路

虽然近年来我国社会救助制度体系日臻完善，本着以民为本和仁爱的理念，社会救助在范围、项目等方面的完善上都取得了很大的发展。社会救助在保障公民基本生活，维护社会公正方面取得了很大进展，但受多方面基础条件及长期形成的体制、机制因素影响，制度实施中出现了一些问题。

(一) 中国社会救助制度的主要问题

1. 救助总体水平偏低,区域、城乡、人群差距较大

近年来,我国社会救助扩展和提升速度较快,但总体看,水平仍较低。保障标准是界定低保制度覆盖范围、确定补助水平及安排财政资金的重要前提。依据《关于进一步规范城乡居民最低生活保障标准制定和调整工作的指导意见》,保障标准可采用基本生活费用支出法、恩格尔系数法或消费支出比例法进行制定和调整。通过市场调查确定当地食品必需品消费清单,以及根据中国营养学会的能量摄入量、相应食物摄入量及食品的市场价格计算得出必需食品消费支出是这三种方法最核心的依据,其与非食品类生活必需品支出之和即为基本生活费用支出法下的保障标准,与上年度最低收入家庭恩格尔系数之商即为恩格尔系数法下的保障标准,而消费支出比例法实际是这两种方法计算出的保障标准在以后年度的一种简化调整方法。以最低生活保障(简称低保)为例,相对于城乡人均收入,城乡低保保障标准偏低,特别是农村低保保障标准低。2011年以前城市低保保障标准与居民人均收入的比率基本处于15.7%左右,近两年比率略有攀升,但2014年也仅为16.8%(见表1)。城市低保水平始终低于居民家庭人均可支配收入的20%,这不仅大大低于发达国家的平均水平,而且低于许多发展中国家的水平。与城市情况类似,农村低保标准始终在低水平徘徊。2012年以后农村低保保障标准与居民人均收入的比率才超过25%,2014年为26.5%,但与城乡困难家庭的实际需要相比,仅能维持低水平温饱。进一步与国际标准比较,我国农村低保保障标准过低。世界银行曾提出两个衡量贫困的标准,一是每人每天收入为1美元(购买力平价),后来调整为1.25美元,其属于"赤贫"或极端贫困标准,主要用于经济最落后的地区;二是每人每天收入2美元的贫困标准。从20世纪80年代中期开始,我国农村扶贫开发计划事实上是用"赤贫"标准(我国称为"绝对贫困")测量农村贫困,且多年来该标准一直低于每天1美元的"赤贫"标准。2011年,我国将国家扶贫标准提高近一倍,但按购买力平价计算也仅达到1.25美元的最低标准,而农村平均低保保障标准还未达到这一国际标准。据民政部政策研究中心的调查结果显示,在10省份调查样本中,城市困难家庭中有14%、农村困难家庭中有近一半尚未达到这一基本的收入标准。(见表11-3)

表11-3 城乡低保保障标准与居民家庭人均收入比较

年份	城市			农村		
	平均低保标准(元/人·月)	居民家庭月人均可支配收入(元)	低保标准与居民人均收入的比率(%)	平均低保标准(元/人·月)	居民家庭月人均可支配收入(元)	低保标准与居民人均收入的比率(%)
2006	169.6	980.0	17.3	—	—	—
2007	182.4	1148.8	15.9	70.0	345.0	20.3
2008	205.3	1315.1	15.6	82.3	396.7	20.7
2009	227.8	1431.2	15.9	100.8	429.4	23.5
2010	251.2	1592.5	15.8	117.0	493.3	23.7

续表

年份	城市			农村		
	平均低保标准（元/人·月）	居民家庭月人均可支配收入（元）	低保标准与居民人均收入的比率（%）	平均低保标准（元/人·月）	居民家庭月人均可支配收入（元）	低保标准与居民人均收入的比率（%）
2011	287.6	1817.5	15.8	143.2	581.4	24.6
2012	330.1	2047.1	16.1	172.3	659.7	26.1
2013	373.0	2246.3	16.6	202.8	741.3	27.4
2014	411.0	2448.4	16.8	231.4	874.1	26.5

数据来源：根据《民政事业发展统计公报（2006—2009）》《社会服务发展统计公报（2010—2014）》和《中国统计年鉴2014》相关数据整理和计算得出。

2. 救助措施设计尚有不科学之处，且未能实现应保尽保和政策广覆盖

各国社会救助制度最基本特征是有明确的针对性，只对自我保障有困难而确需救助的人给予救助。为此，国外一些国家和地区一般通过财力和就业审查来确定申请人领取救助金的资格。其中，财力审查是根据国家规定，对申请人及相关家庭成员的收入和资产状况进行审查，不足特定标准时予以救助。大多数国家在社会救助标准之外都规定了免审额度，即允许申领人持有少量的资产或收入，视同无资产、无收入、不抵扣社会救助金。此外，一些国家只考虑申领人及其配偶的现有财力，但也有国家将申领人的父母、祖父母、成年子女的财力状况也考虑在内。如，英国老年救助金（专项救助）申领人的法定继承人的财力状况列入审查范围。因此，各项救助措施的设计应针对确需救助的困难群体，每一项救助措施一般都有特定的受助对象。一般而言，生活水平越低，对各项救助措施的需求越大。如，除基本生活救助外，低保家庭可能还需要医疗、就学、住房等方面救助。但这并不意味着低保以外的困难家庭不需要专项救助。对生活水平略高于低保对象的困难家庭，其自身能力仅限于保证基本生活。当遇到基本生活以外的困难时，依靠自身能力往往难以解决，需要政府和外界力量的帮助；相反，生活水平最低的低保家庭除基本生活救助外，未必同时需要其他救助。

3. 外来人口获得救助的机会不平等

社会救助对外来人口存在制度性排斥或歧视，缺少包容性。社会救助制度的包容性主要指社会救助应覆盖各类特殊困难群体，它兼有瞄准性和覆盖率的意义。因此，包容性指标能更好地把握社会救助体系是否针对所有的困难群体。由于社会救助的享受资格与户籍挂钩，非本地或非城镇户籍居民没有资格享受，导致外来的低收入流动人口遭到制度性排斥，造成机会不平等。从制度包容性角度分析，目前我国社会救助制度已覆盖贫困失业人员、老年贫困人员、残疾贫困人员、单亲家庭贫困者、受灾家庭、流浪乞讨人员等特殊困难群体，但针对非户籍人群尤其是农村务工者的救助制度严重缺失。

根据"2012年上海市城镇低保家庭跟踪调查"的结果显示，在接受调查的500户城镇低保家庭中，有25%的家庭中有外来人口，共计126位，但其中只有12.7%享受到上海市最低生活保障待遇。随着新型城镇化的推进，将会有更多的新移民来到城市，

这给城市社会救助制度提出新的挑战。外来流动人口的发展是城市经济社会发展的重要内容，但大量新移民的集中到来也需要城市社会救助制度给予公平对待。一方面，随着人口老龄化程度的加剧，上海市对外来人口的依赖程度越来越高；另一方面，接近50%的上海常住人口因没有上海市户籍，却无法纳入上海市现有社会救助制度之中，这显然是不合理的。外来人口规模巨大，对城市社会经济发展的稳定性影响也很大。因此，如果城市社会救助制度长期缺乏包容性，必然会引发新的社会矛盾。

4. 社会救助制度设计中的负激励和"不利用"问题

救助权是一项基本人权，是公民在对生存需要的基础上产生的，是一项由国家和社会承担的、保证公民有尊严地生活的权利。在我国，社会救助的"负激励"主要体现在以下两个角度：

从个人和家庭角度来说，一方面一旦取得社会救助的资格，可享受补差收入和很多优惠政策，有的家庭即使家庭收入已经超过社会救助的标准线，出于利益的驱使，隐瞒真实收入。另一方面是隐形就业的问题。近几十年来，劳动力的市场化，使得就业形式多样，很多人认为只有在政府部门或企事业单位从事一个固定的、有保障的工作，才算是就业，而非正式就业算不上就业。这种观念造成很多人没有如实申报自己的就业情况，也被纳入社会救助的范畴。

此外，在我国社会救助资格的取得程序中，一般要经过当事人书面申请、居委会入户审核、区县（市）级业务部门审核等一系列复杂环节。这种方式是社会救助在"保障对象、保障资金、保障标准"公开化中的一个典型，但又会使一部分将自己的窘迫的经济、社会状况作为个人隐私而保留的贫困群体排除在社会救助体系之外，这种"社会排斥"造成社会救助中"不利用"问题。就是说，救助资格的审核过程等都伤害了他们的自尊，他们在无形中被贴上"穷人"的标签。社会救助制度设计中的"负激励"和"耻辱感"问题，造成了我国"道德风险"和"道德高尚"的并存，这使得一部分"应保"的人未"保"，而一部分不"应保"的人得到"保"，没有真正实现"应保尽保"。

据2013年民政部政策研究中心开展的调查结果，绝大部分受访对象认为申请低保家庭的家庭收入和财产缺乏真实性和可信度，而且城市受访者对低保申请者家庭收入和财产可信度的评价低于农村的受访者。此外，对于城乡低保家庭的调查结果也显示，当受访城乡低保家庭被问及低保制度中还有哪些不足时，75%的受访城市低保家庭和80%的受访农村低保家庭选择了"低保认定工作存在靠关系、走后门现象"。其次，缺乏一套行之有效的家庭经济情况调查方法。实践中，申请者家庭成员非正规就业收入、外出打工收入、子女赡养费收入往往难以核对；受有关法律的限制，申请者家庭的银行存款、股票及其收益等收入也无法核对。同时，申请者家庭成员工资收入的核对往往得不到用人单位的积极配合，现行法律法规下用人单位也不会因为开具不实雇员工资收入证明而获得实质性惩罚。此外，收入的计量也存在一些客观障碍。如，农村居民家庭收入中实物收入比重较大，如饲养的家禽等，这些都往往难以准确地货币化。针对目前开展家庭收入核查工作困难的分析，2013年民政部政策研究中心开展的调查结果显示，除"服务对象故意隐瞒收入"（38.7%）外，"服务对象收入不稳定"（35.1%）和"收入难以精确量化"（22.4%）是较大困难。对救助对象难以进行动态管理困难，还造成

"应退未退"问题,加剧了"保不应保"现象。从管理角度分析,低保救助家庭经济状况好转而不再符合救助条件,应及时退出救助,以有利于低保资金使用效率的提高。要达到这一目的,一方面,社会救助服务人员应及时、全面、准确了解低保救助家庭经济状况的变化,做好复核工作;另一方面,低保救助家庭也应主动配合工作,在经济状况好转、不再符合救助条件时,及时退出救助。然而,目前的动态管理不善带来部分低保家庭未能及时退出的问题。在对社会救助服务人员的问卷中,问及低保家庭在经济好转后是否能主动退保时,20%的受访人员认为"没有人退保",48.3%认为"少数人能退保",27.6%认为"多数人能退保",只有4.2%认为"全部能退保"。

(二) 中国社会救助制度的改革建议

在一个国家市场经济发展的初始阶段,社会救助所发挥的作用是其他社会保障制度无法比拟的。对于我们这样一个尚处于社会主义初级阶段且要建立社会主义市场经济体制的国家来说,社会保障要和我国目前的经济发展程度相适应,尤其要铺设好整个社会的第一道安全网,切实完善社会救助制度,保障社会每一个成员在激烈的市场竞争下的生存和发展。

社会救助的未来发展与完善应当将本土化和国际性相结合,即遵循"两个尊重"的指导思想:一是尊重国情,二是尊重制度的客观规律。

尊重国情意味着最低生活保障制度的未来发展需要正视中国将长期处于社会主义初级阶段、地区间及城乡间经济发展不平衡且差距较大和特有的福利文化的现实背景,以及目前的各种挑战与困难;尊重制度的客观规律意味着社会救助制度的未来发展要更加重视法律规范、加强就业激励等方面,真正发挥制度的功效。只强调国情而忽视制度发展规律或只强调规律而不顾现实国情,制度未来的发展都不会顺利。应当注意并避免的是,以尊重国情来扭曲制度的客观规律,结果导致制度异化。

从中国的实际国情来看,社会救助制度的改革与发展的建议主要有:

1. 提高最低生活保障和其他专项救助的标准

首先,提高低保标准,实现从单一救济型向发展型过渡。最低生活保障标准的确定应兼顾维持最低生活水平所必需、人均实际生活水平、社会经济发展水平、物价指数和财政能力。同时,建立低保标准与物价指数、人均消费支出、最低工资标准、经济和社会发展等因素相关联的动态调整机制。从具体救助项目看,应从贫困群体遭遇的实际困难和急需解决的具体困难出发,通过制度化建设完善各项救助制度。目前,我国的社会救助体系已包含医疗救助、教育救助、廉租房等分类项目,但其中教育救助的制度化水平还不够高,医疗救助效果还不理想,需要进一步加强和完善。同时,要避免出现附加待遇过多、救助对象总待遇水平超过全日制劳动者最低收入的情况。其次,提高省、市级财政的社会救助支出比重,形成稳定的财政支持机制。根据社会救助的特点,明确省、市级政府财政支出责任,扭转基层政府负担过大的局面,形成合理、稳定的社会救助筹资机制。建议中央更多通过一般性转移支付而不是专项转移支付均衡各地财力,同时设立必要的专项资金予以调控和实施引导,稳定中央财政为经济欠发达地区开展低保工作提供支持。同时,提高省、地市级政府财政支出所占比例,对财政状况较差的区

（县）级政府提高省、市级财政转移支付力度。

2. 设置更严格的救助对象资格条件以提高救助瞄准率

首先，进一步完善相关法律和政策体系，加强对救助者的收入跟踪调查，全面推动居民经济状况核对信息系统建设。稳步拓展信息核查渠道，加强多部门信息比对，特别是银行存款、债券等金融资产和房产、车辆等信息，以及税务、公积金、社会保险等信息，构建低保申请人家庭收入及财产状况核对信息交换平台。建立以实有人口数据信息库为基础的信息沟通制度，加大核对工作在住房保障、居民最低生活保障、医疗救助、教育救助等民生保障工作领域的应用力度。将家庭财产列为享受城市低保的资格认定条件之一，与收入条件并列，同时满足两个条件才能申请享受低保救助。其次，完善救助对象分类制度。借鉴日本、英国等国家的做法，对低保者的年龄、性别、健康状态等个人或家庭的实际需要差异，有效且适当进行分类。建议对完全丧失劳动能力者，采取满足其生存需要的现金或实物给付的救助方式。对疾病患者提供医疗补助，使其恢复工作能力；对无法维持最低生活但具有一定劳动能力者，除生存救助外，提供必要的技能培训、就业准备等费用。而要接受这类救助金，受助者本人必须积极接受培训和寻求就业并加快脱贫。

3. 提高救助管理手段和方法的科学水平

完善救助资源整合制度，妥善解决不同社会救助项目之间的协调性问题，使各类救助项目组成统一、整合的社会救助体系，发挥更大的综合性效益，避免因制度衔接不畅而出现制度漏洞、覆盖缺陷和重复受益等现象。城市社会救助体系制度建设的重点是加强就业、保险、救助、慈善的四环联动机制建设，实现社会救助体系各组成部分的互通、互联、互补。如，通过积极的就业政策帮助与引导救助对象积极寻找就业机会，防止福利依赖和贫困陷阱的产生；在医疗、住房、救助中设计特殊形态的产品和服务，使真正困难的人群受益。而在农村，可将扶贫开发项目与相关生活保障进行制度衔接，依托生活救助中的救助对象分类，有针对性地选择救助项目，将项目的部分资金整合于被救助者的能力建设方面，将起到缓解生活救助资金紧张和克服扶贫开发对农户"瞄准"困难的双重功效。2009年《关于做好农村最低生活保障制度和扶贫开发政策有效衔接试点工作的指导意见》指示有效衔接工作，建议通过适当形式进行一定的资金衔接，以发挥低保制度灵活性和针对性强的优势。此外，应更加人性化地进行家庭经济状况调查，允许申请者家庭拥有一定数量的用于维持正常生活和应急之用的实物及货币资产，将有利于减少申请者家庭的故意隐瞒现象。为达到鼓励就业、增强低保救助对象流动性的目标，在对救助对象的救助资格进行跟踪复核时，可对其积极就业所得在一定时间内给予一定比例的豁免，也可设立高于低保标准的低保退出标准，实行低保标准弹性化，促使有劳动能力的低保对象更积极地寻找就业机会。

4. 完善社会力量参与社会救助的支持政策

非政府组织的志愿服务在提高国外社会救助制度效率方面发挥了重要作用。如，美国的社会组织在美国现代社会福利制度中有着重要地位。1990年美国的企业和个人共为慈善事业捐资1230亿美元，相当于国民生产总值的2.2%，有将近7%的劳动力服务于非营利组织。据统计，9300万美国人每周参加志愿服务平均4.2小时，合计为203亿小时义务工作时间。英国也很早形成了举办慈善事业和互助的传统。1601年，英国通过了两部有关社会救助的法律——《慈善事业法》和《贫困法》。19世纪70年代末，随着社会生活水平的提高，市场需求呈现多元化发展，对政府提供的多种社会福利的期待不断升高，但政府没有足够的财源支撑日益膨胀的社会福利事业，因此引发诸多社会问题。于是，人们开始普遍关注如何使志愿者组织发挥更大作用。在这一背景下，英国国内形成共识：为维护平等和正义，政府仍应保证社会福利事业所需的资金，但提供服务的事务可转交给志愿机构承担。这种组合被认为既有利于提高社会福利事业的效率，又可不损害平等。借鉴发达国家经验，应在政府投入基础上联合民间资源，向贫困人群提供救助和服务。积极培育非营利组织等社会力量，在行政和经济上给予支持。在行政上，完善社会救助法律法规，明确社会力量参与社会救助的领域、项目和方式，并加强激励和监督。从具体救助项目看，应从贫困群体遭遇的实际困难和急需解决的具体困难出发，通过完善政府购买制度，明确社会力量参与救助的领域和内容。在经济上，加大财税政策支持力度，对慈善捐款实行税收减免，扶持慈善组织发展，以便有效发挥其在教育、就业服务等方面的作用。此外，协调社会各方力量及资源，为低保贫困户和其他边缘贫困户提供适当的扶助。

5. 进一步调整和转变旧观念，树立先进的社会救助理念

对于公民来说，要转变对穷人的看法，不能把穷人看作是社会的负担，贫困不完全是个人原因造成的。对于社会来说，应给予受救济对象更多的人文关怀，帮助他们树立乐观的生活态度，既要有自力更生的理念，又要认识到社会救助权是公民不可剥夺的权力，摒弃"耻辱感"。对于政府来说，应认识到政府是法定的救助义务的主体，实行社会救助是政府的责任；在实施社会救助的过程中，必须维护被救助者的基本尊严，简化申请社会救助的程序，废除歧视性规定。

参考文献

1. 汪朝霞，史巍. 新加坡政府的社会救助计划 [J]. 国外社会科学，2009（3）：71-76.
2. 郑功成. 中国社会保障制度变迁与评估 [M]. 北京：中国人民大学出版社，2002.
3. 郑功成. 中国社会保障30年 [M]. 北京：人民出版社，2008.

思考题

1. 贫困有哪些类型？贫困的存在有何影响？
2. 试述各国社会救助制度的内容和机制，并分析其差异。
3. 谈一谈当今世界失业保险制度的发展趋势。
4. 简述当前中国的社会救助制度的不足，并分析未来发展趋势。

推荐阅读

1. 贝弗里奇. 贝弗里奇报告——社会保险和相关服务 [M]. 劳动和社会保障部社

会保险研究所，译. 北京：中国劳动社会保障出版社，2008.

2. 冀慧珍. 当代中国社会救助权问题研究［M］. 北京：中央编译出版社，2015.

3. 黄晨熹. 社会救助的概念、类型和体制：不同视角的比较［J］. 华东师范大学学报（哲学社会科学版），2005（3）.

4. 张浩淼. 转型期中国最低生活保障制度研究［M］. 上海：上海交通大学出版社，2010.

第十二章 社会福利制度

◉ 开篇案例

北欧国家福利制度困境、演变趋势及其对我国实现共同富裕的启示

（作者：张建刚　王珺[①]　来源：《上海经济研究》　日期：2023年第1期）

　　北欧国家是世界公认的收入差距最小、福利水平最高、富裕程度名列全球前列的国家。北欧国家发展过程中遭遇到的失败教训和取得的成功经验，对于我国实现共同富裕具有很强的警示意义和借鉴价值。但我们要清醒地认识到，我国的国情与北欧国家的国情有着巨大的差别，我们不能简单地套用北欧国家的一些制度安排和做法，而必须结合我国的国情进行新的制度设计和安排。瑞典、挪威等北欧国家大都是资源丰富、人口规模较小、人均GDP非常高的国家。在北欧五国中，瑞典人口最多为1037万，挪威、丹麦、芬兰也都只有500多万，而冰岛仅有30多万人口；但这些国家人均GDP都比较高，超过了美国、日本、德国等发达国家。我国国情与瑞典等北欧国家的国情差异非常大，在这些国家所实行的福利政策难以在我国全面推行，也极易使我国陷入福利主义陷阱。我国人口众多、人均资源不高、人均GDP只有瑞典的1/6、地区发展很不平衡，这些国情决定了全面推行福利主义政策在我国要不得，也行不通。

　　党的二十大报告指出："共同富裕是中国特色社会主义的本质要求，也是一个长期的历史过程。"实现全体人民共同富裕的目标需要一个很长的历史进程，需要逐步实现一个一个阶段性目标。可以说，实现共同富裕是一项系统工程，具有长期性、艰巨性、复杂性。我们要坚持稳中求进、循序渐进、久久为功，一件事情接着一件事情办，一年接着一年干，扎实推进全体人民共同富裕。在推进共同富裕实现的进程中，要防止出现以下几种倾向：

　　第一，社会福利标准过高，导致出现"吃大锅饭"问题，降低整个经济效率。我国与发达国家的差距仍然很大，发展仍然是第一要务。我们要保持合理的收入差距，鼓励劳动、鼓励创新，坚决防止有工作能力而不愿工作的"懒汉"出现。我们不搞平均主

[①] 张建刚，中国社会科学院马克思主义研究院，研究员，教授；王珺，中国社会科学院马克思主义学院研究生。来源网址：https://www.cnki.net。

义，鼓励大家通过勤劳致富、通过合法经营致富，积极创造更加普惠、公平的条件，为更多人创造致富的机会。北欧国家出现的"泡病号""吃大锅饭"现象警示我们，保持合理的收入差距，设定适度的福利标准，才能既充分调动劳动者的工作积极性，又解除劳动者的后顾之忧，从而实现整个社会的效率提升。

第二，社会福利支出增长过快，超出财政负担能力。在新发展阶段，政府不能什么都包，重点是加强基础性、普惠性、兜底性民生保障建设。我国不搞过头的保障，要坚持政府、企业、个人共同负担的原则，制定合理可行的保障标准，确保福利支出在财政可承受的范围之内。北欧国家出现的规模庞大的财政赤字警示我们，社会福利支出增长过快，严重超出财政收入水平，必然会导致财政赤字规模过大，引发通货膨胀，挤占有利于国家长期发展的基础设施投资等方面的投入，给国民经济的长期发展带来不利影响。

第三，大幅度提高工资，急剧增加企业成本。提高工资收入应是共同富裕题中之义，但工资水平增长要与经济发展同步，与劳动生产率提高同步，要防止工资过快增长，导致企业成本增长过快、竞争能力下降。工资具有刚性，一旦上去，就很难降下来，否则就会引起社会动荡。北欧国家出现的工资增长速度持续高于经济增长速度导致劳动成本上升、产品竞争力下降的现象警示我们，工资的增长速度一定要保持适度，要防止工资过快增长引发产品成本上升，从而影响产品的竞争能力。

第四，所得税率过高，打击劳动积极性和投资信心。所得税实行累进税制是各国通行的惯例，但我国目前个人所得税的起征点较低，征税对象主要是工薪阶层，不利于中等收入群体的培育，未来应适当提高起征点，以高收入群体为主要征收对象。企业所得税率也不宜过高，要给企业留足充裕的发展基金，鼓励企业进行技术更新，增强企业的竞争能力。北欧国家出现的最高边际税率过高严重损害劳动者工作积极性的现象警示我们，最高边际税率过高，会严重损害从事科研创新人员、企业高管等群体的工作积极性，对国家创新能力提升、企业竞争能力提高产生一些负面影响。

第五，对富人征税过于严苛，导致大量资本外逃。共同富裕不是杀富济贫，要防止富人出现恐慌心理、转移资产。加快财产税、遗产税、改变国籍税等相关税种税法的出台，完善海外信托等法律制度，稳定富人的预期。鼓励富人成立慈善组织，进行自愿而不是强制的捐赠，保护其合法权益。要为资本设置"红绿灯"，依法加强对资本的有效监管，防止资本野蛮生长。让资本在规范中发展，在发展中规范。北欧国家完善的税收制度实现的良好效果告诉我们，通过建立完善的税收体制机制能够有效缩小贫富差距，能够有效规范约束富人的行为，能够引导资本健康发展。

第一节 社会福利概述

一、社会福利的概念

（一）福利与社会福利

福利（Welfare）一词在英语中是 well 和 fare 意义的结合，well 有"好，令人满意"的意思，fare 则是"进展，生活"的意思，两者结合就是"美好的或是令人满意的生活"的意思。

在德语中福利 wohlfahrt 是 wohl 和 fahrt 的合并语，它的意思是"顺利发展，朝着理想的状态发展"。在汉语中，福利有"幸福和利益"的意思。

福利无论中外古今都有"幸福、舒适"之义。"福利"按其字面理解，通常为改善全体社会成员物质、文化生活，提高其生活质量的代名词。

社会福利（Social welfare）一词最早见于1941年美国总统罗斯福与英国首相丘吉尔所签订的《大西洋宪章》和1945年所签订的《联合宪章》中。关于社会福利，一直存在着不同的定义和解释。西方学者大都将社会福利视为一个包容甚大的大概念。1999年由美国社会工作者协会出版的《社会工作百科全书》对社会福利的解释是："社会福利是一个宽泛的和不准确的词，他经常被定义为旨在对被认识到的社会问题作出反应，或旨在改善弱势群体的状况的'有组织的活动'、'政府干预'、政策或项目……社会福利可能最好被理解为一种关于一个公正社会的理念，这个社会为工作和人类的价值提供机会，为其成员提供合理程度的安全，使他们免受匮乏和暴力，保证公正和基于个人价值的评价系统，这一社会在经济上是富于生产性和稳定性的。这种社会福利的理念基于这样的假设：通过组织的治理，人类社会可以生产和提供这些东西，而因为这一理念是可行的，社会有道德责任实现这样的理念。"

而在中国，1991年的《中国大百科全书·社会学》中对"社会福利"的定义为："国家和社会为增进社会成员尤其是困难者的社会生活的一种社会制度。旨在通过提供资金和服务，保证社会成员一定的生活水平并尽可能地提高他们的生活质量。社会福利狭义的定义指当社会成员因年老、疾病、生理或心理缺陷而丧失劳动能力而出现生活困难时向其提供的服务措施；广义指为了改善和提高全体社会成员的物质生活和精神生活的各种社会服务措施。"

1994年的《中国社会工作百科全书》对"社会福利"的阐释是："按照其字义和一般人的观念，通常被理解为有关改善社会成员物质、文化生活的一切举措。在社会工作专业领域里，有广义和狭义两种理解。在世界许多国家，特别是西方发达国家里，大都把'社会福利'当作'社会保障'的同义词。如《简明大不列颠百科全书》将社会保障解释为'一种公共福利计划'，属于对'社会福利'一词的广义解释。在另外一些国家里，如美国、日本等国，社会福利仅指社会保障制度中的一个特定的范围和领域，通常指专为弱者所提供的带有福利性质的社会服务和保障，如儿童福利、老年人福利、残疾人福利，等等。从这个意义上，'社会福利'一词便具体化'社会福利服务'或'社会福利事业'，属于对社会福利的狭义理解。"在中国，社会福利仅仅是社会保障体系的一个组成部分，属于狭义社会福利范畴。

可见中国对社会福利的理解和界定与西方学者的观点不一致。在中国将社会福利与社会保险、社会救济、社会优抚并列，作为社会保障体系中的一个重要组成部分，已是约定俗成的概念，因而在此社会福利的概念遵从中国约定俗成的惯例，是将社会福利作为社会保障体系中的一个子系统来讨论的。

社会福利是指国家和社会为帮助社会成员改善生活条件，提高自身素质，以适应经济和社会发展需要而实行的制度、采取的措施和举办的事业的统称。社会福利有着丰富的内涵和广泛的外延，即是说社会福利有广义和狭义之分。

广义的社会福利包括国家和社会举办的文化、教育事业、城市居民和职工的住房、医疗，城市和农村社区或企事业单位举办的各类公益事业。狭义的社会福利仅指由国家出资兴办的、以低费或免费形式向一部分需要特殊照顾的社会成员提供物质帮助或服务的一种社会保障制度，主要包括国家、企业或集体兴办的敬老院、幼儿园、福利企业等。

（二）人的需要与社会福利

"社会福利与满足人的需要密切相关，对社会福利的研究离不开对人的需要的讨论。所以，以色列学者麦克罗指出，社会福利可界定为直接或间接地回应人类的需要。德国经济学家 E. 恩格尔认为社会福利是为了达到'满足日常生活欲望的状况'。"

人的需要是一种生存状态，它是个体在"感到缺什么"和"期望得到什么"这两种状态下形成的一种心理状态。人从出生到死亡都存在着需要问题。从需要与个人的关系看，每个人都有各种各样的需要，它们给人以行动的动机和目的。从人的需要与社会的关系看，社会是人们共同生活的产物，社会要稳定生存和顺利发展必须要解决人的需要问题。

马斯洛提出了需要层次理论，他认为人的需要相互联系，从低到高可以排成一个层次，最低层次是基于生存的生理需要，其次是安全的需要、社会交往的需要、受到尊重的需要，最高的层次是自我实现的需要，并认为这些需要是按一定顺序实现的。

我国学者也有对需要的层次划分，他们认为人的需要可以划分为三个层次：一是生存的需要，这是最基本的；二是发展的需要，这是在生存需要得到满足的基础上才能实现的；三是享受的需要，它是以前两者的满足为前提的。

美国学者多亚尔和高夫认为马斯洛对需要的排序是不完整的，对需要满足的严格排序是错误的。他们提出，无论在任何社会，人都有两种基本的需要：身体健康的需要和自立的需要。自立的需要不但是要求对自身及社会有恰当的认识，而且还要精神健康，又有新的重要的行动机会。人们的每一项基本需要的满足都依赖于相互关联的中间需要的满足。

二、社会福利的内容

从一般意义上说，社会福利包括了除社会保险、社会救助以外的其他所有的社会保障内容。社会福利制度的目标比较广泛，它的内容也比较庞杂。社会福利的内容可以从多个分类方法来探究。

（一）按社会福利的保障对象分类

按照社会福利的保障对象，可以将社会福利的内容分为未成年人福利、老年人福利、残疾人福利、劳动者福利等。

未成年人福利是由政府和社会为各年龄层次的未成年人在就业前提供的福利，包括教育福利、健康福利和生活福利等。

老年人福利是由政府和社会为达到法定年龄的老年人提供的各类福利，包括老年人文体娱乐福利、健康保健福利、养老院福利以及长寿老人福利等。

残疾人福利是政府和社会以资金、设施和服务等形式为残疾的社会成员提供的生产和生活福利，其目的是使残疾人享有与正常人同样的工作和生活条件。残疾人福利在内容上主要包括为残疾人举办的特殊职业培训、开办残疾人福利工厂、举办残疾人教育以及为残疾人提供的医疗康复福利等。

劳动者福利是政府和社会为劳动者提供的各种工资以外的津贴、物资和设施服务等。比如住房补贴、物价补贴、季节性取暖或消暑补贴，以及供劳动者享用的福利设施等。

（二）按社会福利的具体内容或项目分类

按社会福利的具体内容或项目分可将社会福利分为生活福利、教育福利、医疗卫生福利、文体娱乐福利、住房福利等。

生活福利是政府和社会为社会成员提供的直接用于衣食等生活消费方面的福利，包括各种副食品补贴等。

教育福利是为受教育者提供的教育设施、教育服务以及义务教育福利等，它是提高社会成员科学文化素质的重要措施。

文体娱乐福利是政府和社会以提供文体娱乐设施的方式来实现社会福利的形式，也是一种最为普遍的社会福利形式。

住房福利是政府以低房租、低售价、住房补贴等形式向社会成员提供的福利，它的目的是改善居民的居住条件，提高居民的生活水平。

医疗卫生福利是政府和社会为社会成员以医疗康复设施、医疗卫生服务，以及以减免医疗费用的形式向社会成员提供的福利。

（三）按社会福利的形式分类

按照社会福利的形式，可以将社会福利分为货币形式、实物形式和服务形式。

社会福利的货币形式是指政府以向居民发放货币津贴的形式实施社会福利，一般被称作社会津贴或社会补贴,它是政府在实施某项新的社会经济政策时,为保证居民能够享受到该项新政策所带来的经济发展成果,或是不因新政策的实施使居民的生活水平下降,而向居民发放的一种带有普遍性质的货币津贴。在社会福利的实现形式中,货币形式是一种比较次要的形式,在社会福利体系中发挥辅助作用。

社会福利的实物形式是指政府和社会通过举办各种社会福利事业向社会提供社会福利设施等实物的形式,如免费为残疾人提供助听工具等。它是社会福利最主要的实现形式。

社会福利的服务形式是指政府和社会为了解决社会成员的生活困难并使其社会生活更加方便和愉快,而由社会福利组织及其人员通过向社会成员提供社会服务,实现社会福利的方式。现实中,社会服务主要是通过社区组织和社会福利机构来实现,是社会福利的一种重要的实现形式。

(四) 按社会福利的实施范围分类

按照社会福利的实施范围,可以将社会福利分为社会津贴、职工福利、社会服务。

社会津贴又称社会补贴,是国家实行某项政策或制度时,为了使人民享受到经济和社会发展的成果,提高物质文化生活水平,或为了保证不致因某项政策的实施,导致人们的生活水平下降而采取的一种物质帮助方式,如副食品补贴、物价补贴等,从而增强人们对经济政策承受力和心理承受力。社会津贴的发放范围是法定或政策范围内的全体公民,但由于我国城镇人口所占比例很低,这项社会福利只是对城镇居民的特殊待遇。国家财政拨款是社会津贴的唯一来源。

职工福利是一个行业或企业为了求得自身稳定和发展,对全体职工普遍提供的保证一定生活水平和尽力提高生活质量的资金和服务项目。职工福利以业缘关系为重要标志,以就业为前提,享受范围应以本行业或企业为限,但为加强行业或企业的凝聚力,在很多情况下,企业提供资金和服务的范围都扩大到职工家属和退休职工。职工福利的资金来源主要是企业的利润留成,职工福利水平的高低与企业的经营好坏紧密相连。职工福利的资金使用方式有两种:一是直接使用,如职工津贴、退休补贴、家属补贴等都是直接发放到享受对象手中;二是间接使用,如通过提供住房、疗养、集体福利设施间接地为享受对象服务。

社会服务是国家和社会通过社区组织和福利机构为解决人们的实际困难,提高人们的生活质量而有针对性地提供服务与设施的社会福利项目。社会服务带有显著的地缘性,服务对象可以在其居住地就近享受各类服务;社会服务具有针对性,重点服务对象主要包括老人、儿童、残疾人、精神病人、退役军人等,对这些人的服务基本上是无偿的;社会服务在社会保障体制中可以弥补各种资金保障的不足,可以通过服务网络使人们的生活质量得到提高。社会服务的资金来源渠道较多,主要有国家财政拨款、社区自筹资金、有偿服务收入、福利企业分配以及社会募捐等,其资金的使用一般是通过举办福利机构和提供福利设施间接地为享受对象服务。

三、社会福利的特征与作用

(一) 社会福利的特征

社会福利作为社会保障制度的重要组成部分,与社会保险、社会救助等保障项目比较,具有自身的特点。

1. 社会福利范围的普遍性

社会福利作为国家社会政策的重要方面,为社会成员提供范围广泛的福利项目。它面向广大社会成员,通过学校、医院、娱乐设施、幼儿园、敬老院等福利设施和福利项目,为社会成员提供旨在保障基本生活条件,改善生活质量的物质帮助和服务项目。尽管社会成员享受的社会福利待遇事实上存在差异,但较之于社会保险主要服务于工薪劳动者,社会救济只面向贫困人口和灾民,社会福利范围更具有普遍性。社会成员均能通过社会福利制度获得某种物质帮助和服务照顾,尤其对于某些社会津贴项目,更是所谓"人人有份"。

2. 社会福利的多样性

社会福利体现的是政府干预和社会参与的有机结合,较为统一的社会津贴和随缘倾斜的职工福利、社区福利相结合。也就是说,国家作为福利举办的主体但又不包揽,体现依靠社会力量、依靠社区、依靠群众的互助体现"社会福利社会办"。同时社会福利还体现为多层次、多类型、多渠道,既举办包括国家投资的高层次福利,又有依靠社会力量举办的集体福利和社会服务事业,等等。从举办的方式看,有集中的和分散的,有大型的、中型的、小型的,有单一型的,又有综合型的等,形成资金和物力来源的多渠道。

3. 社会福利的服务性

社会福利与其他社会保障项目相比,更突出地表现在服务性上。社会福利一般通过各种福利机构、福利设施为社会成员提供全面、周详的社会福利服务。在涉及生老病死和医食住行的方方面面,国家和社会、企业单位都为其提供各种福利性服务,改善社会成员的生活质量。由于社会福利提供的服务与人们的日常生活密不可分,满足了人们的实际需要,并且在提供各类服务的同时,也体现了国家、社会、企业单位对社会成员的关心和照顾,体现了物质保障、服务保障和精神慰藉的有机结合和巨大社会稳定作用,较之于货币支付行为更具特色。

4. 社会福利资金的单向性

社会福利在资金来源上,具有由国家和社会直接或间接向社会成员提供福利和服务的单向性特征。也就是说,社会成员在社会福利制度面前不存在权利与义务相对应的关系,享受社会福利待遇的社会成员,事先无需承担缴费的义务。

社会福利是国家的一项福利政策,各国政治经济纲领中都有造福于民的诺言。我国是社会主义国家,增进人民福利是社会主义生产的根本目的,通过福利事业的实施,改善生存环境,保障人们的基本生活,不断满足人们的物质文化生活需要,提高生活质量,并通过国民收入分配和再分配,缩小社会成员收入差异。

(二)社会福利的作用

如果说一般社会保险具有保障劳动者在特殊情况下享受基本生活的功能,那么社会福利的目的则在于提高社会成员的生活水平。社会福利是社会保障体系高层次的社会政策措施,有助于社会经济发展战略目标的实现,有利于社会经济的稳定和发展,能体现社会主义制度的优越性。其作用如下:

1. 有利于提高劳动者素质

我国的社会福利是面向全体社会成员,他们都有享受福利的权利。国家和企业单位可以通过各种形式,使得劳动者的劳动技能、文化素质、身体素质得到全面发展,保障劳动者素质的不断提高,有利于提高社会劳动生产率水平。

2. 有利于提高国民生活质量,促进社会稳定

任何一项社会保障制度都有保障国民生活质量的作用,但是社会福利却是能够进一步提高国民的生活水平、丰富精神文化娱乐生活,保证国民的生活水平维持在较高的层次上。这对于社会的稳定是至关重要的,因为随着社会经济的发展,人们对自身生活的丰富和提高都相应地提出了多样化的要求,国家和社会若通过社会福利满足他们多样化的需求,就能使得他们对国家和社会产生满足感,最终保证社会的稳定。

3. 有利于调控社会总供求的平衡,促进经济发展

社会福利资金主要由国家和企业负担,适度兴办各种社会福利事业和发放各种社会津贴会增加社会货币投放,形成对社会商品和服务的购买力,导致社会总需求的上升,有助于刺激社会生产的发展、市场商品与服务供给增加,进而促进社会经济发展的良性循环。

4. 有利于发挥社会主义制度的优越性

我国建立在公有制基础上的社会福利事业,不仅是保障社会成员基本生活需要,而且是为了不断改善和满足人们日益增长的物质文化需要,提升社会质量。尤其是对一部分需要特殊照顾的社会成员,提供物质帮助和服务,为老、幼、残疾人等提供生活、劳动、教育、居住等一系列福利,既体现了人道主义精神,又充分发挥社会主义制度的优越性。

第二节　社会福利制度及其历史演进

一、社会福利制度及其构成要素

(一)社会福利制度的概念

现实中,社会福利可以指社会福利状态,又可以指社会福利制度。社会福利状态是

指因相关社会福利措施的实施而达到的人类社会的一种正常和幸福的状态。社会福利制度是指国家和社会为了实施社会福利所做的有关制度安排，是对社会福利资源、主体和客体如何组合的规定，是实施社会福利所需的体制和政策的总和，是社会福利主体如何运用社会福利资源构建社会福利内容的框架体系，它包含体制和政策两个层面。

与社会福利的概念相同，社会福利制度的概念也有广义和狭义之分。

广义的社会福利制度是国家和社会为实现社会福利状态所做的各种制度安排，包含正式的社会福利制度和非正式的社会福利制度。

狭义的社会福利制度仅指正式的社会福利制度即由国家来进行的社会福利制度安排。

（二）社会福利制度的构成要素

社会福利制度涉及社会的各个方面，但是从根本上概括而言，它可以被分割为社会福利主体、社会福利资源和社会福利客体三大构成要素。

1. 社会福利主体

社会福利主体即由谁提供社会福利。社会福利的供给主体可以分为政府、民间力量（主要包含慈善基金会、社会团体和私人投资者等）和其他供给主体（如家庭、邻里等）。社会福利制的一项根本任务就是要明确社会福利是由政府、民间力量、公民个人共同承担还是由某一主体单独承担。这种主体责任的承担形式在各个时期是不同的，不同的承担形式就反映了不同的社会福利制度。

2. 社会福利资源

社会福利资源即用什么提供社会福利。无论提供何种形式的社会福利，都需要一定的资源，这些资源包括人力、物力、财力资源。社会福利的人力资源主要包含两个方面：投身于社会福利事业的工作人员和志愿者资源；社会福利的物力资源则主要是指福利设施；社会福利的财力资源则主要指政府财政资金和相应的税收优惠政策、慈善资金和福利彩票资金等。社会福利制度就是要明确运用哪些社会福利资源去实现社会福利的供给，社会福利资源的多寡从根本上影响社会福利制度的安排。

3. 社会福利客体

社会福利客体即各种类型的社会福利内容，也就是提供给谁包含哪些项目的社会福利。有了社会福利的主体和资源，就需要规定前两者作用的客体。由于社会福利包含各类各项很多内容，因而其客体就不仅是指社会福利的对象。社会福利制度的存在就是要对社会福利的享受者、具体实施项目和范围做一番明确的说明。在各个历史时期，社会福利的内容各不相同，这一方面是社会福利制度安排的结果，另一方面也反映出了不同的社会福利制度。

总而言之，各项社会福利制度就是它的三项构成要素所包含内容的不同组合形成的，其核心就是要解决由谁怎样提供什么社会福利并将这个体系制度化的问题。

二、社会福利制度的历史沿革

(一) 从剩余型慈善救济到社会福利初步制度化

最初的社会福利是针对穷人而提供的有限的慈善性质的物质援助,是"专为社会弱者服务"的剩余型社会福利,社会福利与慈善几乎是同义的。

20世纪初,以英国学者韦伯夫妇(W. Weber)为代表的费边社会主义者认为,劳动者的生活状况和福利待遇应随着社会的进步而得到较大的改善,他们在得到疾病、伤残、失业、老年等保险后,婴幼儿的诞生、健康成长及其教育等方面也应得到政府和社会的关心和资助。政府采取相关的福利政策,会使国民普遍在心理上拥戴政府。但在当时的条件下,贫困者所能得到的救济仍十分有限,因为这种救济更多的是出于对穷困者的施舍意识,穷困者则被看成是缺乏资质的个体,理应自助。其后,随着贫困问题的扩大,民间慈善活动便愈显得势单力薄,使得公共福利制度的整合成为不可或缺的一个环节。于是政府把济贫转变为经常性的社会福利项目,逐步纳入政府的正常职能,并开始探讨社会福利项目之间的有机联系,开始设立了由国家统一计划的社会福利制度。当然,由国家出面实施社会福利的意识与当时的社会背景是分不开的。由于经济衰退的影响,人们逐渐认识到不幸可能并不是由于自身原因,而是由于社会的原因造成的,无论是穷人还是富人,都有可能遇到由于自身无法控制的因素而成为需要援助的人,因此,社会福利也不是专为穷人而设,而成为一个具有稳定社会秩序、保障个人基本生活的制度。

(二) 社会福利项目的扩展和社会福利制度的逐步形成

20世纪20年代,英国福利经济学的创始人庇古(A. C. Pigou)提出通过收入均等化来实现增进全民社会福利、增加国民收入的目标。随后的20世纪30年代资本主义国家因世界性经济危机而普遍陷入大萧条,被动的剩余社会福利根基开始动摇,制度型社会福利思想逐渐占了上风。

第二次世界大战结束后,英国率先按照《贝弗里奇报告》建成了福利国家。其后,瑞典、法国、丹麦、挪威、联邦德国、奥地利、比利时、荷兰、瑞士、意大利等许多发达资本主义国家,纷纷以建设福利国家为努力方向。这些福利国家的特点是:社会福利有了新的重大发展,其内容涉及个人与家庭经济生活的几乎一切方面;实施范围扩及越来越多的社会成员,并成为国民社会权利的重要组成部分;妇女问题受到重视,如对孕妇、产妇、寡妇、离婚妇女都规定相应津贴;福利标准有明显提高;在一些国家,个人福利、教育、住房福利及医疗保健等与社会保险制度同时实施;个人有选择社会福利种类的"自由"。

第二次世界大战后西方国家出现的新的社会问题在福利制度中都得到了反映,如对战争造成的寡妇、孤儿和残废者、日益增多的高龄老人、离婚妇女、私生子女和仅有父亲或母亲的家庭都规定了相应的福利等。协助官方福利机构工作的民间志愿团体组织也有了极大发展。同时,福利项目还出现了由单一向整合发展的趋势,如美国的补充收入保障就是把原来三项由联邦和州共同举办的福利项目——老年补助、盲人补助和永久性完全残疾人补助加以合并而成的。第二次世界大战后，社会福利扩大趋势愈益加强，到今天已涉及大多数人，至少在发达国家和部分发展中国家是如此，而且有涉及社会全体成员的趋势。

总之，社会福利的内容是越来越丰富，设计的项目越来越多，从小到大，在全世界形成了一股普遍的福利热潮；同时，这一阶段比较注重各种制度之间的有机结合，各国设立的福利项目与社会救助也有了显著的层次区分。

（三）福利危机的出现及发展型社会福利制度的显现

随着经济和社会的变动，社会福利项目不断扩展，也不可避免地会发生危机。由于经济发展的周期性，加上福利本身的刚性特征，20世纪50年代至20世纪70年代初过度发展的社会福利，在20世纪70年代世界经济滞胀时，福利国家普遍出现了财政危机，患了所谓的"福利病"，出现了福利危机。这次福利危机表现为社会福利支出日益膨胀，但经济发展滞缓，赤字财政难以为继；人口老龄化和失业人员的数量激增，福利支出有增无减；过度福利形成的制度惰性，降低了人们的劳动积极性，整个世界社会经济效率下降，企业产品成本上升，又反过来影响社会经济的发展。

几十年来，许多国家为了治愈"福利病"，减轻国家和社会的负担，先后采取了提高社会保险税率，调整缴纳保费的收入限额，减少失业救济金，提高医疗费用的自付比例等措施，但是收效甚微，社会福利支出所面临的危机没有减轻的迹象。面对危机，人们在寻求社会福利制度改革和发展的对策时，不得不对普遍福利的思想进行深刻反思，过度的社会福利是不切实际的。

这时，以人的全面发展为内涵的新型社会福利思想应运而生：营造一种与社会经济发展相一致的、公平合理的、促进社会可持续发展的社会福利制度；强调以人为中心，设计社会福利制度或计划，以社区为立足点和出发点，发动和鼓励所有社会成员积极参与，挖掘自身潜力，实现人生价值，追求生活质量。这种发展型福利的新思路，使社会福利走出了"死胡同"，开辟了发展空间。

三、世界社会福利体制的发展趋势

从目前西方福利国家的改革实践和社会福利理论研究的情况看，对未来社会福利的发展方向已经有了比较一致的看法，即应该降低国家财政和经济负担，使得社会福利政策更多地顾及处于社会边缘的最贫穷的人们的利益。

世界社会福利体制改革发展最核心的转变就是社会福利提供者角色的转变。福利危机发生后，福利国家对国家的作用，以及国家、企业、家庭、个人在提供社会福利方面的责任进行了反思和进一步的定位，使得社会福利的提供主体从国家转向了政府与社会团体或与其他部门的合作。

目前，社会福利制度比较完备的国家，一般通过三个途径向全体社会成员提供社会福利（专业化的社会福利、职业化的职工福利和社区化的社会福利）服务。

（一）专业化的社会福利

专业化的社会福利是由一些非政府的社会福利团体负责向有关社会成员提供服务。这些社会福利团体又被称为志愿组织，它们在遵守法律的前提下，自行决定其服务内容和方式。团体的主要经济来源是政府的资助，政府除扮演"幕后操纵者"的角色外，经常处于监督和评判的位置。由非政府组织组成的专业化的社会福利服务团体，在很多市场经济国家已是一个为社会所普遍认同的行业或职业（"社会工作"）。

（二）职业化的社会福利

职业化的社会福利是一种就业关联的保障制度，通常是雇主责任制的一个组成部分。在社会保障制度体系建立和完善的过程中，雇主所承担的责任不断加大。最初在工伤保险中负责对雇员工伤事故的全额赔偿，其后在雇员医疗、养老、失业保险中提供至少一半的资金保障。到社会福利制度建立后，雇主除承担前述保障责任外，还为雇员及其家属提供医疗保健服务、家属津贴、一般福利设施及有关服务。职工福利是企业吸引人才的重要措施，也是政府社会福利的有效补充。

但是，除社会主义国家和日本外，职工福利在整个世界社会福利体系中所占份额较小。社会主义国家的企业或单位福利几乎是"无所不包"的，日本的职工福利是和企业的"终身雇佣制"密切相关的。日本的公司或企业就像一个大家庭，雇主和雇员之间的关系好比是父与子的关系，"在绝大多数情况下，公司供养其成员的全部需求"，包括提供住房、医疗保健、生日红包、结婚礼金、生育津贴、死亡补助等。但是现在，情况正在改变，终身雇佣制度面临着前所未有的挑战。特别是1997年下半年开始的亚洲金融危机，使不少日本银行、公司或企业破产，雇员也被迫失业。

（三）社区化的社会福利

社区化的社会福利是联合国倡导的社区发展理论的重要组成部分，也是更好地体现以人为中心的福利服务思想的一条通途。社区是人们生活的地方，它更多地融入了人们的情感。因此，在社区进行社会福利服务，有得天独厚的优势，不仅不会使被服务者感到陌生与不安，而且还可节省大笔投资。

举例来说，在传统的制度型社会福利制度下，孤寡残幼等应集中在老年公寓和残疾人福利院等社会福利设施中接受服务，除政府或团体要投入相当资金，用于建立社会福利设施和提供其生活保障外，被服务者还要对所处环境有一个熟悉、了解、适应的过程，服务者和被服务者之间也存在一个人际关系协调的问题。如果不注意到这两个方面，接受服务者往往不易产生安全感、信任感和归属感，进而影响其身心健康。现在以社区为立足点，老年人可在原社区内养老，甚至还可在家养老。青少年娱乐活动、成年人继续教育、病残者医疗康复、老年人身心锻炼等需求均可在社区得到满足。

第三节　中国社会福利制度的建立与发展

一、传统福利制度的建立与发展

在新中国成立初期，政府主要通过接收、改造国民党官办的救济院、劳动习艺所及地方民办的慈善堂、外国教会举办的慈善机构等，使之成为新中国官办福利机构，同时亦在城镇新设残老教养院、儿童教养院、精神病人疗养院等福利设施。官办、民办与教会办的旧中国社会福利事业从此完全演变成新中国的官办福利事业。从20世纪50年代末期直到20世纪80年代，民政福利经历了一个从畸形发展到大规模削减（20世纪70年代因内务部被撤销，许多福利事业单位被强行合并和撤销，导致不少盲、聋、哑、残人员和孤老残幼重新流落街头），再到逐步恢复和发展的特殊进程，但官设、官管、官办的性质并未改变。

由于民政福利所涉及的三无人员只覆盖了极少数城镇人口，在乡村居民普遍缺乏福利保障的背景下，城镇绝大多数居民的福利需求主要是通过由各个机关、企事业单位提供职工福利的方式来获得满足。因此，职工福利事实上构成了新中国社会福利制度发展进程中的主体内容。早在1950年6月颁布的《工会法》第二章中，就明确规定工会有改善工人、职员群众的物质生活，建立文化生活的各种设施的责任；1952年则开始建立职工福利补贴制度，包括职工生活困难补贴、职工探亲补贴和职工冬季取暖补贴。1957年国务院发出《关于职工生活方面若干问题的指示》，对职工上下班、职工住宅、生活必需品供应、困难补助等问题都作出了明确的规定。以上制度的颁布，标志着我国职工福利制度从无到有，初步建立起来。

1979年，国务院发布《关于国营企业实行利润留成的规定》，实行职工福利基金从企业利润留成中提取的办法，1983年改为先按工资总额一定比例在成本中提取，不足部分再在税后利润留成中列支的办法；实行利改税后，亦坚持了上述政策。这样，职工福利由此不仅有了经费保障，而且可以随着经济的增长而不断改善。当然，这种变革也拉大了不同单位的职工福利差距，即经济效益良好的单位，往往职工福利待遇亦较好；反之，即使政策规定职工应当享受的福利，也可能因单位经济效益不良而不能兑现。因此，中国的职工福利制度是与就业及就业单位紧密关联，且能满足绝大多数城镇居民需要的福利制度，它的典型特征是政府设置、单位包办、免费享受（或者只有象征意义的缴费）、劳动部门主管、各个单位与基层工会负责具体实施。这种制度安排一直延续到20世纪末，它虽然也在改革，且部分职工福利（如住房福利分配）已经成为历史或者被社会化福利所取代，但由于民政福利及真正意义上的社会化福利的发展严重滞后，职工福利迄今仍在一些国有单位中发挥着重要作用。

对城镇居民而言，还有一种社会补贴制度，它面向所有城镇居民，对其购买粮食、食油及有关副食品给予相应的价格补贴，以保障城镇居民的基本生活，这种福利制度由国家财政部门负责组织实施。

此外，中国的教育也是一种福利。在计划经济时代，中国的中小学教育基本上是免费教育，高等教育更是一种高水平的福利，学生不仅不需要缴费而且还有助学金补贴。长期的教育福利是建立在国有经济支撑的公立教育基础之上的。在城市，学校通常分为政府主办的教育系统和各个单位自办的教育系统（如许多高等院校办的附属中学、附属小学，一些大型国有企业甚至办有大学），但两者均为国家负责的公立学校，只是所面向的生源对象有所分工；在农村，一部分中学由政府主办，但大部分中小学教育曾经长期由农村集体主办，民办教师曾经为中国农村教育事业的发展做出过重大贡献。总体而论，新中国成立以后，在长期的计划经济条件下，教育一直是作为国民福利的一个组成部分存在和发展的。

综上所述，在新中国成立后的七十多年发展进程中，中国的社会福利制度是在接收、改造旧中国官办、民办、教会办的福利设施基础上逐步建立起来的，在计划经济时代则不断扩充到庞大的职工福利体系，并增加了物价补贴等内容，形成了以职工福利为核心的国家负责、城乡分割、板块结构式的传统福利制度，涉及城镇居民生活的各个方面，中国传统的福利制度基本上是为城市居民服务的，民政福利覆盖的人口虽然名义上数以千万计。但还存在一些问题。以财政分配为例，2020年仅我国行政事业单位养老支出、财政对基本养老保险基金的补助、财政对基本医疗保险基金的补助三项叠加就达到26161.3亿元，最低生活保障、特困人员供养、医疗救助、临时救助、保障性住房租金补贴和其他生活救助累积也达到了2 982.8亿元，而社会福利的财政投资规模仅为两者的3.5%和30.8%。从覆盖人数来看，截至到2021年底，我国养老床位合计仅为815.9万张，享受护理补贴和养老服务补贴的老年人仅为90.3万人和573.6万人，注册登记的儿童福利与保护床位仅为9.8万张，享受困难残疾人生活补贴和重度残疾人护理补贴的残疾人数量分别仅为1194.1万人和1503.2万人，上述覆盖人群与我国十亿级别的社会保险覆盖人数和近7000万的社会救助覆盖人数相比明显偏低。实践中这种有限投入、部分覆盖、国家责任后置的"小福利"设计虽然有利于国家维系社会福利服务的底线公平并集中财政资金解决政策上更为紧迫的民生保障事务，但实质上却是以家庭承担巨大的隐性照顾负担为代价的。根据党的二十大报告提出的中国式现代化特征和实现共同富裕的要求，为体现"促进机会公平，增加低收入者收入，扩大中等收入群体"的目标导向，要大力发展社会福利事业（见表12-1）。

表 12-1 中国传统的福利制度构成情况

福利类型	福利事务类别	具体福利项目	服务对象	经费来源
民政福利	社会福利事业	社会福利院	以收养无依无靠的孤寡老人为主，同时也收养孤儿、弃婴等	财政拨款
		儿童福利院	以收养无依无靠的孤寡老人为主，同时也收养孤儿、弃婴等	财政拨款
		精神病人福利院	以收养退伍军人中的精神病人及无依无靠的精神病人	财政拨款
	社会福利企业	残疾人福利工厂	安排有一定工作能力又不能应付正常工作的严重残疾人就业	企业生产收益、减免税收
	社区服务	综合性各种服务，如老年人服务、残疾人康复服务、心理咨询服务等	面向社区居民提供多种服务	财政补助、集体供款、有偿服务收入、社会募捐等
	收容遣送	收容、遣送中心	面向流浪人口	财政拨款
职工福利	生活服务	职工食堂、浴室、理发室、卫生室、幼儿园、托儿所等	面向本单位职工及其家庭成员	企业：成本中列支的福利费和福利基金；机关事业单位：财政拨款
	文化福利	俱乐部、阅览室、老年人活动中心、影剧院、体育场所等	面向本单位职工及其家庭成员	企业：成本中列支的福利费和福利基金；机关事业单位：财政拨款
	职工住房	公房分配	面向本单位职工及其家庭成员	企业：成本中列支的福利费和福利基金；机关事业单位：财政拨款
	职工补助	探亲补助、交通补助、洗理费补助、取暖费补助、困难补助等	面向本单位职工及其家庭成员	企业：成本中列支的福利费和福利基金；机关事业单位：财政拨款
	其他福利	职工疗养等	面向本单位职工及其家庭成员	企业：成本中列支的福利费和福利基金；机关事业单位：财政拨款

续表

福利类型	福利事务类别	具体福利项目	服务对象	经费来源
其他福利	教育福利	特殊教育（聋哑学校、盲人学校）	面向盲聋哑青少年、儿童	财政补助、收费
		义务教育（中小学教育）	面向儿童及青少年	财政补助、收费
	价格补贴	高等教育助学金等	面向高校学生	财政拨款
		粮油、副食补贴、其他社会补贴	面向城镇居民	财政拨款
	卫生福利	地方病防治	面向地方病发生区居民	财政补贴
		传染病防治	面向传染病患者	财政补贴
		儿童免疫	面向儿童	财政补贴
	住房福利	公房分配	面向没有建房资金来源的单位的干部、职工	财政补贴

二、创建新型的社会福利体制

20世纪80年代中期开始的城市经济体制改革是由计划经济逐步走向市场经济体制的改革。国家逐渐减少对国有企业的补贴并努力使其恢复成为自主经营的经济实体，这样，原有的国有企业也与非国有企业一样在参与市场竞争中求得生存与发展的同时，也同样面临着破产的风险，传统的社会福利制度已经不能适应市场经济的发展要求。

首先，经济体制的变革为国有单位带来风险，同时也成为城镇职工及其家庭成员的普遍风险，如果没有对作为传统福利制度核心内容的职工福利制度的改革或发展，寻找可以替代的社会化福利，不仅是国有企业改革无法实现其既定目标，更是无法避免巨大的社会风险。

其次，经济结构的多元化作为中国经济体制改革的一个重要成果，使越来越多的劳动者进入到非国有单位就业，而非国有单位通常并不像国有单位那样提供全面而优厚的职工福利，其后果便是出现巨大的社会福利需求空洞，或者是一个家庭中在非国有单位就业的成员继续分享着在国有单位就业的成员的福利。

再次，当国有单位因职工福利而承担着巨大的社会负担时，非国有单位却可以不需要支付这种成本，二者便处于一种极不公平的竞争环境，因此，是否提供职工福利或职工福利的多寡反过来直接影响着经济变革与市场环境。

最后，经济体制改革及其所带来的经济结构多元化，也促使社会结构发生重大变化，传统福利制度所面临的整体社会环境日益更新。例如，城乡分割、画地为牢的格局被城乡工业化进程的加快所打破，城乡人口流动的规模持续扩张；劳动者就业后身份不再是清一色的国有单位或集体单位职工，而是各种类型单位均有；平均主义分配模式带来了居民收入分配的差距，社会成员由计划经济时代的共同贫穷走向层次分明的分层结构，富裕与贫穷并存。

在这种社会环境中，单一的、死板的、封闭的传统福利制度显然不可能适应不同职业、不同身份、不同阶层的社会成员的需要，需要创建新型的社会福利体制。上述环境的改变，也带来了居民福利需求的全面增长。一方面，随着国民经济的持续、快速、稳定增长，绝大多数城乡居民的收入水平与生活水平显著提高，其对社会福利的需求日益高涨，尤其是对社会服务的需求持续高涨；另一方面，人口老龄化趋势的加快，家庭人口规模的持续缩小，现代工作节奏的紧张与竞争的加剧，以及人们对自由流动等的追求，都要求福利制度真正走向社会化、普遍化。

20世纪80年代初期，民政部就提出了福利社会化的改革发展方向，1983年民政部门开始酝酿城市社会福利事业的改革，提出国家力量和社会力量相结合，采用多种方式举办社会福利事业的新思路。1984年民政部在福建漳州召开了全国城市社会福利事业单位改革整顿工作会议，会议进一步明确了"社会福利社会办"的城市社会福利事业的指导思想：社会福利事业要从单一、封闭、国家包办的体制，转变为国家、集体、个人一起办的体制，面向社会，多渠道、多层次、多形式地举办各种社会福利事业。此后，传统民政福利、职工福利、社区服务、城镇住房福利、教育福利等方面都经历了一系列重大改革与调整。然而，传统福利制度虽已经朝着社会化改革方向迈进，但这种制度的变革在总体上却显得较为缓慢，新型福利制度并未真正最终确立。社会福利制度改革所取得的成就，与市场经济和社会发展的要求以及城乡居民的要求还相去甚远。中国正处于一个特殊的经济社会转型期，社会主义制度本质上的公平性和社会成员对社会福利需求的日益迫切，使得新型社会福利制度的建设与发展成为现阶段有中国特色的社会保障制度的重要内容。

中国社会福利制度发展的根本任务，应当在以往改革的基础上，坚持稳定社会、量力而行、因地制宜的原则创建新型的社会福利体系。所谓新型的社会福利制度是指适应市场经济和社会发展的要求，在对传统福利制度进行重大改革的基础上逐渐确立起来的一整套社会福利制度，它的特征即是社会化。虽然新型社会福利制度仍然在改革中发展，但它的基本框架却可以通过图12-1来反映。

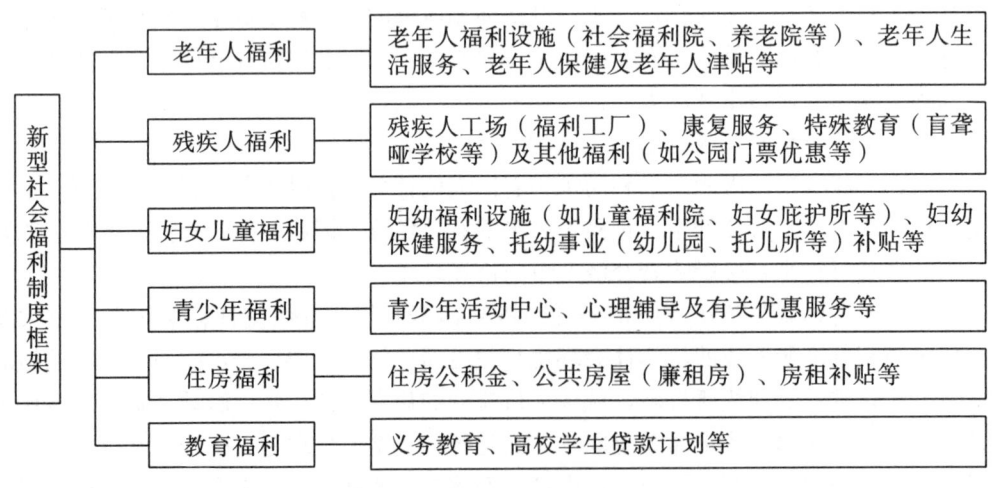

图12-1 新型社会福利制度框架

目前，中国社会福利社会化改革就是要在立足国情的基础上，按照社会主义市场经济的要求来发展社会福利事业，加快实现投资主体多元化、服务对象公众化、运行机制市场化、服务方式多样化和服务队伍专业化，同时积极发展志愿者力量，从而建立起符合社会需要的社会福利体制。因而，中国社会福利制度发展改革的思路应当是以新型社会福利体系的基本框架为依据，以不断改善和提高社会成员的生活质量为追求目标，走社会化、多层次化的社会福利发展道路。这一发展道路包括以下四层含义：

（1）社会福利制度的结构，需要向项目完整、功能全面、服务系统的方向发展。

其中社区服务应当成为整个福利制度的基础，社会化福利则构成整个福利制度的主体，而职工福利则在恢复其本来面目的条件下充当着社会福利的补充角色。

（2）确立社会福利制度应当不断改善和提高社会成员的生活质量为追求目标。

在中国社会福利制度的发展中，既要与社会救助、社会保险等其他社会保障制度保持协调性，又要有区别，福利制度应当侧重于满足社会成员较高水平或较高层次的生活服务需求，包括服务需求和精神文化方面的需求等。

（3）社会福利应当尽快走向社会化。

无论是官方直接举办的民政福利事业，还是单位举办的职工福利事业，均应尽快走出板块状的自我封闭，对整个社会开放，并采取社会化的手段来筹集资金，充分利用社会力量来促进社会福利事业的持续、健康发展。

（4）社会福利应当坚持多层次化。

由于社会结构的日益复杂化，社会成员的阶层分化亦十分明显，不同阶层的社会成员对福利的需求是不同的，国家福利制度的安排必须充分地注意到这一点。

在这种条件下，福利项目的设置与水平结构等应当体现出多层次性，如孤老残幼虽然需要得到更好的照顾，但并不影响美化环境、美化构成城市社区福利的重要组成部分；政府可以且应当主导福利事业的发展，却又不能包办福利事业的发展，新的福利制度应当将社区福利、民办福利等纳入其中，并继续维持家庭的福利功能，同时鼓励企业在自主决策、自主设计的原则下建设新型的职工福利。同时，满足不同层次的社会成员对福利的不同需求。

各项具体的福利制度

在创建新型社会福利制度的过程中，老年人福利、残疾人福利以及妇女儿童福利尤为关键与重要，以下对其进行简要介绍：

（1）老年人福利。

所谓老年人福利，是指国家和社会为了老年人生活、维护老年人健康、充实老年人精神文化生活而采取的政策措施和提供的设施和服务，它作为养老保险的延续和提高，在解决老年人基本物质生活需要的基础上，进一步满足老年人物质文化生活的需要，努力实现"老有所养、老有所医、老有所为、老有所乐"的社会目标。

从老年人的生活保障出发，老年人的福利需求可以归纳为经济保障需求、健康保障需求、情感保障需求、服务保障需求及其他，这些需求需要通过相应的老年人福利制度给予满足。随着我国老龄化进程的加快，面向老年人的福利事业也得到一定程度的发展。

1996年8月,第八届全国人民代表大会常务委员会第21次会议通过的《中华人民共和国老年人权益保障法》,对老年人福利问题做了一些原则性规定。此后,政府亦制定了一些促进老年人福利事业发展的政策。目前,中国老年人福利的主要内容大致有以下三类:

一是物质生活福利,这是中国老年人福利事业的主要内容。在这方面,尽管各地不一,但大体可归纳为建立福利院、老年公寓、敬老院等,以收养没有生活保障的老年人,并扩大到对社会一般老年人的收养安置,为老年人解决生活照料、医疗保障服务以及精神上的孤独问题。

二是医疗保健服务。在这方面,城镇享受退休待遇的老年人,通常继续享受原有的医疗保障待遇,其他老年人的医疗保健问题,许多地方正在尝试相应办法,如某些地方由所在单位或社区组织老年人开展定期体检,大多数医院都有老年人挂号、看病、取药"三优先"公约等。

三是其他服务,主要是为了满足老年人的精神文化需求。在城市,政府重视支持社区建立专门的老年人休闲娱乐的活动场所,如老年人活动站、老年活动中心等,为老年人提供文化、教育、娱乐、体育活动设施,对老年人优惠服务,城市中还建立了"老年人婚姻介绍所""老年人再就业介绍所""家政服务站"等。由于中国城乡长期存在的二元结构的影响,加之城乡差距的客观存在,农村的老年人福利主要是侧重于社会救助性质的农村"五保"制度,国家真正意义上的乡村老年人福利事业并未得到很好的发展。

(2) 残疾人福利。

残疾人福利是指国家和社会对残疾的公民在年老、疾病、缺乏劳动能力及退休、失学、失业等情况下提供基本的物质帮助,并根据社会的经济、文化发展水平,给予残疾人相应的康复、医疗、教育、劳动就业、文化生活、社会环境等方面的权益保障,实现残疾人"平等、参与、共享"的目标。按残疾人福利的领域来划分,一般包括残疾人生活保障、残疾预防、残疾人康复、残疾人教育、残疾人文化和社会环境;按残疾人福利提供的方式来划分,通常包括残疾人福利制度和残疾人福利服务,前者包括残疾人社会福利行政和残疾人福利立法,后者包括残疾人社会福利设施、残疾人社会福利服务或残疾人社会工作。具体而言,残疾人福利事业包括残疾预防、残疾人康复、残疾人教育、残疾人就业、残疾人文化体育、无障碍环境等。

目前,我国有8500万残疾人,涉及2.6亿家庭人口。改革开放以来,1991年全国人大常委会制定了《中华人民共和国残疾人保障法》,使残疾人福利事业得到了较好发展。《中华人民共和国教育法》《中华人民共和国义务教育法》《中华人民共和国高等教育法》《职业教育法》当中都有残疾人教育的相关内容,1994年国务院颁布的《中华人民共和国残疾人教育条例》更是专门保障残疾人教育权利的法规。中国的残疾人文化体育和无障碍设施建设也都取得了一定成绩。2008年7月1日《中华人民共和国残疾人保障法》正式施行。残疾人生活状况明显改善,生活水平和质量不断提高。

不过,在残疾人福利发展的过程中,社会上不尊重残疾人的现象也时有发生,也存在着一些需要引起关注的问题:首先,残疾人福利事业推进过程中行政化现象严重,虽然各级残疾人联合会在促进残疾人福利事业发展中起到了非常重要的作用,但这一机构官方色彩浓厚,很自然地会影响民间残疾人福利事业的发展壮大;其次,福利服务水平,供需矛盾突出,能够享受到残疾人福利服务的残疾人仍是少数人,残疾人在生活保障、就业保障、康复医疗保障乃至文化教育保障等方面仍得不到满足,这使残疾人在社会生活中处于不利的地位;最后,残疾人福利事业的筹资渠道较单一,主要是财政拨款,这导致社会资源动员不足。

2018年修订后的《中华人民共和国残疾人保障法》与二十多年前制定时相比,新法更加注重残疾人的权利实现,体现了以"平等、参与、共享"为核心的现代文明社会理念,成为建设和谐社会大背景下的残疾人权利宣言。

(3) 妇女儿童福利。

妇女儿童福利是妇女福利和儿童福利的合称,它是国家和社会为满足妇女、未成年人的特殊需要和维护其特殊利益而提供的照顾和福利服务,妇女儿童福利项目是根据妇女、未成年人的生理、心理特点以及可能受到的歧视和侵害而设立,对于保障和满足妇女、未成年人的特殊利益需要和促进整个社会的和谐发展,均具有重要的意义。妇女福利主要包括以下三方面内容:

一是特殊津贴与照顾。主要是确保妇女劳动者在产前产后使其本人及婴儿得到支持和照顾,比如面向女性劳动者的生育保险制度和围绕妇女生育而提供的综合性特殊福利津贴。

二是妇女劳保福利。政府要求雇用单位提供对妇女在劳动过程中提供相应的保护措施并严格执行,女职工劳动保护主要是保障妇女合法权益,照顾妇女身心特殊需要的重要方面,也是保护社会生产力、保护妇女及下一代身体健康所采取的必要措施。

三是福利设施与福利服务。它包括为妇女提供妇幼保健院,妇产医院;为女性服务的妇女活动中心、咨询服务中心、健美中心、妇女用品专用店等。儿童福利面向未满18岁的未成年人提供各种福利,未成年人由于身体、心理均在发育成长过程中,他们对自身的保护能力和社会的适应能力还未形成,

从而特别需要家庭和社会的关心、帮助和教化。中国对未成年人的成长高度关注,《中华人民共和国宪法》规定儿童受国家保护,父母有抚养教育未成年子女的义务,禁止虐待儿童。《中华人民共和国婚姻法》规定,父母有管教和保护未成年子女的权利和义务,禁止溺婴和残害儿童的行为,非婚生子女、养子女和受继父、继母抚养的子女,享有与婚生子女同等的权利。

《中华人民共和国义务教育法》对儿童享受国家义务教育的权利和禁止使用童工作了一系列规定。1991年9月,全国人大常委会还专门通过了《中华人民共和国未成年人保护法》,对如何保护未成年人做出了系统的法律规范。儿童福利的具体内容,主要包括以下四方面:

一是儿童医疗保健设施和服务。例如,对儿童实行预防接种制度,积极防治儿童常见病、多发病,提供必要的卫生保健条件,做好预防疾病工作。兴办专为儿童医疗保健服务的儿童医院,或者在全科医院中设立儿科,开展儿童保健工作,定期进行儿童健康检查、预防接种、防治常见病、多发病,使儿童健康成长,上述项目一般由国家财政提供专门拨款,用以补贴。

二是儿童的活动场所和条件。国家和社会建立和完善适合未成年人文化生活需要的场所和设施，同时鼓励社会团体、企事业单位和其他社会组织、公民个人，参与未成年人福利事业。在具体内容方面，这主要表现为建立和普及托儿所、幼儿园，为婴幼儿提供良好的活动、生活条件和保育服务；建立儿童活动中心、少年之家、少年宫、少年活动站以及儿童公园、儿童乐园等儿童活动、学习场所等。

三是普及义务教育。普及义务教育是保障每一位学龄儿童有受到教育的机会，对接受义务教育的儿童免收学费，对家庭经济困难的学生酌情减免杂费，对贫困家庭的儿童给予教育补贴等。

四是孤残儿童福利事业。对于孤残儿童，国家和社会建立相应的福利机构集中收养，或者在财政补贴下通过家庭领养代养、收养的方式提供保障。如儿童福利院是政府部门在城市举办的以孤儿为主要收养对象的社会福利事业单位，其主要任务是收养城市中无家可归、无生活来源、无法定义务抚养人的孤儿和收养自费的家庭无力看管的残疾儿童。为减轻残疾儿童的残障程度、恢复其自理生活和从事劳动的能力，建立残疾儿童康复中心，专门为残疾儿童提供门诊和家庭咨询，开展各种功能训练和医疗、教育、职业培训。此外，2018年7月10日，国务院发布《关于建立残疾儿童康复救助制度的意见》，要求自2018年10月1日起全面实施残疾儿童康复救助制度。该意见明确，残疾儿童康复救助对象为符合条件的0～6岁视力、听力、言语、肢体、智力等残疾儿童和孤独症儿童。《意见》对残疾儿童康复救助工作流程进行了明确规定。

参考文献

1. 穆怀忠. 社会保障国际比较（第二版）[M]. 北京：中国劳动社会保障出版社，2007.

2. 郑功成. 中国社会保障制度变迁与评估[M]. 北京：中国人民大学出版社，2002.

3. 郑功成. 中国社会保障30年[M]. 北京：人民出版社，2008.

4. GILBERT N, TERRELL P. 社会福利政策引论[M]. 沈黎，译. 上海：华东理工大学出版社，2013.

5. 万国威. 中国式现代化与新时代社会福利制度的转型升级[J]. 社会工作，2023（2）.

思考题

1. 社会福利的内涵和外延是什么？有哪些不同的类型？
2. 试述各国社会福利制度的构成，并分析改革背景和发展前景。
3. 结合当今世界社会福利社会化的发展趋势，分析当前中国的社会福利制度的不足。
4. 谈谈你对中国式现代化与中国民生福利共进的理解。

推荐阅读

1. 尚晓援. "社会福利"与"社会保障"再认识［J］. 中国社会科学，2001（3）.
2. 王思斌. 我国适度普惠社会福利制度的建构［J］. 北京大学学报（哲学社会科学版），2009（3）.
3. 周沛. 积极福利视角下残疾人福利政策研究［J］. 东岳论丛，2014（5）.